U0331089

刘小枫 著

海德格尔与中国

——与韩潮的《海德格尔与伦理学问题》一同思考

Martin Heidegger and China

华东师范大学出版社

华东师范大学出版社六点分社　策划

古典教育基金·"资龙"资助项目

Lieber Freund, bitte ich dich aufrichtig, deine Augen fest auf eine einmal einzuschlagende akademische Carrière zu richten…

亲爱的朋友，我请求你把你的目光直接牢牢盯住一个即将起步的学术生涯。

——尼采致洛德（1868 年）

您的友善使我感到大为宽慰，因为我又再次遭遇沉船，这就是说，我看到我有必要重新重头开始……真正的哲学是一个永恒的可能性。您不妨设想一下，由于受到一种偶然的阻扰（即现代的野蛮化），我们才不得不重又学习哲学的诸要素……

——施特劳斯致洛维特（1946 年）

目　录

弁　言

　　"改革开放"已快四十个年头。回望过去,汉语学界请来过多少西方哲人,恐怕很难数清。我们把西方哲人请来中国,大多不过热情礼遇一番,随后便逐渐冷落直至遗忘。海德格尔是为数不多的例外之一,对这位德国哲人,我们迄今热爱如初。毕竟,就有质量的西方哲学研究成果的数量而言,海德格尔研究在国朝学界恐怕独占魁首。若非从海德格尔哲学中感领到中国思想更新的契机,我们不会如此热爱海德格尔。

　　倘若如此,我们就值得思考:海德格尔给中国思想带来的是怎样的历史时刻。这个问题关乎中国的未来读书人的心性品质,如果他们的老师已经被海德格尔哲学教育成激进且盲目的"未来狂"的话。按照一种众所周知的观点,美国大学教育以及公共美德出问题,是偶然的外来思想因素所致。第二次欧战之前,年轻的犹太学人马尔库塞和阿伦特流亡美国,1950年代末开始在学界崭露头角,随后成了1960年代欧美激进哲学的"领军人物"。由于两人都曾是海德格尔的亲炙弟子,他们被视为"美国版海德格尔主义"的代表。笔者难免想到,自 1980 年代"思想解放"以来,我们也曾迷恋马尔库塞的"新左派"哲学,后来又迷上阿伦特的"公民哲学":我们刚刚走出一种激进,不知不觉又踏入另一种激进。

如果我们可以把美国学界和教育界当作鉴照自己的镜子,那么,我国学界近四十年来迄今不衰的海德格尔热对我们来说意味着什么? 比如,最近我们又听到一种说法:

> 海德格尔对于家的探讨属于他的主导思想,即他关于存在意义的思想……尽管海德格尔的家哲学还主要是一种"存在之家",而不是血脉之家、亲情之家、父母子女之家,但它让我们看到了西方哲学是如何"想家"的、"怀乡"的;更让我们看到了中国古代哲学与西方哲学发生实质性交往的一个场所,一条充满诗意的返乡之路。①

这段言辞表明,在论者看来,海德格尔已经迈进儒家之"家"定居,而非在引领我们走向西方的"未来"——难怪有人愤然指责这种说法是海德格尔式的"复辟狂"。海德格尔到中国已经三十多年,难道他只会把我们要么教成激进的"未来狂",要么教成保守的"复辟狂",而非促使我们彻底思考何谓 das Philosophieren[哲学活动]? 笔者十年前曾读到过韩潮教授研究海德格尔的出色著作,印象深刻。眼下,"未来狂"与"复辟狂"

---

① 张祥龙,《家与孝:从中西间视野看》,北京:生活·读书·新知三联书店,2017,页 51-52。

的思想分歧日趋尖锐,笔者把韩潮教授的书找出来重读,随手记
下学习心得和困惑,就教于业内方家。

刘小枫

2017 年 5 月

古典文明研究工作坊

一　海德格尔何时以及如何到中国

海德格尔何时到的中国？这个问题的回答取决于如何理解"到中国"。据笔者目力所及,1950年代末创办的内部发行刊物《现代外国资产阶级哲学资料》已经译介过苏联和西欧学者的海德格尔研究文章。[①] 1960年代初,北京大学哲学系受命编译《存在主义哲学》文集,其中有海德格尔著述的首次中译。我们能想象得到,在那个火红年代,偌大的中国没人会去读海德格尔。熊伟教授曾在海德格尔的课堂听课,但心不在焉,因为当时日本入侵中国,他身在课堂心在祖国。新中国成立后,新生的共和国随即遭到封锁。[②] 在这样的历史处境中,熊先生醉心马恩著作,并不研究海德格尔,完全可以理解。毕竟,只有马列思想

---

① 　与本文论题相关,值得提到格雷,《海德格尔的道路:从人的存在到自然》,见《现代外国资产阶级哲学资料》,第2-3辑,北京:商务印书馆,1962。

② 　关于"封锁"的政治学和法学含义,参见施米特,《大地的法》,刘毅等译,上海:上海人民出版社,2017,页301-302。

才能给中国争取独立自主提供哲学动能。熊先生承担《存在主义哲学》文集中海德格尔文选部分的翻译,仅仅是接受任务。不过,让笔者迄今难忘的是,熊先生的译笔刻意让中国的古典语文与海德格尔思想接榫:无论是用"亲在"译 Dasein,还是用"恬然澄明"译 Lichtung,都堪称妙笔,十分勾人。尽管如此,海德格尔的原著也好,研究文献也罢,那个时候翻译过来没谁会看,海德格尔到了中国等于没到。

1　思想解放与理想的冲突

"改革开放"带来思想解放,海德格尔随即受到关注。毕竟,"存在主义哲学"特别切合我们刚刚解放的思想爱欲。但海德格尔为何持续受到关注,并不容易解释。1983 年,商务印书馆出版了一部西方大学"关于人性、思想史或现代西方文明课程的教材",书名为《理想的冲突》。① 笔者当时正念硕士二年级,书一到手便彻夜捧读,要说如饥似渴绝不夸张。中译本"出版说明"提到,这本西方"教材"由北京大学现代外国哲学研究所所长洪谦教授推荐。笔者起初有些纳闷,作为逻辑经验论学派的中国传人,洪谦教授何以会给刚解放思想的中国大学生推荐这本"教材"。花不到两天时间读完《理想的冲突》,笔者才多少明白洪谦教授的用意。该书从"马克思主义和共产主义"(第二章)开始讲述"20 世纪的道德思潮",经弗洛伊德的"精神分析人本主义"(第三章),到人本的和宗教的存在主义(四至六

---

① 　宾克莱,《理想的冲突:西方社会中变化着的价值观念》,马元德等译,北京:商务印书馆,1983。

章),最后落脚在分析哲学的"元伦理学与道德判断"(第七章)。作者最后告诉我们,分析哲学是解决20世纪"价值相对主义"的最佳选择。年轻学生一旦掌握分析哲学这门"工具",就能"更深入地认识价值判断的性质,以及事实和论证在道德议论中所起的作用",进而"有条件发现道德论争中似是而实非的推理",最终有助于年轻人"寻求一种生活方式"(《理想的冲突》,页411)。中译本"出版说明"说得没错:作者站在分析哲学立场"试图对西方社会人生理想的选择作出回答"——这个回答其实是让人凭靠分析哲学的智识技艺去选择自己的社会人生理想。洪谦教授年轻时就投身分析哲学,他向年轻学子推荐这样的启蒙教科书,自在情理之中。

笔者当时涉世未深,对学术行当中的事看不出门道,只会看热闹。现在想来,洪谦教授为何推荐这本启蒙教科书,其实不容易理解。《理想的冲突》英文原版出版于1969年,在那个火红年代,不仅我们处于某种特殊形式的"价值绝对主义"热情之中,西方世界的年轻人同样处在某种形式的激进左翼热情之中,即便他们的语境是"价值多元主义"。《理想的冲突》这个书名明显带有针对这一语境的意味:在价值观念的多元冲突中,一个人要做出自己的人生理想选择就需要分析哲学。可是,伯林发明"价值多元论"时不是明显借助了分析哲学的智识技艺吗?用分析哲学的技艺来对付这种技艺的发明,会不会陷入智辩游戏?

洪谦教授很可能在"改革开放"之初就已经预见到,一旦我们走出特殊形式的"价值绝对主义",必将面临"理想的冲突"。问题在于,分析哲学技术性太强,何以可能指望更多人掌握这种智识技艺,然后从容选取自己认为的"真理"?即便更多人学会了这种智识技艺,结果会不会是"理想的冲突"愈演愈烈?① 毕竟,我们在西方很容易看到,学会这种智识技艺的人多半成了出色的"辩士"。何况,分析哲学能够给彷徨于现代语境中的中国思想带来历史转机吗?

有目共睹的是,解放思想之后,我们许多人并没有按照《理想的冲突》描绘的路线走,即经弗洛伊德到人本的和宗教的存在主义,最后落脚在"元伦理学与道德判断",而是落脚在海德格尔哲学。《理想的冲突》中译本出版之时,北大外哲所和哲学系西哲专业的研究生们已经迷上海德格尔。有一天,我自己终于也按捺不住,冒昧地敲开熊伟教授的家门,请求他讲解海德格尔的奥妙。老先生和蔼地把我迎进屋内坐定,然后讲了一段亲身经历的轶事。希特勒飞往罗马与墨索里尼会面结盟那天,刚好海德格尔有课。熊先生饶有兴味地说,海德格尔走进课堂,用若有所思的语调说的第一句话是:元首今天飞往罗马的历史意义,就在于那架飞机的 fliegen[飞]。熊先生说完后沉默不语,看着我这位年轻后生。我感觉到这是在考试:老先生的目光明显在示意我说说海德格尔的哲学精神。我怯生生地说,海德格尔的哲学要义是能从飞机的 fliegen[飞]中看出哲学的本义。熊老先生含蓄地微笑了一下,仍然没有说话。我起身离开时已经感觉到自己回答得不对,却不知哪里不对。现在回想起来,我的考试没及格,是因为没有说出飞机的 fliegen[飞]的具体哲学意蕴:

---

① 《理想的冲突》中译本出版二十多年后,拉兹的《自由的道德》中译本出版,此书在1986年首版那年,同时获得英国"政治研究会"和"政治思想研究会"的图书大奖。拉兹遇到的最大理论难题即是各种价值之间的"不可通约性",而这位道德哲学家恰恰是凭靠分析哲学的智识技艺来解决这一难题。参见拉兹,《自由的道德》,孙晓春等译,长春:吉林人民出版社,2006,页327-376。

在天空中飞翔是一种自由潜能的舒展——哲学的本质就是这种舒展的"自由"。

当时我已经懵里懵懂迷上海德格尔。因此,当我在《理想的冲突》中找不到海德格尔,难免会觉得匪夷所思:作者为何没有给海德格尔一个单独的位置? 宾克莱用了五章篇幅介绍相互冲突的"理想",提到的几乎都是德语思想家:克尔凯戈尔用丹麦语写作,但属于德语思想圈;萨特用法语写作,却是在海德格尔思想的笼罩下思考。可是,紧接"存在主义的起源:克尔凯戈尔和尼采"(第4章)之后,就是"人道主义的存在主义:萨特"(第5章),在这两章的过渡之间,作者仅用不到一页篇幅提及海德格尔的存在哲学(《理想的冲突》,页215)。作者的立场是出自经验论传统的分析哲学,他把分析哲学的智识技艺视为针对各种出自观念论的"理想"的解毒剂,完全可以理解。问题是,海德格尔哲学也堪称各种出自观念论的"理想"的解毒剂,作者为何有门户之见轻视海德格尔?

2　中国思想的绝处逢生

三十年前的1986年底,北京三联书店的"现代西方学术"文库推出萨特的《存在与虚无》中译本,次年年底又推出海德格尔的《存在与时间》中译本,一时洛阳纸贵。当时很少有谁会在意,从"存在"到历史性的"时间",从"[历史]时间"到"虚无"似乎有一条内在的思想线索,而在《理想的冲突》中,萨特的"存在哲学"恰恰占据了中心位置。

如今谁还读萨特? 与诸多被请到中国的西方哲人一样,萨特逐渐被冷落,只好怏怏而回。对于海德格尔,我们真心诚意打扫自己的房间,甚至腾出卧室,让他住下。我们深切感到,能给中国思想带来历史性转机的西方哲人,非海德格尔莫属。因为,据说他的哲学骨子里太像我们的古代哲学。何况,海德格尔自己也说过,他早就心仪中国古老的智慧书《道德经》。萨特的"虚无"与中国古代思想中所说的"无"风马牛不相及,我们不能把萨特式"存在哲学"的"无聊"怪罪到海德格尔头上。

我们要让海德格尔"定居"中国,似乎有两种思想方式。首先,我们可以尝试让海德格尔的"亲在"之思成为我们自己的思,从"亲在"的有限性和实际性出发思入偶在。第二种思想方式是:从海德格尔的历史性思考出发,思入中国传统的思想经验。能够在第一条思路上前行的热爱思想者极为罕见,有坚韧的思想耐力坚持走下去的恐怕找不出第二位。践行第二条思路的尽管也不多,毕竟不断后继有人。不过,这两条思路虽然不同,却隐含着相同的问题。对第一条思路的践行者来说,偶在的生存境遇是热爱思想者的出发点,从而是普遍的、超民族的境遇,或者说真正哲学的境遇。可是,任何一个热爱思想者的偶在又身不由己地属于某个民族的文明传统甚至实际的政治状态,他该如何面对偶在的两种不同的实际性规定呢? 如果偶在的历史时刻决定哲学,那么,哲学的本义还成立吗? 对第二条思路的践行者来说,问题同样在于,如何凭靠海德格尔的偶在之思让中国传统思想的源初经验亮敞为普遍的、超民族的哲学经验。换言之,哲学天生追求普遍的、恒在的东西,而非民族的或个体偶在的东西。如果海德格尔哲学带领我们追寻的是后者,那么,我们的哲学之思会陷于何种境地呢? 中国古代的热爱思想者没有遭遇过普遍的、恒在的东西与民族的或个体偶在的东西的关系问题吗? 想到这些问题,笔者就不得不说:海德格尔最终是否真的能"定居"中国,不在于他的著述有多少被译成中文,也不在于有多少中国的热爱思考者撰写了论文或著述,而在于有多少人在这两条思路上前行。

韩潮教授十年前出版的《海德格尔与伦理学问题》属于践行第二条思路的力作。① 这部三百多页的著作虽然是博士论文的"重写"(为此作者在获得学位后又花费了三年时间),却明显远远超逾了此前的探行者——参考文献没有提到任何一部国朝学界的海德格尔研究,完全有道理。作者并非留洋博士,却把留洋博士的学术水准抛在大洋彼岸或遥远的西欧:只有脚踏中国的土地,才可能写出有中国问题思考深度的西学研究。依笔者陋见,这部年轻论著所达到的思考深度,迄今未见后来者居上。

《海德格尔与伦理学问题》这个书名富有活泼泼的哲学意味,它表明作者不是要探讨海德格尔的伦理学思想,而是要思考海德格尔之思与伦理问题的关系。我们都知道黑格尔有个著名说法:古代中国思想只有伦理学,没有哲学。如果这个说法迄今是中国的热爱思想者心中挥之不去的阴影,那么,这个书名难免会让我们想到海德格尔之思与中国思想传统的关系。

翻看目录,这一推测马上得到证实。无论一级章题还是二级小节标题,这部论著看上去都像是在讨论中国的传统思想,没有我们的西学研究几乎难以避免的欧化语式。第一章题为"知行",这是我们耳熟能详的儒学论题;第二章题为"是与宜",简洁得甚至带中国古学味道;第三章题为"自然、机术、礼法",同样如此。结语题为"将无同",直接挪用出自二十四史的某个中

---

① 韩潮,《海德格尔与伦理学问题》,上海:同济大学出版社,2007(以下随文注页码)。

国古人的话。若不看结语全文，读者断难想到作者是在借我国古人的这句话来澄清西方思想两千多年纠缠不清的枢纽问题之一。作者以这样的章题来铺展自己对海德格尔之思的思考，难道不是在尝试让海德格尔哲学与中国传统思想接榫？

作者不仅让海德格尔穿上合身的中式服，还让他直接面见老子和孔子。"引论"从海德格尔对荷尔德林一首诗的解释入手，提出了要探究的问题。结束"引论"时，作者预先告诉我们，他将要得出这样的结论：海德格尔的思想立场与其说更接近尼采，不如说"更为接近"中国的"鄙薄仁义的老子"（页21）。作者用修辞性问句询问我们："海德格尔的良苦用心难道不正隐藏在这'以质代文'之处？"题为"将无同"的结语与用荷尔德林诗句"地上可有尺规？"为题的"引论"首尾呼应，"将无同"看来是对"地上可有尺规？"这一提问的最佳回答。

黑格尔的所谓"哲学"指形而上学，他说中国只有伦理学，意思是中国只有实践哲学而没有形而上学。如果海德格尔摧毁了有两千多年传统的西方形而上学，让实践哲学成为第一哲学，中国传统思想在西方哲学传统面前岂不就能直腰抬头？这个思路相当诱人，由此我们能够理解，为何我们会那么热爱海德格尔？

作者的文笔优雅而又质朴、简洁而又明晰，使得这部西学研究论著透显出难能可贵的中国品质。十年前笔者读到这本书时就印象深刻，并不仅仅因为作者思路清晰，每一章论述都明快地直赴要害，从不掉书袋。毋宁说，让笔者印象深刻的是，作者不仅致力于把握"海德格尔的良苦用心"，而且铺展出一条打通重新理解中国古代智慧的思路。换言之，作者对海德格尔的思考本身就用心良苦：让置身现代语境中的中国思想"绝处逢生"，一劳永逸摆脱西学的压迫（比较页10）。

倘若如此,问题就成了这样:处于现代语境中的中国思想能否"绝处逢生",取决于海德格尔对西方形而上学传统的釜底抽薪式批判是否成功。反过来,问题则是:如果海德格尔的形而上学批判并不成功,而是得出令人意想不到的结果,又该怎么办?但愿笔者仅仅是庸人自扰。

3　伦理学与伦理现象的区分

作者的探究从海德格尔解释荷尔德林的诗"在可爱的蓝色中"开始,或者说从海德格尔对荷尔德林的这首诗断章取义的解释开始。我们需要理解的首要问题是:海德格尔的荷尔德林解释如何断章取义,尤其重要的是他为何要断章取义。

作者告诉我们,荷尔德林这首诗的主旨显而易见是这样一个决然的自问自答:"地上可有尺规? 绝无!"这意味着,生活在大地上的世人或整个人世不可能自己创制出生活的"尺规"即伦理规范。即便人世劳功卓著,也唯有天上的神才能给人世提供生活的"尺规"。海德格尔的解释撇开荷尔德林的诗旨,凭靠现象学式的解释功夫铺展出一番地上自有"尺规"的生存景象,并用"人诗意地居住于大地之上"来界定荷尔德林视为没有"尺规"的人世,可谓反其意而用之。作者用海德格尔自己的话说:"当我们说'在大地之上'时,我们所命名的东西仅仅在于,人居住在大地上并凭此让大地成为大地"(页3)。作者敏锐地看到,尽管海德格尔也喜欢谈论所谓天地神人"四方域",但在他那里其实并没有荷尔德林的自问自答所凭据的天与地以及神与人的区分,而是"宁可让这天、地、神、人各自让渡",从而取消了天与地以及神与人的区分(页5)。

西方形而上学传统探究"天",基督教神学传统信仰"神",海德格尔的"诗意地栖居"论则以取消传统的形而上学和基督教神学的视野为前提。接下来的问题必然是:人世间的道德生活究竟有还是没有可以凭依的尺规。一般而言,探究人世生活的道德尺规的学问被称为"伦理学",既然海德格尔力图证成"诗意地栖居"论,那么,在他那里就应该有一种"伦理学",哪怕是"诗意地栖居"式的伦理学。我们都知道那个著名轶闻:《存在与时间》出版后不久,就有年轻学生问海德格尔何时"写一部伦理学"(页7)。这个问题被视为牛头不对马嘴的问题的例证,因为提问者完全没有从《存在与时间》中领会到,"在海德格尔眼里,作为一门学科的伦理学远离了源初的'伦理'现象"(页8)。作者指出,海德格尔拒绝西方伦理学传统,却没有拒绝探究"源初的伦理"现象。毋宁说,正因为西方伦理学传统使得这一现象蔽而不明,他才拒绝这一传统。在海德格尔那里,"既没有一种形而上学相对于伦理学的奠基关系,也不存在一种伦理学相对于形而上学的自足意义"。从而,他的形而上学批判"撬动的是整个西方思想体系的基石——知识体系的划分"(页13)。这话自然会让我们想到:中国思想恰恰不讲究形而上学相对于伦理学之类的知识体系划分,黑格尔关于中国思想特质的那个论断纯属无的放矢。

不过,我们也会产生这样一个问题:即便知识体系的划分是"整个西方思想体系的基石",我们也显然不能说柏拉图的思想或柏拉图笔下的苏格拉底受这种知识体系划分的掣肘。倘若如此,即便海德格尔的形而上学批判"撬动的是整个西方思想体系的基石——知识体系的划分",海德格尔的"良苦用心"恐怕未必仅仅在于打掉知识体系的划分。

果然,作者建议我们思考的问题是:海德格尔借解释荷尔德林的诗抹去传统形而上学视野,是要提供一种没有形而上学奠基的伦理学吗?他的"诗意地栖居"论既是一种新形而上学,又是一种伦理学吗,或者用我们中国传统的说法,是一种"知行合一"的哲学?换言之,与其说海德格尔的形而上学批判针对的是亚里士多德意义上的理论知识(形而上学)—实践知识(伦理学/政治学)—制作知识(诗术/修辞术)的区分,毋宁说针对的是这种知识体系划分赖以成立的基础。随之而来的问题是,海德格尔为什么要摧毁这个基础?作者对此给出了明确无误的回答:让源初的伦理现象自然而然地呈现出来,进而让实践哲学取代形而上学。正因为如此,我们才会想到这样的问题:海德格尔的哲学行动会不会让我们摆脱黑格尔的那个魔咒?不仅如此,当作者说"海德格尔的良苦用心"庶几接近"鄙薄仁义的老子"时,我们甚至会觉得陶片已经翻转过来:中国的源初道德经验兴许还能够让今天的西方人更好地理解海德格尔的"诗意地栖居"论。如果今天有人要说海德格尔为我们提供了"中国古代哲学与西方哲学发生实质性交往"的场所,甚至为置身现代语境中的我们提供了"一条充满诗意的返乡之路",那么,谁若把这种说法视为不知所谓,他就不近情理。

作者思入海德格尔之思的问题切入点,是伦理学与"源初的'伦理'现象"的区分。这个切入点不仅牵涉到对作为整体的西方思想传统的理解,也牵涉到中国思想与西方思想遭遇以来迄今挥之不去的问题。如果说我们现在有了思考的内在动力,即急切地想要得知海德格尔所致力呈现的源初伦理现象究竟如何,那么,我们首先会对这样一个问题感兴趣:海德格尔如何将源初伦理现象从西方伦理学传统中救护出来。一旦直面这个问题,那么,我们马上就遇到另一个问题:海德格尔力图回到的源初伦理现象与我们古代的文质之辨所触及的源初伦理现象是同一个"现象"吗？或者说两者处于同一个生存的地平线吗？

4 海德格尔的手术刀

从智识技艺上讲,海德格尔将源初伦理现象从西方伦理学传统中救护出来,凭靠的是海德格尔自己发明的现象学式解释方式——随后作者会通过诸多具体例子让我们领略这种智识技艺。从哲学的个体信念上讲,海德格尔将源初伦理现象救护出来后营造出的"诗意地栖居"论堪称历史主义的极品。何谓历史主义？用当代为历史主义热情辩护的思想史家的话来说,历史主义的要义在于:现实生活的法则乃至现世生活的"意义"都出自现世自身。由于现世有自身的历史,历史主义就意味着仅仅从现世(历史)来看待现世(历史),而非像古希腊形而上学那样从永恒理式来看待现世(历史),或像基督教信仰那样从上帝的神意来看待现世(历史)。由此可以理解,历史主义首先意味着摈弃希腊的形而上学传统和基督教神学传统的思想行动,以便人们能够从现世自身的立场看待现世,从历史自身来看待历史的"意义"。历史主义会得出的政治理论结果是:促使人们"从参与特殊行为和决定、参与特殊人群之间的政治关系的角度去看待人类生活"。历史主义甚至还是一种"人生观",它让人"从整体上偏向于根据特殊时间的特殊行动来看待生活","通过在历史中创造世界去认识世界"——毕竟,历史主义意味着:"道德内在于人类"。①

---

① 波考克,《马基雅维利时刻:佛罗伦萨政治思想和大西洋共和主义传统》(1975),冯克利、傅乾译,南京:译林出版社,2013,页49-50,64,70。

当我们谈到历史主义时,既是指使[个体]人身及其统一性进入历史运动的努力,也是指将历史描述为产生新规范和新价值的努力。历史主义的基本力量就在于这种有关历史具有世俗的创造力、有不间断地使人类生活发生质变的能力的意识……①

不难理解,如果从形而上学思考的角度入手,那么,历史主义会呈现为个体式的偶在论思辨。无论赞同还是反对历史主义,思想史家们几乎一致同意:历史主义发端于16世纪的马基雅维利,但从哲学上把历史主义的内在理路推到尽头的是20世纪的海德格尔:

将人和人的生存精心描绘为本质上是历史性的存在者;这种哲学表明,人作为仅有的历史性的存在者,是一切意义的根源;而且,这种对真理的假定性分析表明,真理本质上涉及人的生存。②

这种"实践哲学"的实践性品质在于:以亲在的形而上学取代对整全的纯理智思考。一旦热爱思想的人站在这样的地平线上想问题,那么,后现代式的激进哲学取向就不可避免,尤其是如果海德格尔哲学成了大学人文教育的基础的话。因此,如今的我们看到,与《理想的冲突》的作者不同,布鲁姆认为,在美国

---

① 波考克,《马基雅维利时刻》,前揭,页578-579。
② 施特劳斯,《德国战后哲学的现存问题》,见施特劳斯,《苏格拉底问题与现代性》,刘小枫编,刘振、彭磊等译,北京:华夏出版社,2016,页70(以下凡引此文简称《现存问题》,并随文注页码)。

流行的各种"价值观念"背后,其实"矗立着抒情诗巨擘尼采和海德格尔"。① 的确,没谁能够否认,海德格尔是"现代伦理"的完成者和"后现代伦理"的头号作俑者。

问题来了:如果现代中国思想面临的根本问题是现代西方思想的冲击,那么,我们是否应该而且可以凭靠"历史主义"地回到"源初伦理现象"让中国古代思想获得历史生机? 作者隐约意识到这个问题,因为他不止一次表示难以接受"后现代哲学"或"后现代伦理"(页27、38)。作者以"海德格尔与伦理学问题"作为自己的博士论文选题,致力于搞清海德格尔如何回到源初的伦理现象,如何思考"存在的真理"或者说如何打造"源初意义上的伦理学"(页9),绝非仅仅是让自己承担了一项认识某个西方哲人的哲学史研究任务。毋宁说,作者的探究会迫使我们直面这样一个困境:既然后现代哲学或后现代伦理来自海德格尔的"诗意地栖居"论的历史主义品质,那么,我们何以可能既拒绝后现代的激进伦理,又心仪海德格尔的"诗意地栖居"论,甚至让"鄙薄仁义的老子"出场为海德格尔作证? 作者令人钦佩地毅然带着这一思想困境前行,力图证明他没法接受的后现代激进伦理其实基于对海德格尔的"诗意地栖居"论的误解。笔者在性情上与作者一样,没法理解后现代激进伦理的品质竟然会是那样。因此,笔者最为关切的问题会是:作者是否能搅清后现代激进哲学与海德格尔哲学的内在瓜葛。

---

① 布鲁姆,《美国精神的封闭》,战旭英、冯克利译,南京:译林出版社,2013,页106。

二 海德格尔的历史主义地平线

第一章题为"知行",含四个分题,长达一百页。作者首先告诉我们,海德格尔哲学有两张面孔,一张面孔朝向过去,一张面孔朝向未来。这指海德格尔哲学既有"解构"传统的一面,也有建构新哲学的一面。作者不同意一个常见说法:海德格尔的哲学取向仅仅是"解构"传统。毋宁说,"摧枯拉朽般摧毁一个传统"不过是"海德格尔的工作"的一个方面,他更志在从西方思想内部发现某种"先于形而上学[传统]的至深根源",进而重塑西方形而上学(页27)。海德格尔有为西方文明担纲的自觉抱负,正如"任何一个哲学家,无论他多么伟大,都只是文明的工具",海德格尔也不例外(页29)。正是这一文明抱负决定了海德格尔哲学有雅努斯式的面孔:为了克服西方文明的历史困境,他必须返回过去,翻检西方思想传统的基础,以此返回为基础,再开出让西方思想摆脱现代性困境的未来。

1　海德格尔与激进后学

晚年海德格尔在说到自己的思想经历时讲过,对亚里士多
德《尼各马可伦理学》卷六中 phronesis[明智/实践智慧]的理解
是他的思想起点。作者在这一章主要关注的就是这件事情:海
德格尔如何通过回到亚里士多德的实践哲学,翻修介乎理智德
性和实践德性之间的"明智/实践智慧"这一德性概念,铺展出
一种让人耳目一新的哲学(页31-32)。

> 可以说,海德格尔终结了一个传统,一个形而上学的传
> 统,但是,他所造成的影响同样复兴了一个传统,一个实践
> 哲学的传统。(页33)

既然海德格尔"复兴"而非开创了"一个传统",那就表明在
西方两千多年的思想长河中曾经有过一个"实践哲学的传统"。
谁开创过这个传统? 我们可能会想到马基雅维利所开创的"实
践哲学的传统"。可是,自马基雅维利以来,这个"传统"不断发
扬光大,从未遭遇覆亡厄运,谈不上需要"复兴"。倘若如此,与
其应该说海德格尔"复兴了""一个实践哲学的传统",不如应该
说他从哲学上深化并强化了这个"传统"。

另一种可能性是:古希腊的苏格拉底—柏拉图—色诺芬—
亚里士多德曾开创过一种"实践哲学的传统",这个"传统"倒是
被后来的基督教神学传统掩埋,从而谈得上需要"复兴"。作者
显然指的是这个"传统",因为他说,虽然海德格尔后来"出于某
种原因放弃了在实践哲学领域的探究",但他毕竟启发了其"早

期弟子"如"阿伦特、伽达默尔、约纳斯和也许只能算忝列其中的施特劳斯"纷纷"不约而同地回到实践哲学的传统"(页32)。

问题变得复杂起来。首先,海德格尔的"早期弟子"虽然"不约而同地回到实践哲学的传统",却并非回到的是同一个"传统":阿伦特回到亚里士多德,施特劳斯则回到苏格拉底—柏拉图—色诺芬。看来,如果古希腊哲人已经开创了"一个实践哲学的传统",那么,这个"传统"至少有两个不同的面相:苏格拉底—柏拉图—色诺芬式的实践哲学与亚里士多德式的实践哲学,二者差异尽管微妙,意义却相当重大。第二,鉴于古希腊的实践哲学传统有这样的差异,海德格尔"复兴"这一"传统"的筚路蓝缕把返回之路引向了哪里,就是一个有必要搞清楚的问题。如果考虑到海德格尔的晚期弟子们——后现代激进哲学家们在实践哲学方面的闹腾,那么,这个问题还十分严峻。

作者接下来就说到,海德格尔之后,西方哲学出现了两种取向:要么致力于进一步解构形而上学传统,要么致力于复兴实践哲学传统,两者看起来似乎"各执一端",以至于有所谓"海德格尔左派"与"海德格尔右派"之分(页34)。作者通过展示激进哲学家舒曼(Reiner Schürmann)的观点让我们看到:解构形而上学传统与复兴实践哲学传统分不开。不仅如此,作者还让我们看到,基于解构形而上学传统而得到复兴的实践哲学,只可能是一种激进的实践哲学,其激进含义在于:人世中的实践活动根本上是"无所本之行动",或者说"人的行为根本没有也可以没有一个所谓的'为什么'"(页36)。作者无法接受这种激进哲学,他紧接着就指出,舒曼这样的激进哲学家模仿海德格尔搞"看似快刀斩乱麻的'解构'",然后推导出"无所本"的激进哲学,即便不是对海德格尔的"肆意曲解",至少也"与海德格尔的拆解大异其趣"。作者对海德格尔的激进后学颇不以为然,其理由正大光明:他们"除了在这里发现暴力,在那里发现暴政,肆意宣泄他们受形而上学[传统]压迫的怨恨情结和受难情结外,就剩下一个空洞的、不知所云的未来神学了"(页38)。

出于对海德格尔的激进后学肆意滥为的极度不满,作者决心亲自细看海德格尔如何"复兴"古希腊的实践哲学传统,进而展开对"道德经验的源初处境"的哲学追问——我们记得,这正是作者在"引论"中提出的论题(页21)。

2 "个别善"挑战"整体善"

海德格尔借助重新理解亚里士多德的"明智/实践智慧"概念"复兴了"古希腊的实践哲学传统,不过在考察海德格尔的这一哲学行动之前,作者首先考察的是亚里士多德之前的古希腊思想传统对"明智/实践智慧"的理解。作者从修昔底德入手,但他马上指出,修昔底德对"明智/实践智慧"的理解"完全是苏格拉底式的",反过来则可以说,苏格拉底对"明智/实践智慧"的理解"同样也是修昔底德式的"(页46)。"明智/实践智慧"属于政治美德之一,要理解这种德性的品质,首先得知道何谓政治美德。于是作者花了十页篇幅来展示柏拉图笔下的苏格拉底的政治美德观,在此基础上才转向亚里士多德的"明智概念",从而为我们把握问题的来龙去脉提供了必要的背景。

作者指出,亚里士多德的明智概念的基本特征,可以说"既是对苏格拉底的批评,也是对苏格拉底命题的进一步展开"(页59)。就展开苏格拉底的美德命题而言,亚里士多德跟从苏格拉底认为,"整体的善与部分的善一气贯通,从最微小的善到最高的善,皆隶属于某一整体技艺和技艺的本善"。就对苏格拉底的批评而言,亚里士多德看到,"整体和部分的关系或许存在着变数",亦即"整体善与部分善之间必定存在着不睦",以至于可以说,"部分善必定可以独立于整体善"(页63-64)。结束这个陈述时,作者用的是惊叹号。我们必须得说,这个惊叹号不仅用得必要,而且用得好。因为作者马上指出,"整体与部分的不睦,正是实践智慧的开端"。不仅如此,我们还能够想象:一旦"部分善必定可以独立于整体善"变成必定应该独立于整体善,那么,事情就会闹大:"无所本之行动"的实践哲学就会理直气壮地大行其道。作者告诉我们,"部分善必定可以独立于整体善"这个命题意味着,某种自然的政治德性可以脱离整体性的美德观而获得独立意义,从而引出"行为的处境"决定论(页65)。

> 亚里士多德所要应对的是,如何在整体与部分不睦的前提下确立个别善。此个别善无法从"善的理念"(善的was)中推衍出来,而只能在个别的处境(circumstantia)中被发现。换言之,它的真实性并非是理念的真实性,而只是特定处境的形式的自身显示。(页68)

这里的要害在于:某个具体的政治行为的正确与否("道德真"),不是由自上而下的"善的理念"来决定,而是由行动者脚下的历史处境来决定。我们能够感觉得到,亚里士多德的这个"与苏格拉底的真正歧异之处"已经隐含着后来的历史主义得以立足的关键要点。我们的作者非常敏锐,他接下来就说到"个别善"挑战"整体善"的决定性要素:机运。

在柏拉图那里,最高的理念是善的理念,机运不可能介入自然本善的序列,因此也就不可能损害整体善和部分善的贯通。但是对亚里士多德而言,属人的善却根本无从摆脱机运,个别善之所以无法从一个更高的善中推衍而出,恰恰是因为,机运介入了自然本善的序列,因此单单从整体善入手,无论如何也不能推衍出部分善。(页69)

作者告诉我们,正是与老师的这一根本分歧,促使亚里士多德着手创建一种三分化的知识体系,甚至可以说,为了克制有如机械降神般的"机运",亚里士多德才想要创建三分化的知识体系。作者强调说,"对西方文明而言,这是一个至为关键的分水岭",也是海德格尔要回到的"先于形而上学的至深根源"的起点(页70)。接下来作者花了更长的篇幅来考察《尼各马可伦理学》卷六中的所谓"道德真"问题,以便让我们看到,"明智/实践智慧"所对应的"真灵魂"的"真"具有两面性:"一面是分裂的自我形象之间的争夺;另一面是普遍与个别关系的呈现"。经过这番考察,作者告诉我们:海德格尔《存在与时间》的哲学动机就来自《尼各马可伦理学》卷六中的这个"道德真"问题(页88)。

3　海德格尔与马基雅维利

有了以上铺垫,作者才来考察海德格尔如何解读《尼各马可伦理学》卷六——或者说海德格尔如何基于亚里士多德对"明智/实践智慧"的理解,旁衍发皇出《存在与时间》中阐发的那套让1980年代的我们着迷的亲在哲学。这里的关键仍然是

"明智/实践智慧"的决定性作用,正是凭靠对这个概念的重新理解,部分善必定应该独立于整体善的命题得以建立起来。作者描述说:

> 明智的特点是审时度势、相时而动。也就是说,明智者不仅要考虑一个完整的实现过程,而且在这个过程中的每一刻都必须小心谨慎,重新考量实现的条件、环境、途径等。因为,实践不同于制作的最重要特征就在于,实践并没有一个 eidos 在先——每一部分、每一刻都没有。换言之,对实践而言,它的每个部分都具有独立性,实践者必须严肃对待每一个部分的善、对部分的善加以权衡考量才能达至整体的善。(页 106)

这段描述让我们想起马基雅维利在其政治史学中所讲的道理,以至于我们难免会想:海德格尔是否看似在发明亚里士多德,实际上不过从哲学上深入阐明了马基雅维利在实践层面已经讲过的道理?"做得好(eu prattein)自身就是目的"——这话是亚里士多德说的,我们的作者说,"这断语看似平常,对海德格尔而言,却毋宁是'于无声处听惊雷'的一句"(页 109)。凭靠这一断语,马基雅维利的历代后学们难道不可以理直气壮地用"行动的生活/积极的生活"取消"沉思的生活"的意义? 毕竟,海德格尔已经凭此迫使我们思考这样的问题:"有无本然的行动? 在行动中智性究竟承担了何种角色? 智性的运用究竟是使人脱离本然还是使人回到本然?"(页 119)

我们若在这时想起激进民主的剑桥学派所推崇的"积极的公民生活"观,应该算不上过度联想。波考克用"行动的生活/

积极的生活"贬低"沉思生活"的历史主义主张,并非来自阅读海德格尔,而是受马基雅维利"时刻"的启发。但波考克也说到过,他的思想与海德格尔的两位亲炙学生有关,而他们碰巧都是后现代激进哲学的代表人物:"由美国背景造就出来的最重要的马克思主义理论家"马尔库塞和以提出"公民哲学"闻名学坛的阿伦特。波考克甚至表示,自己与阿伦特的思想不谋而合,并借用阿伦特在 1958 年出版的《人的条件》中的语言来表述自己的《马基雅维利时刻》的要义:

> 本书讲述的是西方现代早期复兴古代 homo politicus[政治人](亦即亚里士多德的"政治动物")观念这个故事的一部分。这个"政治人"通过政治行动来肯定自身的存在和美德,与他最近的血亲是 homo rhetor[修辞人],其对立面则是基督教信仰中的 homo credens[认信人]。我们将这场争论追溯到现代历史主义社会学的源头……①

我们可以看到,两者不谋而合之处在于两个要点:首先,复兴亚里士多德对 homo politicus[政治人]的理解;第二,凭此理解让哲学在本质上转化成实践哲学。波考克说的"西方现代早期复兴"亚里士多德对 homo politicus[政治人]的理解,首先指马基雅维利,然后是英国共和革命时期的哈灵顿。波考克说,他在写作《马基雅维利时刻》时对哈灵顿的如下说法已经牢记在

①　波考克,《马基雅维利时刻》,前揭,页 577-578,译文略有改动。波考克还说,正因为如此,他的"语言成为阿伦特式的了"。波考克,《德性、权利与风俗:政治思想史家的一种模式》,应奇、刘训练编,《公民共和主义》,北京:东方出版社,2006,页 47。

心："对形式的沉思使人诧异,它伴随着一种使人的灵魂上升至
上帝的焦虑或冲突。"言下之意,只有先破除柏拉图式的"对形
式的沉思"的哲学,才能让哲学获得实践生命。因此他说,哈林
顿的这句警言告诉我们:

> 随着人类开始统治自己,他们变成像诸神,他们自己的
> 统治以尘世为根基,上帝的统治则是以创世为根基。①

这不就是海德格尔的"诗意地栖居"论的要义吗? 由此看
来,我们的确可以说:海德格尔看似"复兴"的是古希腊的实践
哲学传统,实际上是在深化马基雅维利所开创的新"实践哲学
传统"。作者对海德格尔所解读的古希腊经典作家的作品用力
颇深,即便好些海德格尔专家也未必有这种基本功。他没有忘
记提到,海德格尔在哪里"偏离了亚里士多德"(页116)。在作
者看来,海德格尔与亚里士多德的差异关键在于,"在亚里士多
德那里,明智其实并不是自足的"(页126)。

笔者想起沃格林在《论自然正当》一文中的类似看法,在这
篇专门讨论亚里士多德的形而上学与伦理学之关系的论文中,沃
格林深入讨论过亚里士多德提出的"作为调谐才能的 phronēsis
[明智]的诸问题"。沃格林看到,对亚里士多德来说,"明智/实
践智慧"作为政治德性是一种"均衡的才能",以便"自然正确与
城邦的实际秩序间的张力"达成一种生存性的平衡。这一论题
使得亚里士多德伦理学不再停留在一般原理层面,而是高度重视
具体行为的道德真实,从而赋予伦理学以"存在论意图"(ontolog-

---

① 波考克,《马基雅维利时刻》,前揭,页597。

ical intention），或者说提出了某种"伦理学的存在论"（ontology of ethics）。这意味着，伦理学不是一套"道学原则"（moral princi-ples），让生存摆脱"此世的牵绊"，而是关切在"各种具体情势下行动"的"生存的真理"（truth of existence）。这种"真理"与"处于不变动状态的自然正确"的"原理"不是一回事，因为它总与具体事件纠缠在一起，必须靠行动来证成其"真"。亚里士多德承认，这并不意味着，"更高层级的抽象性对于行动的真理（truth of ac-tion）会是多余的"。毕竟，在具体情势下如何行动才算正确，需要反复考量"正反各面"，而理性考量难免需要以一般伦理知识为前提。尽管如此，亚里士多德认为，"还有那种没有伦理知识介入也能达成其真理的正当行动"，这类行动尤其与现代思想视为存在之域的"历史"相关。到此为止，沃格林所看到的亚里士多德与海德格尔的"法眼"所见没差别。但是，沃格林接下来说，在亚里士多德那里，"历史的和非历史的可变之物"（the historical and ahistorical changeable）最终不过是"同一个由神性［之物］推动着的复构"。换言之，亚里士多德是在其"宇宙论式思考"的前提下谈论"明智/实践智慧"：人世属于宇宙之内的各种不同类的存在之一，绝非现代式的"已经变成内在性的此世（a world be-come immanent）中的最高存在"。因此，"明智/实践智慧"仍然与"神性 archē［始基］"有一种目的论式的关系，受实现 eu zēn［活得好］这一目的的支配。无论这种德性处于何等具体的存在之中，都属于宇宙的神性秩序中的属人之域。从而，"明智/实践智慧"无论作为治邦者还是个体人的生存德性，最终都没有脱离与整体善的关系。①

---

① 参见沃格林，《记忆》，朱成明译，上海：华东师范大学出版社，2017，页152-160。

既然我们的作者知道，"在亚里士多德那里，明智其实并不是自足的"，我们就值得反过来问：海德格尔的亚里士多德解读为何要致力于让"明智／实践智慧"成为"自足的"德性，抽掉这种德性的"神性 archē［始基］"，从而在废黜宇宙的神性秩序的基础上大肆发挥"明智／实践智慧"的实践哲学呢？答案很清楚：这样就可以证成"大地上自有尺规"的"诗意地栖居"论。沃格林以及我们的作者都能从亚里士多德的文本中读出，"明智／实践智慧"并非"自足的"德性，海德格尔的"法眼"断无可能看不到这一点。毋宁说，海德格尔的天禀心性和非凡才智使他在特殊的历史时刻看到，把亚里士多德的"明智／实践智慧"概念从其哲学整体中切割出来大有可为。

施特劳斯说得好，要从古典思想中找到可以学习的东西，"必须先从整体上复原古典教诲，才可能思考从中择取的部分。在完全复原之前，每种择取都是武断的，所秉持的原则只会是现代的偏好"。[①] 如果波考克能够证明海德格尔的"现代偏好"与马基雅维利一致，那么，当我们的作者要让海德格尔与任何中国高古的智者联系起来时，会不会让我们的古人也染上"现代偏好"呢？

4　如何传承海德格尔的"法眼"

波考克让我们看到，海德格尔的亲炙学生马尔库塞和阿伦

---

① 施特劳斯，《论柏拉图政治哲学新说之一种》，见施特劳斯，《苏格拉底问题与现代性》，刘小枫编，前揭，页143（以下凡引此文简称《新说一种》，并随文注页码）。亚里士多德对沉思生活和实践生活的区别的看法，见《政治学》卷六，1324a5－1325a15；亚里士多德把沉思生活作为最高的可能生活的描述，见《尼各马可伦理学》卷十，1177a12－1179a30。

特在不假思索地传承老师的"法眼"后,如何开出一派实践哲学。① 与此形成对照,施特劳斯和克莱因却将海德格尔的"法眼"转过来对准了海德格尔自身。

施特劳斯和克莱因并非海德格尔的亲炙学生,两人都是在取得博士学位(1922)后慕名去听胡塞尔的课而撞上了海德格尔的课。施特劳斯听课时间不长(1923年春季学期),克莱因则迷上了海德格尔,断断续续听课长达四年(1924－1928)。克莱因晚年(1970年)谈及海德格尔时说:

> [海德格尔]是当代名副其实的大思想家,虽然其道德品质(his moral qualities)比不上其智识品质。听了他的课,我给一件事吸引了:破天荒有人能让我明白到另一个人所写的东西,我是指亚里士多德的作品。②

在同一场合,施特劳斯也有类似说法:在弗莱堡大学听海德格尔阐释《形而上学》开头部分,"如此细致、透彻地剖解一份哲学文本,对我来说真是闻所未闻、见所未见"(《剖白》,页494)。其实,早在这样说之前的三十年,施特劳斯就已在题为"德国战后哲学的现存问题"的公开演讲中说过:海德格尔让人们开始看到,亚里士多德和柏拉图未曾得到理解,"海德格尔阐释亚里士多德所取得的成就,我简直无法拿来与战后德国出现的任何

---

① 关于马尔库塞和阿伦特与海德格尔的思想关系,参见 Richard Wolin, *Heidegger's Children: Hannah Arendt, Karl Löwith, Hans Jonas, Herbert Marcuse*, Princeton University Press,2001/2015,页30－69,134－172。
② 转引自施特劳斯,《剖白》,见施特劳斯,《苏格拉底问题与现代性》,前揭,页490(以下凡引此文,简称《剖白》,并随文注页码)。

其他智识现象做比较"(《现存问题》,页84)。这些说法让我们看到,与我们在1980年被海德格尔吸引一样,年轻的克莱因和施特劳斯同样为海德格尔释读哲学文本的"法眼"所倾倒。

不过,在1940年的公开演讲中,施特劳斯还说:

> 现代哲学以对传统哲学即对亚里士多德的哲学的驳斥而出现。现代哲学的奠基人真的驳倒了亚里士多德?他们已经理解了他?他们肯定理解他们那个时代的亚里士多德主义者,但他们肯定不理解亚里士多德本人。(《现存问题》,页84)

这话是不是针对海德格尔说的?海德格尔的亚里士多德解读究竟是在发明还是在反驳亚里士多德?既然"在亚里士多德那里,明智其实并不是自足的",我们就可以说,海德格尔论证"明智/实践智慧"的自足性,无异于在反驳亚里士多德。既然如此,我们就应该说,海德格尔肯定理解整个西方思想史上的亚里士多德主义者,但他未必理解亚里士多德本人。海德格尔细读《尼各马可伦理学》卷六的现象学式解释功夫无论多么令人赞叹,都不等于他对其中的"明智/实践智慧"的现象学式阐释与亚里士多德本人的"意图"相干。毋宁说,海德格尔把亚里士多德本人也当作亚里士多德主义来摧毁,反倒让施特劳斯看到了亚里士多德本人——情形会是这样吗?

在"德国战后哲学的现存问题"的演讲中,施特劳斯曾谈到魏玛民国建立之后德国独有的时代特点:各色哲人都在致力于追求"一个潜在的观念",这种"观念将是一种无神论的道德":

　　这种新的无神论不仅拒斥信仰位格的上帝和泛神论,还同等地拒斥《圣经》道德,拒绝信任进步、信任人类的兄弟情谊和平等、信仰人之为人的尊严,总之,拒绝所有道德标准——正如它相信的那样,这些标准一旦脱离其宗教基础就丧失它们的意义。同样,这种新的无神论不再(像希腊人那样)相信"宇宙":因此,希腊科学所暗含的对"最美好的宇宙秩序"的羡慕态度,被勇敢和坚定的态度取代了。此外,19世纪的无神论尝试用人类或人来取代上帝,因此它神化人,然而,人是有限的存在物。这种新的无神论坚持人的有限性:对人类敬若神明并不是真正的无神论。(《现存问题》,页80)

　　施特劳斯在这里说到的各色哲人包括海德格尔。的确,海德格尔对亚里士多德的解读,难道不是在以"勇敢和坚定的态度",用自足的"明智/实践智慧"取代"希腊科学所暗含的对'最美好的宇宙秩序'的羡慕态度"?这次公开演讲后没过几年,施特劳斯就在一篇长篇书评文章中明确说:19世纪以来的德意志哲学传统的特征是"哲学兴趣与历史兴趣的融合",这种历史主义性质的哲学"几乎没有为以古典哲学理解自己的那种方式来理解古典哲学的真正的历史努力提供一种哲学动机"(《新说一种》,页139-140)。既然海德格尔属于这个传统,而且是这个传统最为极端的哲学家,我们就不能说海德格尔哲学能为"理解古典哲学的真正的历史努力提供一种哲学动机"。在晚年的《剖白》中,施特劳斯说得非常清楚:

　　海德格尔的著作既要求又包括他本人所谓的对传统之解构——解构还不至于像摧毁那样糟;解构的意思是拆卸,

乃构造的反义词。海德格尔有意将希腊哲学特别是亚里士多德的哲学连根拔除；然而，这样做的先决条件是，要揭示希腊哲学的根源，要揭示希腊哲学本来的样子，而并非揭示希腊哲学在传统和现代哲学的视野下所呈现出来的那个样子。（《剖白》，页495）

这话让我们看到，施特劳斯晚年（1970）在公开场合称赞海德格尔的"法眼"，显然别有用意。毕竟，当时美国的大学闹激进思潮闹得狠凶。何况，施特劳斯老早就清楚：在柏拉图和亚里士多德那里，重要的是"作为一种生活方式的理论"，不能把这种理论"误作为理论的对象"。换言之，"作为一种生活方式的理论"本身就具有实践性质，不属于理论范畴，或者说不属于理论—实践的对立范畴，从而根本就没有理论与实践孰高孰低之类的问题（《新说一种》，页155注1）。海德格尔从亚里士多德的伦理学中抽取出"明智"加以发挥，撩拨理论—实践这对范畴之间的关系，以此为支撑点来撬动整个亚里士多德哲学，这本身就是无视"作为一种生活方式的理论"的结果。波考克攻击经院哲学的一个说法也许能让我们更好地理解这一点，他说：

> 经院派哲学家在面对亚里士多德的文本时，进入一个抽象、分析和整理的复杂过程，文本及其语境和作者实际上会从这个过程中消失，唯一重要的步骤是宣示普遍原理，然后便能领悟到它的结论。①

----

① 波考克，《马基雅维利时刻》，前揭，页65。

　　海德格尔对《尼各马可伦理学》卷六的释读不正是如此吗？海德格尔凭靠这种方式所宣示的是他自己所信奉的历史主义"普遍原理"；奇妙的是，波考克从马基雅维利那里学到的历史主义信念也是同一种"普遍原理"。

　　在 1940 年的演讲中，施特劳斯说，"在海德格尔的指导下，人们开始看到，亚里士多德和柏拉图未曾得到理解"，堪称"德国怀疑时代的年轻人经验中最为刻骨铭心的事"：

　　　　海德格尔清楚地表明，现代哲人未曾理解柏拉图和亚里士多德，他不是通过断言，而是通过具体的分析来做到这一点——这是一项极为劳神费心的工作；因为人们把他们自己的意见读进柏拉图和亚里士多德的著作；他们没有带着必要的热情阅读，以弄清柏拉图和亚里士多德的真正意图，弄清当柏拉图和亚里士多德在谈论任何事情时，他们脑海的现象究竟是什么。而且，在古典学者方面，他们的阐释也完全依赖现代哲学，因为，他们翻译——即理解——柏拉图和亚里士多德的措辞的方式，取决于现代哲学对其脑海所施加的影响。因为，即便一位古典学者，他也是个现代人，因而也处于现代诸偏见的魔咒之下，而且，对某个前现代文本作恰切理解，不仅需要语言知识和古代知识，需要批判的秘诀，还要求持续地反思尤其是现代的种种假设，这些假设可能阻止我们理解前现代思想，若是我们不持续保持警惕的话。如果柏拉图和亚里士多德没有得到理解，因而没有被驳倒，那么转向柏拉图和亚里士多德就是一种开放的可能性。（《现存问题》，页 84－85）

海德格尔的"批判秘诀"带领同时代人以及后学致力于"弄清柏拉图和亚里士多德的真正意图"了吗？显然没有。毋宁说，对施特劳斯来讲，让他"最为刻骨铭心的事"乃是，海德格尔把"自己的意见读进柏拉图和亚里士多德的著作"。因此，值得我们反复思考的问题是：为何施特劳斯往往在深刻地批判海德格尔之前要夸赞海德格尔一番？这个问题在克莱因那里呈现为：他虽然惊叹海德格尔的"批判秘诀"，却没有成为历史主义者，像海德格尔的某些亲炙学生那样去开出种种激进的实践哲学进路，反倒致力于追踪历史主义的思想根源。他甚至敏锐地看到，胡塞尔"在抨击'心理主义'时实际上面对的是'历史'问题"。① 克莱因晚年在评价海德格尔时用了"道德品质"与"智识品质"的区分，这种区分恰好是亚里士多德在《尼各马可伦理学》中讨论的基本问题。换言之，克莱因并没有抛弃亚里士多德的"伦理学"，尽管他说海德格尔教他如何能够明白亚里士多德写的东西。

5　理智德性与性情德性的个体差异

克莱因和施特劳斯如何从海德格尔那里学到东西，应该成为我们如何从海德格尔那里学到东西的重要参照。笔者必须钦佩我们的作者，因为，他虽然写作本书时还年轻，却不仅没有无视这个重要的参照，甚至勇于直面这一问题。第一章临近结尾讨论到海德格尔的"技艺"观时，作者明确告诉我们，海德格尔

---

① 　见克莱因，《雅克布·克莱因思想史文集》，张卜天译，长沙：湖南科学技术出版社，2015，页65。

在何处"已偏离了亚里士多德":尽管《存在与时间》的基本架构脱胎于《尼各马可伦理学》,但当海德格尔将技艺视为"非本真的真理"时,他"便颠覆了亚里士多德那里的真理格局"(页116-117)。

"偏离"意味着海德格尔并没有从整体上理解亚里士多德本人,既然如此,要说海德格尔"颠覆"了亚里士多德,也就只能说这种"颠覆"并不成功,因为"亚里士多德那里的真理格局"依然原封未动。真正的"颠覆"必须以先行理解亚里士多德本人的所思为前提,否则,所谓"颠覆"就只是一个神话般的传说。然而,这种"传说"却能够而且实际上已经引出一个极为重要的结果:让后来的热爱智慧者误以为亚里士多德本人已经被海德格尔驳倒。这样一来,如今学习哲学思考的我们就以为无需再回到"亚里士多德那里的真理格局";即便要学习亚里士多德或者柏拉图的哲学,也应该从海德格尔出发,并凭靠海德格尔的"秘诀"来学习哲学。事实上,诸多后现代哲人献身哲学思考的方式正是如此。

这个问题非常现实,因为,即便在如今的教学实践中,我们也一再遇到这样的问题:学习哲学的"入门知识"究竟应该是现代哲学还是古典哲学。施特劳斯与好友克莱因年轻时也讨论过这个问题,可见这并非是今天的我们才会遇到的问题。受海德格尔影响,年轻时的克莱因也曾一度相信,历史性经验使得认知性知识根本不可能,并因此赞成以现代哲学作为"入门知识"。如今,我们的绝大多数哲学教师都会认同克莱因的观点。对此,施特劳斯的回答是:

　　　　您是否要以此步亚里士多德的后尘,将关于道德问题的知识放逐到ἔνδοξα[声誉]领域(它本身可能随历史而变化不定)？那么,理性可认识的、本身为 aetern[永恒]的 lex naturalis[自然法]将成为什么东西？①

这里出现的问题是:亚里士多德曾经偏离自己的老师柏拉图,或者说师徒两人在这个问题上出现了分歧。对于后世的思想者来说,如何对待这件事情,考验的与其说是智识德性,不如说是性情德性(道德德性)。比如,海德格尔很可能未必没有理解亚里士多德本人,但他的现象学式的解释方式利用亚里士多德的这种"偏离"所做的,乃是他认为自己所处的历史时刻需要他做的事情。倘若如此,用现象学的解释方式来释读亚里士多德的意图就变得至关重要。换言之,现象学的解释方式显得是一种中性的工具,不同性情的思想者可以用它来做完全相反的事情:要么用来发现亚里士多德本人,要么用来"偏离"甚至"颠覆"亚里士多德本人。

施特劳斯在给克莱因的信中说到的"步亚里士多德的后尘",就是我们的作者说到的亚里士多德与他的老师柏拉图的如下分歧:

> 原本在柏拉图那里,智性的认识对象只是事情的自然过程,人类的事务也罢,宇宙的运行也罢,万物皆有其本善,无出其外;但亚里士多德却认为,人类事务的领域只是特定处境中的个别善,为自身的个别善即为实践,为它物的个别

---

① 施特劳斯等,《回归古典政治哲学》,朱雁冰、何鸿藻译,北京:华夏出版社,页106(以下凡引此书简称《回归》,并随文注页码)。

善即技艺,非人类事务的本善则属于理论的智性。(页68)

作者告诉我们:亚里士多德的这一洞识既开启了"西方知识体系的三分","也为后世埋下了分裂的阴影",即让实践知识摆脱了"整全"的善的观念。相当难能可贵的是,作者清楚地看到,亚里士多德在这个问题上还保持着一种"危险的平衡",而西方思想的后人就没有这么幸运了,"稍有不慎,偏于一隅,则等待西方的必定是价值的深渊、存在的深渊"(页68),或者说萨特式"存在哲学"的"无聊"。

既然如此,海德格尔所"撬动"的"整个西方思想体系的基石"恐怕就不仅仅是亚里士多德的知识体系划分。也因此,作者恐怕就不能继续同意自己在这章开始不久表达过的如下看法:"海德格尔对哲学史文本的疏解,本意是把硬的打散了,把紧的疏通了,现出一个活泼泼的思的经验来"(页38)。毋宁说,海德格尔的亚里士多德解释的划时代意义在于:他敏锐地看到西方已经身临存在的深渊。但他在这一深渊面前不是回归苏格拉底—柏拉图的哲学,甚至也不是像亚里士多德那样在这个根本问题上保持一种"危险的平衡",而是以惊人的思想勇气坚定地把现代的历史主义原则推进到底,以人类事务领域的特定处境为立足点,重构此世的"整全"。

三 海德格尔如何回到"源初伦理经验"

我们已经大致清楚,通过解释亚里士多德的"明智/实践智慧"概念,海德格尔所得到的首要的"源初伦理经验"是:人世置身于赤裸的历史之中,没有且无需凭靠"最美好的宇宙秩序"。因此,"源初"这个语词的含义排除掉的首先是"最美好的宇宙秩序"本身。可是,置身于赤裸的历史之中,人世的生存经验又何以可称为"伦理经验"呢?

在这一前提下来看第二章,仅仅"是与宜"这个标题就已经值得玩味。按哲学专业的常识,"是"指"存在"或"自然","宜"则可以用来喻指伦理学,因此,这个标题表面看来的意思是存在与伦理学的关系,或者说实然与应然的关系。按照通常的理解,实然当受到应然的约束,这是所谓"伦理学"的基本含义。这一章的三个子题依次是"善"、"正义"和"自由",这些无不是传统伦理学的基本概念,也是人世在实然的生存中致力于寻求实现的"价值"。可是,如果按照海德格尔的理解把"是"视为"源初伦理经验"的历史之域,把传统伦理学视为形而上学的"永恒视野"之类"遮蔽""源初伦理现象"的东西,那么,"是与宜"这个标题要表达的就有可能是一种颠覆关系:用"是"颠覆传统的"宜"。这并非意味着彻底勾销"善"、"正义"和"自由"一类"价值",毋宁说,我们需要在没有"最美好的宇宙秩序"的前提下重新理解这些基本的伦理概念。比如说,由于形而上学的"永恒视野"遮住了柏拉图或亚里士多德的眼睛,因此他们即便就是古希腊人,也未必能看到或理解古希腊人的源初道德经验。反之,海德格尔虽是现代人,但由于他没有传统形而上学的有色眼镜,因此反倒可能比柏拉图或亚里士多德更好地看到或理解古希腊人的源初道德经验。

破除传统的形而上学式伦理学,直观源初的道德经验,有如一种现象学还原。这种"还原"的哲学行动需要靠现象学式地"解构"传统经典文本来达成。作者在第一章最后一节已经让我们看到这种现象学还原,即海德格尔如何通过拆构《尼各马可伦理学》卷六把"明智"挖掘出来。在第二章里,作者将会让我们看到更多海德格尔式的"解构"。因此,第二章是第一章的推进。那么,如此推进是否意味着海德格尔再向"价值的深渊、存在的深渊"迈进了一大步呢?尤其是,作者会怎样看待海德格尔对源初道德经验的现象学还原呢?我们需要想起先前提出的那个问题:作者何以可能既拒绝后现代激进伦理,又夸赞海德格尔的"诗意地栖居"论,甚至让"鄙薄仁义的老子"出场为海德格尔作证?因此,我们接下来不仅要注意看海德格尔如何还原古希腊人的源初道德经验,也要注意看作者如何展示海德格尔对源初道德经验的现象学还原。

1　哲人所理解的"善"

"善"堪称首要的伦理学观念,作者在第二章第一节首先讨论"善"的观念。在进入论题之前,我们最好先回想《尼各马可伦理学》中的著名说法:人的性情有类型之分,天性不同的人对"善"有不同的理解。不难设想,从存在的地平线来看,关于何谓"善",人世必然会起争纷。作者提醒我们应该想起上述说法,因为,他在这一节首先说的是何谓"哲学[热爱智慧]",并用了亚里士多德《形而上学》的开篇首句"求知是人的天性"。我们值得问,这是人的普遍天性吗? 显然不是,亚里士多德也没有这样认为。接下来,作者还提到施特劳斯的大弟子伯纳德特关于"哲学"的理解,据说,"哲学的因是善的果"(页151)。在探讨海德格尔与"善"的观念的关系问题之前,作者说这些是什么意思呢?

接下来作者就说,"存在与善的争论,就由此开始"(页152)。显然,这是个海德格尔式的问题,其含义是源初道德经验与伦理学观念的冲突。由此我们可以印证前面的猜测:"是与宜"这个标题表达的是一种"是"对种种形而上学式伦理学观念("宜")的颠覆关系。可是,如果海德格尔哲学颠覆了"善",那么,伯纳德特的所谓"哲学的因"从何而来? 我们的作者是要批判海德格尔吗? 未必! 问题首先在于如何理解"善"。如果传统形而上学对"善的理解"是错的,那便等于传统哲学一直缺乏真正的"起因",从而不是真的哲学。需要海德格尔纠正"善"的观念,让"善"的源初含义呈露出来后,哲学才会获得自己的真"起因"。倘若如此,作者引用伯纳德特的话,就是在为褒赞海德格尔埋下伏笔……是不是这样，我们需要看下去才知道究竟。作者紧接着说，"对海德格尔而言，他一生思考的是存在问题。关于善，他并没有给予足够的重视"（页152）。这话并不意味着海德格尔不关切"善"，毋宁说，他关切所谓本真的"善"，而不理会传统形而上学家们所讨论的"善"。

与《尼各马可伦理学》对比，我们兴许可以说，亚里士多德伦理学的起始点是各种"善"的观念之争，最后才进到热爱智慧者［哲人］的"善"的理解，海德格尔则撇开各种"善"的观念之争，直奔哲人应该理解的"善"。因此，"存在与善的争论"首先挑明的问题是，哲人应该关注"善本身［的理念］"还是作为源初道德经验之域的存在本身。可是，作者紧接着马上让我们看到：海德格尔的后学列维纳斯竟然开倒车，把"这一秩序颠倒过来"，甚至批评海德格尔（页152）。作者在第一章开始不久曾提到，海德格尔后学可分为"左派"和"右派"。所谓"左派"，我们已经知道指提出激进的实践哲学主张的诸君。至于"右派"，作者在"后记"中才提到，指列维纳斯这样的海德格尔后学，他"好比漂泊在外的奥德修斯历尽艰辛要回到故乡"。值得注意，作者再次表示，他对"好比亚伯拉罕义无反顾走向摩利亚山头"的激进"左派""感到厌恶"，因为这些以"解构"为趣的哲学家们"不去理解古典作品的深切厚重之处，却搬弄些修辞伎俩，以轻薄为文为趣"（页347）。

值得追究的问题来了：究竟是"左派"还是"右派"后学更接近海德格尔的哲学品质？作者让我们看到，海德格尔的"右派"后学几乎可以说背叛了海德格尔。比如说，作者认为，"列维纳斯以一种神学的方式谈论道德，又以一种伦理学的方式看待存在论"（页153）。这无异于说，列维纳斯仍然从西方伦理学传统来看待或批评海德格尔。作者让我们看到,列维纳斯指责海德格尔删除了"超越"的"无限性"视域:海德格尔虽然也谈"超越",但与列维纳斯的理解完全相反。列维纳斯反驳海德格尔时凭靠笛卡尔和柏拉图,而凭靠柏拉图时,主要依据《王制》中的"善的理念"。在列维纳斯看来,"柏拉图的善的理念"可以称之为"绝对的他者",因为"柏拉图将善的位置置于存在之上",这是柏拉图"最为深刻的教导,决定性的教导"。作者让海德格尔自己出来与列维纳斯对质,并告诉我们:海德格尔在展开其存在哲学时也利用了柏拉图的善的理念,但他与列维纳斯的思考方向相反:

> 列维纳斯在善的理念中看出了绝对的外在性,在他看来,善之所以高出存在,是因为善就是那个绝对的他者,它不可能也不允许被纳入存在之中;而海德格尔在善的理念中看出了世界性的展开,在他看来,善之所以高于存在,仅仅是因为存在者整体的超越形式即是善[缘故],存在者因所缘所故而展开。(页158)

问题看起来是,列维纳斯与海德格尔谁对柏拉图的善理念的理解正确,或者说谁符合柏拉图的善理念"学说"。作者敏锐地指出,要解决这个问题,首先得承认理解柏拉图作品的优先性。问题在于,无论列维纳斯还是海德格尔,他们"只对误解柏拉图感兴趣"吗? 情形会不会是,两人都不过是在借柏拉图的善理念申说自己信奉的东西呢? 的确如此! 因此,作者告诉我们,"看上去,海德格尔的解释更为偏离柏拉图的原义"(页159),而且这种"偏离"是他早年通过亚里士多德回到柏拉图的结果(页160)。换言之,恰恰是柏拉图的学生亚里士多德让海德格尔"偏离"了柏拉图。可是,通过揭示"列维纳斯的解读与其说是对柏拉图的再发现,不如说他试图在希腊性中发现非希腊性,并由此让希腊的自然顺从于犹太的上帝"(页164),作者颠倒了前面那个暂时的结论,得出了一个新的结论:"即便海德格尔的确是从亚里士多德回到柏拉图,他也比列维纳斯离希腊更近"——这意味着离"希腊人的自然"更近(页170)。

　　更为重要的是,海德格尔极为敏锐地从那个高于一切理念的"善的理念"看到了返本开新的可能性:只要善高于存在,那么将善的逻辑贯彻到底必定瓦解理念和现实世界的对立,从而让对现实世界的超越回到世界之中来——《柏拉图的真理概念》中海氏以日喻瓦解洞喻即是一例。(页170)

作者让海德格尔与列维纳斯在如何理解"善"的问题上拼搏一场,然后自己站在了海德格尔一边。按照作者的论析,我们甚至会觉得,列维纳斯算不上海德格尔后学,因为他似乎并没有从海德格尔那里学到什么东西。倘若如此,我们其实可以提出这样的问题:真的会有所谓"海德格尔右派"这样的后学吗?真正的海德格尔后学是否只会是激进派呢?

接下来,作者让我们一起看来海德格尔如何解读柏拉图的"洞穴喻"。作者告诉我们,海德格尔的"洞穴喻"解读利用"那个高于一切理念的'善的理念'"将善的理念"从神学的襁褓中挽救出来",这里的"神学"显然指犹太—基督教神学。但是,实际上这也意味着,海德格尔将"善的理念"从柏拉图意义上的神学中挽救出来。可是,作者的如下说法会让我们感到吃惊:海德格尔"比那些所谓的'客观解释'要更接近于希腊、更靠近于柏拉图"(页174)。作者在解析海德格尔对《尼各马可伦理学》卷六的释读时也还不至于说:当海德格尔把"明智"概念从亚里士多德的宇宙目的论秩序中抽离出来时,他要比那些所谓的"客观解释"更接近希腊、更靠近亚里士多德;相反,作者倒是告诉我们,海德格尔在哪里开始偏离了亚里士多德。作者认为,海德格尔的洞喻解读无异于"用柏拉图的日喻消解了柏拉图的洞喻",因为,按照海德格尔的解读,"根本就不存在出自人为的洞中之火,洞穴内外的显现都出自大白于天下的太阳——善的理念"(页173)。尽管如此,作者依然认为,海德格尔将善的理念"从神学的窠臼中挽救出来",意味着"让对现实世界的超越回到世界之中来",而这种此在式的"超越""更接近于希腊、更靠近于柏拉图"。我们禁不住要问:作者的意思究竟是海德格尔靠近柏拉图,还是柏拉图靠近海德格尔? 我们的疑惑在作者的文字中找不到答案,作者让我们读到的是这样的海德格尔式结论:

> 善的基调是切近的,上帝的基调是弥远的,存在的基调是齐远近,平亲疏。存在固然会损害善,但绝对外在的上帝也同样会损害善。无限性对善而言是不合适的——上善有合宜之能,它不喜欢隐藏自己。(页178)

这段话让笔者感到非常吃惊。基督教的上帝对"善"不合适,"无限性对善而言"也不合适。显然,这里的"善"是海德格尔所理解的"善",即"现实世界的超越"或实存的"善";由于

"无限性"是个形而上学概念,这无异于说,传统形而上学对实存的"善"而言不合适。更让笔者吃惊的是,作者在这里突然用富有中文古味的语词来表达海德格尔的"存在"理解:"存在的基调是齐远近,平亲疏"。这话甚至带有反儒教的色彩尚在其次,重要的是,如果这就是海德格尔所理解的"善",那么,这会不会也是自然哲人所理解的"善"呢? 如果这种"善"就是"大白于天下的太阳",海德格尔想要用"存在的基调是齐远近,平亲疏"这样的教诲来教育谁?

　　无论如何,作者让海德格尔与列维纳斯拼搏一场,最终与理解柏拉图本人无关。如果"洞穴喻"的根本问题是"教化",甚至《王制》的主题就是哲人与政治的关系,而且苏格拉底紧接"洞穴喻"之后就区分了两种教育,即对多数人的教育和对潜在的哲人的教育(522a2 - b3),那么,即便海德格尔对柏拉图"洞穴喻"的解读将善的理念"从神学的窠臼中挽救出来",又与柏拉图自己的意图有何相干呢?

　　笔者不禁想起施特劳斯的一个著名说法:柏拉图一方面在《王制》中表明必须确立"善"的"理式",一方面又拒绝在《王制》或任何其他地方呈现建立这一理式的论证(《新说一种》,页159)。那么,在柏拉图那里,究竟有还是没有"善"的"理式"呢? 如果柏拉图绞尽脑汁一方面强调必须确立"善"的"理式",一方面又并没有致力于建立这一理式,那他这样做究竟是为了什么呢?

2　何谓哲人的"正义"

　　在考察海德格尔对"善"的理解时,作者最后的落脚点是:

海德格尔基于柏拉图把"善"理解为 Ermächtigung[权能]或 du-namis[潜能]，这指的是"一种从存在和无蔽的本质而来的 Ermöglichung[能力]"（页175）。虽然这种解释被作者视为海德格尔"所有那些不寻常法、不拘常理的解释中尤为天马行空的一步"，作者仍然认为，海德格尔的理解更为切合柏拉图—亚里士多德的理解（页176）。按作者的解释，"善"即"权能"或"潜能"意指人的一种"追求幸福的能力"。鉴于柏拉图—亚里士多德都强调不同天性的人对何谓"幸福"的理解自然不同，我们就有理由问，海德格尔所理解的作为"权能"的"善"是谁"追求幸福的能力"呢？答案是明摆着的：热爱智慧者[哲人]"追求幸福的能力"。值得我们注意的是，作者在这里指出，阿甘本对 du-namis 的激进理解偏离了海德格尔，而阿伦特把 dunamis 理解为"能力"而非"纯粹的可能性"，要更切近海德格尔的意思（页177）。作者似乎认为，只要不像阿甘本那样过于激进，海德格尔的激进后学就更接近海德格尔本人。

让我们记住 dunamis[潜能]这个语词，它不仅是关键词，还是能让我们不至于迷路的思想线索。

第二节的小节题为"正义"，作者首先让我们遇见自然哲人帕默尼德，据说他在自己的"血气"指引下遇见了"正义女神"。看来我们在前面的说法没错：海德格尔把"善"理解为"权能"的确指哲人"追求幸福的能力"。但是，作者在前面没有说"善"会引发争端，现在却强调"正义"引发争端，甚至容易伤害人："极端正义是某种不正义"；何况，"恶棍们需要正义，当然，我们的末人们也需要"（页179-180）。因此，人世间的"正义"置身于善善恶恶的争纷之中。其实，"善"不同样如此吗？在某种情况下，极端的善难道不也是某种恶？"齐远近，平亲疏"不就会被某种人视为恶？哲人的 dunamis 应该受人世间的善善恶恶争纷的牵绊或拘限吗？

如果要哲人的 dunamis 不受人世间善善恶恶争纷的拘限，就得提出哲人的 Recht［法权］问题。作者告诉我们，直到哲人尼采才从"善恶的彼岸"来看待正义，但看到尼采这样做的是海德格尔：他的尼采解释慧眼独到地"彻底提升了正义在尼采哲学中的位置"，因为"尼采对善恶嗤之以鼻，但是他却一直对正义敬重有加"（页 180-181）。这让笔者想起，作者在前面说到海德格尔把"善"理解为"权能"时曾下了这样一个注释：海德格尔在解读尼采的形而上学时，把 Ermächtigung［权能］理解为"权力意志的授权"："善之所以高于存在，是因为它必定要进入生成"。这是否意味着，海德格尔把"善"理解为"权能"，与其说凭靠的是柏拉图的"善的理念"，不如说凭靠的是尼采的"权力意志"？

倘若如此，值得我们关注的问题便是：海德格尔如何"彻底提升正义在尼采哲学中的位置"。作者告诉我们，在海德格尔看来，虽然尼采对"正义"的超善恶理解完全正确，但这种理解还受到"现代的主体形而上学和价值形而上学"的拘限，以至于尼采的"权力意志"说不过是希腊形而上学的最终完成（页185）。我们必须注意到，作者在这里挺身为尼采辩护："海德格尔将权力意志解读为'对意志的意志'也很难说是尼采的本意"，"尼采用正义取代了可能蜕化为价值的'善'，海德格尔却恢复了善的原始性"（页 187）。换言之，对海德格尔来说，在尼采那里，超人的"权力意志"仍然没有让作为"权能"的哲人之"善"真正享有"权能"。我们是否可以得出结论说，如果尼采的哲学已经算激进，那么，海德格尔仍然嫌他不够激进，因此才需要"彻底提升正义在尼采哲学中的位置"呢？

如果我们的作者为尼采辩护是真的，那么，他就是在出自本能地抵制哲学的激进化。作者接下来的论析让我们打消了这一设想：他让我们一起来看，海德格尔如何修理尼采在《希腊悲剧时代的哲学》中对阿那克西曼德箴言的解释，并告诉我们，"海德格尔对阿那克西曼德箴言的解读其实是他为尼采的Gerechtigkeit[正义]准备的一曲哀歌"（页187－188）。

作者让我们看：海德格尔与尼采竞赛比谁更懂得自然哲人的道德经验。首先，海德格尔的阿那克西曼德译文"大胆而激烈，几乎让我们难以辨认出阿那克西曼德箴言的本来面目，但在细节处理上却显体贴周全，细加琢磨，更有对此一箴言的深切体悟"（页189）。看来，作者被海德格尔的解释功夫迷住了，他认同海德格尔的看法：虽然尼采算得上古典语文学天才，但他受"主体形而上学和价值形而上学"掣肘，因此反而看不到阿那克西曼德对存在的理解具有悲剧性品质。

精彩的是，作者甚至让海德格尔以一敌二，与尼采和第尔斯两位古典语文学家同时比拼翻译和释读阿那克西曼德箴言的小学功夫。尽管作者承认海德格尔的译文"在汉语中几乎无法理解，难以卒读"，但他还是严肃地对待海德格尔的翻译，并要求我们用"更为细致的阅读经验"来看待海德格尔的翻译和释读（页190）。作者用了差不多八页篇幅细究海德格尔"难以卒读"的译文，然后得出结论：尼采固然意识到阿那克西曼德的存在解释带有"高傲的悲剧性，但当他以正义的救赎克服存在的罪与罚时，他似乎也克服了悲剧性本身；但在海德格尔那里，悲剧性被完整地保存下来"。因为，"海德格尔显然比尼采更为彻底"，他"不承认存在的罪与罚，不承认永恒的正义救赎"（页197－

198）。这无异于说，尼采虽然激进，毕竟还承认存在的罪与罚，承认永恒的正义救赎。两相比较，海德格尔的哲人性情显然要更为坚毅决绝，独自在天地间承受生存的悲剧性。

凭什么心性品质来承受？作者告诉我们，海德格尔从超越善恶的"正义"那里捕捉到"泰然任之"的心性品质。不用说，这种精神品质属于少数哲人。但作者还描述说，这种心性"偏于柔顺，缺少必要的刚强"（页198）。这样的语式难免会让我们想起老子的著名说法：柔弱胜刚强。① 难道我们不能说，作者更服膺激进的海德格尔，而非相比之下多少有些保守的尼采？我们是否可以说，正因为如此，作者才在"引论"中说，"海德格尔的良苦用心"庶几接近"鄙薄仁义的老子"？倘若如此，我们的老子就庶几接近激进的海德格尔——是抑或不是这样？

从"善"即"权能"到"正义"就是独自在天地间承受生存的悲剧性，作者让我们看到哲人心性或哲人天性的特权如何逐渐展露。如果哲人天性真的如此，并真的有如此特权，那么，无论柏拉图还是尼采，实际上都在尽可能地隐藏哲人天性的真实及其特权。与此相反，海德格尔却通过摧毁从柏拉图到尼采的西方形而上学传统，让哲人天性的真实展露无遗。笔者难免会担心：天底下到底有多少人天生有哲人心性呢？如果这类人从古至今都极为罕见，那么，海德格尔让哲人天性的真实展露无遗，会不会把许多人教坏呢？从阿伦特、德里达到阿甘本的激进实践哲学说明了什么？

---

① 　其实，儒家也讲"柔"：许慎《说文》训"儒，柔也，术士之称"；郑玄则说，"儒之言优也，柔也，能安人，能服人"；还说"儒者，濡也，以先王之道，能濡其身"（《礼记正义》引郑玄《目录》）。

3　从哲人的自由到无政府主义的自由

承接哲人的"善"和"正义",接下来的第三节题为"自由"
就显得顺理成章。因为,无论"泰然任之"还是老子的"柔顺",
都是哲人才有的"自由"精神,只有智慧极高的人才可能有这种
精神。毕竟,无论帕默尼德还是阿那克西曼德,都不会是多数人
中的一员。

引人兴味的是,作者在这一节开篇就让哲人的"泰然任之"
面临政治考验:有激进左翼哲学家批评海德格尔的后期哲学
"耐人寻味地"取消了自由概念的空间,另有激进哲学家则认
为,海德格尔哲学的"重要性在于他消解了行动的目的论模式,
从而赋予人类的行为以一种所谓'无政府主义的自由'"(页
203)。必须注意,海德格尔的"泰然任之"式的自由是阿那克西
曼德一类极少数人的自由,在激进哲学家那里成了普遍的或者
说"全体公民"应该享有的自由。作者在这里再次提醒我们激
进哲学家舒曼的观点:"人的行为根本没有也可以没有一个所
谓'为什么'。哪里有'为什么',哪里就有'目的论暴政'"(页
36)。我们真的只能怪后现代的激进哲学分子"误解"了海德格
尔?海德格尔哲学竟然会对激进左派哲学家有如此大的启发,
这是我们的作者非常不情愿看到的结果。如笔者在前面已经提
到过的那样,作者必须证明后现代激进哲学家误解了海德格尔。

在这里,作者把思考的视野拉得很长,他从同样属于战后激
进哲学的阿伦特的说法开始,简要描述了"自由究竟是怎样进
入哲学领域的"。据阿伦特说,"在古希腊,只有政治自由,没有
哲学自由"。于是,据说,"历史地看,自由首先进入基督神学领

域,其后才成为哲学概念"(页204-205)。这让笔者想起,与阿伦特的观点相反,施特劳斯在《自由教育与责任》一文中说:在古希腊不只有政治自由,也有哲学自由。尽管"自由人"的含义首先是政治性的,即有别于不能支配自己生命时间的"奴隶",但是,所有雅典公民都是"自由民",未必意味着个个有政治德性。问题显然还在于,如果一个人"可以自由支配自己的所有时间",他用属于自己的时间来干什么。苏格拉底—柏拉图—亚里士多德意义上的"自由",指用自由时间来通过关切城邦的好生活和通过热爱智慧"追求成为自己"。施特劳斯随之就以苏格拉底这个人为例,证明哲人自由的实质性含义是好德。①对勘柏拉图作品,施特劳斯的说法确有所本,并非瞎编。苏格拉底在临终前对身边那些追求智慧的年轻人说的最后一句话是:应该"热切追求涉及学习的快乐,用灵魂自身的装饰而非不相干的装饰来安顿灵魂,亦即用节制、正义、勇敢、自由和真实来安顿灵魂"。② 苏格拉底在这里用"自由和真实"这两种美德替换虔敬和智慧,意味深长。因为,这话是苏格拉底在城邦的监狱中说的,而且是对身边那些热爱智慧的年轻人说的。这让我们应该想到一个问题:虔敬而非自由才是常人有的自然美德,鼓励甚至督促常人用"自由"替换"虔敬",行吗?

　　可以理解,我们的作者会对后现代的激进哲学"有一种生理上的不适"(页346-347),因为这类哲学很可能是天性已经被败

---

① 施特劳斯,《古今自由主义》,马志娟译,南京:江苏人民出版社,2010,页9-10;就与我们的作者笔下的海德格尔相关的问题而言,尤其值得对观施特劳斯的长篇书评文章《古典政治哲学中的自由主义》,见同书,页27-72。

② 柏拉图,《斐多》114e4-115a1,见刘小枫编/译,《柏拉图四书》,北京:生活·读书·新知三联书店,2015,页544-545。

坏之人搞出来的。毕竟,激进哲学不是要让阿那克西曼德一类人、而是要让每个公民享有"无政府主义的自由",否则他们就算不上真正的"公民",而只能算是"臣民"。现在我们再次看到作者面临的困难:他如何撇清海德格尔与激进哲学的关系呢?

作者诚实地注意到,在海德格尔的现象学还原式的哲学史考察中,"自由"这个语词并没有缺席。虽然对海德格尔来说"词源学即是一切",他却没把现象学式的词源学功夫用于"自由"这个语词,以至于对这个语词丧失了"批判性视角",这多少有些奇怪(页204)。作者还敏锐地注意到,"自由"这个语词在1928年至1935年间"突然间闯入海德格尔的写作",然而,自1941年的"谢林讲座"之后,它就"很少出现在海德格尔的文本中"了(页205-206)。无需作者多说,作为读者的我们,谁都禁不住会把海德格尔关注"自由"论题的历史时机与德国政治命运的历史时机联系起来。

按照作者的论析,海德格尔的"自由"理解有两种含义:"因缘义"或"敞开义"与"深渊义"或"潜能义"。遗憾的是,"海德格尔的许多继承者比如眼下在大洋彼岸大红大紫的阿甘本却完全从自由的潜能义去'发展'海德格尔的学说"(页212-213)。作者试图用阿伦特对"政治自由"与"哲学自由"的区分来抑制阿甘本,但阿伦特的两种"自由"的区分从孟德斯鸠出发,同样没有搞清楚何谓"哲学自由"。作者自己都意识到,阿伦特对"哲学自由"的理解几乎等于"神学自由",难免带有激进要素,因为"律法外的世界也许就是基督徒的自由居所"(页215-216)。因此,海德格尔的"潜能义"的自由"在海德格尔的学生阿甘本的哲学中得到了激进的发展",就是不可避免的事情。"当阿甘本颂扬人类潜能的伟大,颂扬深不可测的人类的自由

深渊时",我们的作者也禁不住惊呼:

> 这还是海德格尔吗?这是萨特!或者说,这是一个激
> 进化、人类学化的海德格尔,赋予人类潜能以不可替代的独
> 特性,其实终究是一个伪装巧妙的自由意志观。(页216-
> 217)

如果作者记得自己在前面刚刚称赞过海德格尔把"善"理
解为"权能"或dunamis[潜能],并通过批判尼采,让这种"潜能"
成为了"不承认存在的罪与罚,不承认永恒的正义救赎"的"泰
然任之",那么,他就应该说:这就是海德格尔!即便1960年代
以后的激进哲学家"误解"或"歪曲"了海德格尔,我们仍然值得
问:假如不是海德格尔不遗余力展示"潜能义"的自由,会有萨
特或阿甘本式"激进化、人类学化的海德格尔"?何况,作者自
己也两次说,海德格尔的"自由"观"已经偏离了希腊的精神"
(页213,217)。海德格尔打掉西方的伦理学传统,不就是要让
希腊人——确切地说古希腊自然哲人——的源初伦理经验呈现
出来?作者让我们看到的海德格尔对"善"→"正义"→"自由"
的去蔽过程,呈露的不正是海德格尔自己而非阿那克西曼德的
源初伦理经验?谁能阻止萨特或马尔库塞或阿伦特或阿甘本把
这种源初伦理经验"人类学化"呢?为了不让这类天性的人搞
出"无政府主义的自由",海德格尔是不是应该取回他从柏拉图
和尼采身上剥掉的那件形而上学外衣,给他们重新披上?

紧接下来,作者就让我们细看海德格尔的《谢林论人类自
由的本质》这部讲座稿(1936)。似乎,在经历过1933至1935
年的政治经历之后,海德格尔对"自由"有了深刻反省。因为,

"海德格尔最为看重也最为推崇谢林的自由观念",是"因为谢林涉及到了'恶的形而上学'——至善的上帝产生了一种致恶的可能性"(页219)。既然如此,海德格尔是怎样反省的呢?

作者在析读海德格尔的谢林论时说到,"海德格尔在传统中浸淫极深,同时又极具辗转腾挪的功夫,因此其运思往往让人有神龙见首不见尾的感觉"(页227)。显然,这种感觉不仅是针对海德格尔的谢林解释而发,而且针对海德格尔所有的解读性论著。因此,我们值得问:海德格尔在哪个传统中浸淫极深,又在哪个传统中辗转腾挪? 作者让我们看到,海德格尔以谢林的《论人类自由的本质》作为进一步探究"自由"问题的文本,这表明他在现代传统中浸淫极深,因为,"海德格尔认为,斯宾诺莎式的自由还没有触及到自由的本质和形式,这只有在康德和德国观念论那里才达到"(页219)。既然如此,即便海德格尔激赏谢林的自由概念"至少有一半原因"是由于"肇始于希腊哲学尤其是亚里士多德与柏拉图哲学中的潜能概念",我们也不能说,海德格尔在古典传统中浸淫极深。毋宁说,海德格尔与谢林一样,不仅在现代传统中浸淫极深,而且极具辗转腾挪功夫——包括回到古典去辗转腾挪。

作者提到谢林的"自由观"与柏拉图的《蒂迈欧》或亚里士多德的"潜能"概念的关联,让笔者想起沃格林对谢林形而上学精彩的思想考辨。他让我们看到,谢林的古典学识相当精深,但他的问题意识的起始点却是文艺复兴时期的布鲁诺。[①] 沃格林还敏锐地看到,现代传统有如一个巨大漩涡,即便是力图对现代

① 参见 Eric Voegelin, *The New Order and Last Orientation*, University of Missouri Press, 1989, 页193-242;尤其值得注意,紧随对谢林的论述之后,沃格林释读了多首荷尔德林诗作,以此揭示荷尔德林与谢林心心相印(见页243-250)。

传统作出反应的思想者,也很难不被裹挟而去,谢林就是一个典型例子。沃格林甚至在论及杜尔戈的历史主义时,也拿谢林做对比,或许让人觉得有些莫名其妙。其实,沃格林的简扼对比相当发人深省,他让我们看到,谢林思想在现代漩涡的形成过程中如何造就新的现代漩涡。①

就我们眼下涉及到的"自由"论题而言,更发人深省的是,沃格林在论及无政府主义鼻祖巴枯宁时,提到了德意志的观念论传统,因为,海德格尔认为,"只有在康德和德国观念论那里才达到"了自由的本质和形式:

> 巴枯宁认识到,争取自由的斗争从一开始便内在于天主教之中。自由原则是"所有异端的源泉",没有这个原则,天主教就会不可动摇,因而,"就自由是整体当中的一个时刻而言,它是其活力的原则"。新教是成功的异端,自由是其源泉,它也内在于天主教自保罗时代以来的发展之中,直到成为一条独立的原则。而且,总体而言,历史的意义就在于把本质性地自由的精神(the essentially free spirit)从不自由的束缚中解放出来。现在我们已来到一个新的关键时期,它开启了一个超越天主教与新教的未来,"自由与不自由的对抗被推到目前这最后且最高的顶点,这与异教世界的瓦解时期非常相似。""自由"、"平等"以及"博爱"这几个骇人的神秘字眼意味着"完全消灭"现存的政治、社会世界。拿破仑这位被称为民主之驯化师的人物,不就把

---

① 参见沃格林,《危机和人的启示》,刘景联译,上海:华东师范大学出版社,2011,页128-131。

均平原则(the leveling principles)成功传遍欧洲了吗？康德、费希特、谢林、黑格尔不是代表了思想界中同一条均平、革命的原则吗？这种精神的自主现在是秩序的新原则,而它与所有过去的宗教和教会都处于极度对立之中。①

沃格林的这段论述让笔者产生三点联想:首先会联想起"海德格尔的学生阿甘本"致力于赋予所有人以一种"无政府主义的自由"。博学的阿甘本不大可能不知道巴枯宁,否则他怎么可能用"无政府主义"这个语词来界定他宣扬的"自由"呢？第二,巴枯宁把"自由"视为天主教中的"活力"原则,而"活力"(aliveness)这个语词的拉丁语写法即dunamis。第三,德国观念论代表了思想界中同一条均平、革命的原则,让笔者联想到作者在第二章第一节结尾时说的"齐远近,平亲疏"。② 何况,我们不能忘记,康德和德国观念论绝非仅仅在沉思形而上学,还发展出一大套法权哲学。③

① 沃格林,《危机和人的启示》,前揭,页240。

② 笔者不禁想起波考克在说到老庄思想的要义时说:"统治既非规范之设定,亦非自诸规范中,遂行选择或调节。统治仅能为人明智地视为摒弃所有规范之途——这等于全盘否认人需要统治(无政府)。"波考克随即引了《庄子·齐物论》中的一句话,"既使我与若辩矣……何谓和之以天倪？ 曰:是不是,然不然",然后引出如下妙论:"这段文字对服膺民主信仰的人来说,很有吸引力:由于人生而平等,因此没有客观方法去分别他们的高下;而据此的结论是:所有人与人之间的歧见都是主观的。"见波考克,《礼、文与权:通论中国古代政治思想》(江金太译),贺照田主编,《颠踬的行走:20世纪中国的知识与知识分子》,长春:吉林人民出版社,2004,页362。按照这种理解,我们更应该说,世间没有客观方法让人去分辨波考克与高古哲人的高下。

③ 参见吴彦编,《观念论法哲学及其批判》,姚远、黄涛等译,北京:知识产权出版社,2015;李普斯坦,《强力与自由:康德的法哲学与政治哲学》,毛安翼译,北京:知识产权出版社,2016。

沃格林接下的说法更进一步拉近了黑格尔和谢林的"自由形而上学"与巴枯宁的无政府主义政治论之间内在品质的一致性：

> 巴枯宁的历史观让人们十分清楚地认识到他作为新施洗者约翰的作用，他宣告在天主教和新教之后，将会出现精神最终自由的第三国度。就这个观点的辨证技艺而言，它和黑格尔的自由在历史上之辨证展开或者谢林对三个基督教形态的思辨几乎没有分别。在这个方面，巴枯宁的终末论看起来像是基督教经验的后起衍生物，它靠德意志的自由和理性形而上学来表达，并因为这种表达媒质而与欧洲的神秘传统产生了联系。然而，就在这一要点上，出现了一个断裂，一方面是黑格尔和谢林的衍生性基督教，另一方面是巴枯宁的革命性思辨。黑格尔以及谢林对历史的解释是沉思性（contemplative）的，在他们看来，历史认识是澄清及巩固他们的存在最重要的洁净锻炼（cathartic exercise）。……危机意识促使谢林走向"内在回归"（inner return），即回到灵魂的基础中去找寻自由与必然的同一性（identity）。同样的意识促使巴枯宁走向革命行动，这和谢林的内在回归一样，被认为可产生自由和必然的同一性，尽管自由被理解为政治和经济自由，必然性被理解为大众之无可阻挡的革命压力。①

沃格林的这段论述又让笔者想起施特劳斯在 1946 年发表

---

① 沃格林，《危机和人的启示》，前揭，页 242。

的评论怀尔德的柏拉图研究的长篇书评文章,其中谈到"文化哲学"这个德意志观念论的产物——据说"文化哲学"等于"彻底实践的哲学",而施特劳斯对此有这样一句评语:

> 鉴于现代哲学渐渐在"文化"和"历史"之间建立的联系,就不稀奇怀尔德在马克思、海德格尔还有天知道什么其他人而绝非柏拉图的感召下谈论"对未来的系统预测","超验颠倒的历史性质"等等。(《新说一种》,前揭,页163)

沃格林将巴枯宁与谢林并提,与施特劳斯将马克思与海德格尔并提,有异曲同工之妙。随后施特劳斯又说到黑格尔"改述柏拉图的陈述——除非哲学与政治权力碰巧重合,否则政治灾难就会无休无止",他认为,"黑格尔改述的理由在于他意识到,柏拉图的思想中缺乏'主体自由'的原理,即'新教良知'的原理"。

> 黑格尔断言,柏拉图并不知道"个人之为个人(the individual *as such*)具有无限的价值"这一自由观念,这种观念是基督教教义的产物。在柏拉图看来,只有哲人才是自由的。黑格尔把个人自由的观念或说人权的观念追溯到基督教,不管怎样评价他的这一努力,他无比透彻地洞见到,柏拉图在表明"个人"绝对高于社会或国家的时候,他并不是在说每个个人,而只是在说哲人。(《新说一种》,前揭,页165)

笔者产生这些联想，是因为我们的作者在这一节里力图证明，后现代激进哲学家"误解"或"歪曲"了海德格尔，但他又始终没有能够成功证明这一点。作者倒是向我们证明，虽然海德格尔致力于清除近代形而上学中的基督教人类学痕印，但他的"存在论"仍然带有基督教人类学的痕印——在第一章结束时所附的"海德格尔'操劳'概念源流考释"中，作者为此提供了详细证明。施特劳斯在三十岁出头时已经看到，在海德格尔那里，基督教色彩的"良知"概念乃是其"存在论"的关键概念。不仅如此，施特劳斯甚至用海德格尔的存在哲学术语来描述霍布斯的哲学"性情"（Ethos）："霍布斯哲学停留在死亡前，霍布斯哲学是削平的哲学。"①我们的作者在相若的年龄凭靠自己的深思也看到这一点，不能不让人佩服。

作者在这一章里的考察从"善"的观念起步，经过"正义"观念最后落脚在"自由"观念。前两节都与古希腊哲人直接相关，到了"自由"观时，至少从文本上讲，海德格尔已经与古希腊哲人没有直接联系。这种论析脉络让我们看到，即便海德格尔想要呈现他所理解的希腊哲人的源初伦理经验，他最终也落了空；我们反倒觉得，海德格尔是在把现代的"良知"放进古希腊人的源初道德经验。由此来看，我们就得承认施特劳斯说得有道理："现代作家要是不充分地反思现代思想的本质特征，就必定会把古典思想现代化，并由此歪曲古典思想"（《新说一种》，页162）。如此来看，我们还能说，海德格尔庶几接近"鄙薄仁义的老子"？

---

①　参见施特劳斯，《研究大纲：霍布斯的政治学［自然权利导论］》（黄瑞成译），见施特劳斯，《霍布斯的宗教批判：论理解启蒙》，杨丽等译，黄瑞成校，北京：华夏出版社，2012，页9–10。

四　海德格尔的"关键时刻"

通过第二章的论析，作者已经带领我们进入海德格尔思想的内室，但还不能说已经让我们看到海德格尔思想的底蕴。第三章题为"自然、机术、礼法"，与这一章的三个分节标题一致。初看起来，这三个分节标题与第二章的三个分节标题可以逐一对应：自然→善，机术→正义，礼法→自由。倘若如此，这三对概念的历史嬗变关系倒真发人深省，甚至堪称令人震惊："善"何以变成了"自然"，"正义"何以成了"机术"，"礼法"何以被"自由"消解。

但是，作者在第二章第二节结尾时告诉我们，在海德格尔的《形而上学导论》中，"自然的正义被理解为与 techne［机术］和 nomos［礼法］相对的概念"。后两者的含义是"强力"（Gewalt），"自然正义"的含义则是"势"（Überwältige），似乎"自然是超越一切权柄的大势"，"它不怒自威"（页 201-202）。作者还下注说，用"势"来对译 Überwältige，颇为符合中国古谚"天下大势，合久必分,分久必合"。

这样看来,作者在第二章的中间部分已经为接下来的第三章埋下了思想线索。作者在第三章想要让我们看的毋宁是:海德格尔如何凭靠哲人的自由让"自然正义"与 techne[机术]和 nomos[礼法]相对,进而化解"机术"和"礼法"。不然的话,作者为这一章的开篇题词不会选取海德格尔和谢林。似乎,海德格尔所谓"自然,是最高意义上的创制"这一密语的精神,就来自谢林"写在神奇奥秘、严加封存、无人知晓的"论哲人自由的本质的那部"书卷里的诗"。这里出现的"自然"、"创制"、"诗"等关键词,无不让笔者想起作者在"引论"中已经说到的"诗意地栖居"论。不仅如此,笔者经作者带领进入海德格尔思想的内室后,已经多少能够从出自蒲柏诗的第三段题词中领悟到那么一点儿令人骇人的真理:"一切偶然都是规定,只是你没看清;一切不谐,是你不理解的和谐;一切局部的祸,乃是全体的福"(页235)。

1　作为"生机流转"的自然

在题为"自然"的第一节伊始,作者列出了三组概念:

　　　自然—机术—礼法/理论—创制—实践/理论学科—创制学科—实践学科

作者解释说,第一组概念(自然—机术—礼法)是"希腊人所习见的经验类型",第二种是"我们所接受的行动类型";第三种则是"亚里士多德所建立的知识类型"。然后,作者说了一句凝重的话：

> 此三组概念，出于希腊、成于希腊，然而，直到今天，我
> 们仍在其中呼吸。思维固是如此，行动亦是滞重。（页
> 236）

这里的"我们"当指我们中国学人。作者随之就以当今"大学的学科建制"为例："自然成为理论学科的对象，机术成为创制学科的对象，礼法成为实践学科的对象"，以至于"没有凭自然而厘定的礼法，没有凭礼法而约束的机术，也没有凭机术而切近的自然"（页236）。这里的重点是三组概念关系的对比："理论学科—创制学科—实践学科"的三分，来自"理论—创制—实践"的三分，这种三分又来自"自然—机术—礼法"，背后是"知识、行动与源初的经验"的关系。在这一问题意识的背景下，作者指出了我们应该一同思考的问题方向：海德格尔在1930年后着意从自然—机术"这一对希腊的源初经验"出发来"阐发存在的运作之道"，但为何"缺失了礼法这一环节"（页237）。

作者告诉我们，在早期海德格尔那里，"自然"概念并没有位置，历史主义的地平线使得海德格尔"以历史统摄自然"，看不到自然的"自然"。1934年的《形而上学导论》标志着一个转折点，从此海德格尔致力返回古希腊的源初"自然"观，并"挖掘"出了"自然"的"生机流转"之意。可是，海德格尔在返回古希腊的源初"自然"观时，首先遇到的障碍是亚里士多德对"自然物"与"制作物"的区分，由此就引出了自然与机术的关系问题。不过，亚里士多德的"自然目的论"又带出了 dunamis［潜能/能力］与 energeia［实现］的关系问题（页247-248）。既然自

第二章讨论哲人之"善"的含义时,dunamis[潜能/能力]概念已经引人注目,我们就应该把海德格尔在 1930 年代中期转向"自然"与当时他关注"自由"的问题联系起来。虽然作者并没有直接讨论"自然"与"自由"的关系,但从他的梳理得出的结论来看,两者之间恐怕不无内在联系。毕竟,一旦"海德格尔真正摆脱了'作为历史土壤的自然'","走到生机盎然的自然中"(页251),我们便不难体会到一种"自由"感油然而生。

作者接下来让我们看到,这种"生机流转"的自然观是否真能带来一种"自由"精神,还取决于回答这样一个问题:是否有谁或有什么东西会"妨碍这生机流转",或者说作为"生机流转"的自然是否还受到什么限制(页252)。因为,自然"往往被当作一个'成对概念',如自然与启示、自然与艺术、自然与历史、自然与精神"等等。由此引出海德格尔对"自然"的最终界定:"phusis[自然]不止是'力',它还是'势'"。作者敏锐地指出,由于自然被理解为"存在本身,对 phusis[自然]的限制就是对存在本身的限制"。因此,海德格尔在《形而上学导论》中用了很大篇幅来检讨"应然"或"思"对存在的限制。最大的限制可以说是"机术"和"礼法"对"生机流转"的限制,这意味着,为了让"生机流转"的自然得以自然而然地呈现,必须切断"自然—机术—礼法"的关联。然而,出乎我们意料,海德格尔"宁愿在'对存在的限制'中而不是'存在的运作'中谈论"自然。作者果敢地指出:"《形而上学导论》可能是海德格尔最为冒险的一部著作",甚至可以说"海德格尔其实已在危险中上路"。也许海德格尔意识到,"对存在的限制"没可能取消,关键在于让所有的"存在的限制""归属于自然"(页 253-254)。

说到这里,作者已经展示了一个颇有戏剧推动力的思想动机。可是,他突然又暂时抛下这一论题,插入了自然与灵魂的关系问题,理由是亚里士多德说:"人不是自然,人只是出于自然——灵魂才是自然"。但何谓"灵魂才是自然",作者谈的既非亚里士多德的观点,也非自然哲人的观点,而是柏拉图笔下的苏格拉底在《斐多》中谈到的自我觉悟:自然的第一因"不是水土火气等等,而是灵魂"。自然哲人的"自然"观导致自然与机术和礼法的"极端对立",而在柏拉图的苏格拉底那里,"灵魂是一种特别的自然",从而使得"自然与机术、与礼法间的极端对立才有可能得到克服"(页256)。

作者在这里结束了关于海德格尔与"自然"的关系的讨论——这个结尾显得非常突兀:为什么作者要撇下海德格尔的"生机流转"或"势"的自然观,转而谈到苏格拉底—柏拉图的"灵魂才是自然"的观点?作者提供的理由是,他将要对比两者看似相似其实不同的打消自然与机术和礼法的极端对立的方式(页257)。这是否意味着,作者准备用苏格拉底—柏拉图的观点与海德格尔的观点对质?如果是的话,那么,作者的意图实在堪称高瞻远瞩,令人赞叹。

2　作为政治技艺的"机术"

接下来的第二节讨论海德格尔的"机术"观,但在一开始,作者就把 techne 这个语词的译法还原为通常的"技术"译法:"技术"是人用来应付自然、处理人类事务的各类知识。反之,自然或人世用来对付技术的杀手锏则是偶然的 tuche[机运]。由于"技术"不得不与"机运"缠斗不休,"技术"说到底都不过是"随机的技术"(页259)——"机术"这个绝妙的译法由此而来。

　　跟随作者的论述,笔者很快就发现,这一节与此前各节有一个明显差异:作者几乎没有凭靠海德格尔的某个关键文本来展开这个问题的讨论,而是通观海德格尔的一生思考,仿佛这个问题才是海德格尔一生所思的关节点,因为,"从最初的思想动机到最终的思想归宿,海德格尔那里始终有一条围绕 techne[机术]问题展开的线索"(页264)。我们会问:为什么呢? 难道是为了应对"现代技术流弊"? 作者否认了这种肤浅看法。

　　作者首先通过一种类似于公式的排列来表示"技术"在古希腊思想中的位置:

自然—技术—机运

理论—技术—实践

　　从横向看这种排列,"机术"显得有两层含义。前一组排列中的"技术"指"凡既非天授又非偶然自发者",但它显得是用来对付"机运"的。后一组排列中的"技术"则被"限定于一个相对狭窄的领域,它是人类事务的一种,处于静观与行动之间"(页263)。如果说海德格尔一生的思考都与"机术"问题有牵连,那么,其基本取向便是:让"技术"从后一种排列即"理论—技术—实践"关联中脱离出来,回到前一种排列即"自然—技术—机运"关联。然而,这意味着什么呢?

　　从纵向来看,打通两组概念排列的是"自然—理论"和"机运—实践"。"理论"的源初含义是"静观","静观"的对象是"自然",两者的关系显得并不别扭。"实践"是人世中各种活动的总称,严格来讲,其对应的仍然是"自然",但为何对应的是"机运"? 凭常识我们也可以想到,"机运"是任何实践行为的克星,它使得任何最为高超的实践"技艺"也可能归于失败。换言之,与"自然—理论"的关系不同,"机运—实践"是别扭的关系。

然而,"机运"难道不是"自然"的一个面向吗？倘若如此,最为关键的问题其实是"机术—机运"的关系。一般而言,"机术"作为人的实践性发明针对的是"自然",但最终面对的是"机运"。我们甚至可以进一步推想:如果把"实践"本身理解为"机运",那又会怎样呢？这种推想绝非无中生有,而是我们可以在马基雅维利及其当代传人剑桥学派的代表人物波考克那里看到的历史主义的坚硬内核:人世的政治生活始终得面对"机运",克制"机运"则要靠世人的"德性"。

作者告诉我们,海德格尔一生从未改变的观点是:他把techne[机术]理解为poesis[创制]。这种理解的要害是取消亚里士多德对praxis[实践]与poesis[创制]所做的区分,使得praxis[实践]"转而投向造化流行的运作",这是海德格尔把"实践"这一人世行为解释为"诗意地栖居"的关键(页265-266)。由此可以理解,"机术"问题之所以牵动海德格尔的一生思考,与作者在"引论"中已经展开的海德格尔的关键命题直接相关:如果要把荷尔德林的那个决然的自问自答"地上可有尺规？绝无!"彻底颠倒过来,那就必须证成生活在大地上的世人能够自己创制出生活的"尺规"。如我们所知,poesis[创制]这个语词的希腊文含义也是"诗"。

把techne[机术]理解为poesis[创制/诗]仅仅是第一步,接下来还需要打通"机术"与"思"的关系。作者非常敏锐地看到,海德格尔不遗余力狠批对"思"的技术化理解,目的是要还原"机术"的源初品质:"思"(页268)。反过来说,通过批判对"思"的技术化理解,海德格尔得以"还techne / poesis以清白无

邪"（页271）。与此相关，海德格尔在《形而上学导论》中也把
"机术"解释为一种"知识"（Wissen），这意味着，"可以将 techne
问题放到真理问题的领域而不是美或实用的领域"。作者在这
里适时地提到海德格尔在 1936 年所做的题为"艺术作品的本
源"的弗莱堡讲座（页273），让笔者猛然想到，1936 年这个年份
对海德格尔来说颇不寻常。经历过 1933 至 1934 年的德国政变
后，海德格尔以《形而上学导论》"再次起航"，"自然"观发生重
大转变。与此同时，海德格尔突然开始关注"自由"问题：1936
年做了关于谢林《论人的自由的本质》的讲座，然后是《艺术作
品的本源》的讲座。所有这一切都凑在了一起，以至于堪称"海
德格尔时刻"，它标志着海德格尔思想的圆成之始：自然本身的
运作开始"大化流行"起来（页277）。具体来讲，那个"自然—
理论"的关系被"自然—机术"的关系取代了，或者说"机术"从
"理论—技术—实践"关联中脱离出来，回到"自然—技术—机
运"关联。

　　这种转换会带来一个极为重大的理论后果："自然—理论"
的静观式关系恰恰是传统形而上学的关键，一旦取消这一关系，
哲学的沉思本质就变成了"机运—实践"的行动式关系。在这
里，我们看到了历史主义的哲学理由：机运成了唯一需要面对的
难题。由此可以理解，作者接下来讨论"机术"与"机运"的关系
问题时，为何又回到了前一节讨论"自然"时已经讨论过的亚里
士多德形而上学问题（页277-278），并通过这个问题与第一章
所讨论过的关键词"明智/实践智慧"链接：这种德性"应对的必
定是个别善，而个别善中亦有更微小的个别善，实践智慧付诸行
动并不能等同于方案的再现。实际上，实践中没有也不可能有
一种事先的一般化原则可以贯彻到底"（页282）。

读到这里，笔者会觉得恍若在读马基雅维利，因为，如何驯服"机运女神"或者说"机术"与"机运"的关系，在马基雅维利那里同样是关键论题。我们可能会以为，马基雅维利是政治史学家，他更多谈论的是实际政治尤其政制变革，海德格尔与这些事情没什么关系。其实，1935 年的《形而上学导论》一开始谈论的就是美国和苏联两个超级大国的形而上学品质。作者在这里还提醒我们，1966 年，海德格尔在《明镜周刊》的访谈中表示，他关切的"一个关键问题是，如何能够为技术时代安排出一个政治制度来"（页 283）。作者敏锐地指出，这"无异于以一种技术（政治技艺）对抗另一种机术，除非海德格尔恢复 praxis 与 poesis，phronesis 与 techne 之间的区分，否则，他对'技术时代的政治制度'的呼告终将无以为继"。

让笔者感到惊讶但转念一想又不会惊讶的是，作者紧接着说，激进哲学家舒曼的观点"值得肯定"，因为，"他认为，海德格尔在政治上的无能，毋宁说正是其哲学的一个必然结果"（页 284）。让笔者感到惊讶的是，作者认为他厌恶的激进哲学家的观点"值得肯定"，但笔者转念一想又不会惊讶，因为，这种说法其实未必"值得肯定"。毕竟，虽然马基雅维利政治史学的实际政治能量数百年来一直强劲，但马基雅维利本人毕竟并未从哲学上把历史主义的政治原理讲透彻，直到 1935 - 1936 年的"海德格尔时刻"，历史主义的哲学原理才被海德格尔讲透彻。当今的剑桥学派高张"马基雅维利时刻"，并凭此提出了具体的激进政治构想。波考克试图表明，马基雅维利式"共和主义"作为一种"普遍的"政治价值，其正确性仅仅来自特殊的历史处境，而非来自哲人所构想的某种自然法则观念或神学家们所信靠的上帝观念。波考克用柏拉图和亚里士多德这样的古希腊哲人无视"机运"为理由,反驳古典哲学的"沉思生活"理想,但他未必对海德格尔哲学下过工夫。《马基雅维利时刻》题为"特殊性与时间:概念背景"的第一部分能够把海德格尔的"机运"观发挥得淋漓尽致,很可能得自海德格尔的学生阿伦特的启发。在《什么是自由》一文中,阿伦特这样来理解马基雅维利的"德性"概念:

> 马基雅维利的 virtu[德性/美德]概念也许是对行动所固有的自由的最好说明:所谓 virtu[德性/美德]指的是一种优异(excellence),这种优异使人抓住世界展现在他面前的以命运形式出现的机运。对其意义的最好解释是"德艺"(virtuosity),即我们归之于表演艺术(而非制作性的创作艺术)的一种优异。在表演艺术中,成就在于表演行为本身,而不在于比创造它的行动更持久并独立于行动的最终产品。①

阿伦特毕竟是海德格尔的杰出学生,随后我们会看到,她对马基雅维利的"德性"概念的理解,堪称富有原汁原味的海德格尔意蕴。因此,我们断乎不能说,海德格尔在政治上无能。作者在接下来的第三节马上让我们看到,情形的确如此。

3　天下事法无定法

第三章最后一节题为"礼法",作者以柏拉图《米诺斯》中的

---

① 阿伦特,《什么是自由》,贺照田主编,《西方现代性的曲折与展开》,长春:吉林人民出版社,2002,页377。

一句话开篇:"法即试着去发现存在"(页 287)。由于海德格尔让"机术"从"理论—实践"的关联中摆脱出来,回到"自然—机运"的存在之域,我们的作者便反过来推论:"机术"式的存在论必然遭遇与"法"的关系问题。值得注意,在为这一节的讨论铺垫背景知识时,作者凭靠的完全是苏格拉底—柏拉图的说法:"法"指的是"名法的世界或者说政治的世界",这个世界究竟与理念有什么关系。这一说法的要害是:"为了把政治技艺从'最不自然'的'恶名'中挽救出来,柏拉图提出了一种新的'自然观'——灵魂的自然"(页 293-294)。显然,作者在这里接上了第三章第一节结尾时突然插入的那个苏格拉底—柏拉图命题:"灵魂是一种特别的自然"。

同样值得注意,作者在这里提到:

> 自柏拉图以降的西方自然法理论始终隐藏着它最初的危机,而其最为极端的体现莫过于施特劳斯所揭示的哲学生活和政治生活的对立。(页 294)

这一说法特别值得注意,因为它表明作者引入了一个视角:施特劳斯的政治哲学视角。我们知道,这个视角几乎可以等同于苏格拉底—柏拉图式的政治哲学视角。但作者是否想要用这个视角来审视海德格尔的哲学,还无法凭这句话下定论。① 至少,作者接下来仍然仅仅致力于搞清海德格尔自己如何看待"政治的世界"。他的第一个说法是,海德格尔"往往能从一个非常独特的角

---

① 在这一节即将结束时,作者甚至说,海德格尔将一般所谓实定法与自然法的冲突拉回到存在的历史领域,在某种程度上"与施特劳斯将实定法与自然法的冲突转化为哲学与政治的冲突有异曲同工之妙"(页 322)。

度看待政治世界的特质"（页295）。既然如此，我们就值得问：什么"独特的角度"，海德格尔看到"政治世界"的何种"特质"？

作者首先让我们关注海德格尔在1940年代初解释帕默尼德时对"城邦"一词的理解："polis既不能说是Stadt[城市]，也不能说是Staat[国家]，而只能是Stätte[场所]"（页297）。这让笔者想起，polis这个语词已经出现在"引论"之中的这样一问："大地上的尺规，是否就是polis的尺规"（页6）。polis就是大地，反过来也可以说：大地是polis。这意味着：大地"是历史性的存在，历史性的场所——polis只能被历史性地经验"。换言之，polis不可狭隘地理解为有"成文规则和条例"的制度，而是得理解为"历史中人的'本成场所'"。作者随即指出，这一武断的词源学论断具有"激进之处"，因为，其"历史性原则实际上已经构成了对西方政治哲学的核心范式之一即政体与国家的同一性学说的挑战"。把这一原则贯彻到底，则世上既没有"稳固不变的政体"，也没有不存在争执乃至撕裂的政治体（页297-298）。

接下来作者让我们看海德格尔在《形而上学导论》中对索福克勒斯《安提戈涅》第一肃立歌中deinon[可怕/厉害]一词的解释，因为事实上，《形而上学导论》已经把polis理解为"历史中人的'本成场所'"。作者首先让我们注意到，海德格尔用Gewaltige[威力无比]这个语词来对译deinon（页305），后来又用了相近的Überwältige[大势]一词来对译（页315）。我们应该记得，海德格尔曾用后一个语词来界定"自然"的性质。第二，海德格尔对pantoporos[所有道路]-aporos[没有道路]的解释，展示了人世的如此生存状态：人的生存既需要"开辟道路"，又处处"走投无路"。作者在这里提出，如此两难是"海德格尔进入polis的必由之路"："假如海德格尔还有某种意义上的'政治哲学'，那么其要义应不出其外"（页308-309）。由此看来,海德格尔的"政治哲学"的要义应该是:人的"历史境遇"Gewaltige[威力无比]。

然而情形并非如此,作者紧接着就告诉我们,海德格尔的意思是:人在既需要"开辟道路"又处处"走投无路"的"历史境遇"中的"伟大创制",才"威力无比"。所谓"创制"指"法"和"正义"的创立,如果"创新"等于"诗",那么,"法"和"正义"的创立也可以说是"作诗","诗意地栖居"的味道就出来了。"创制"行为之所以"威力无比",是因为这种行为"无所凭依,既没有法的限制,也没有正义的约束"（页310）。"作诗"不也同样如此? 换言之,"创制"行为或"作诗"体现了人作为类存在所具有的真正的自由德性。阿伦特的如下说法有助于我们更好地理解海德格尔的意思:

> 如果我们在城邦的意义上理解政治活动,那么,我们也许可以认为,政治的目的或"存在的理由"就是,建立和维护一个空间的存在,以便作为德艺的自由能够在其中出现。该空间是这样一个王国,其中的自由是一种在世界中的实在,表现为可以被听见的语词,可以被看见的行动,以及在其最终融入人类历史伟大的故事整体之前被人们谈论、记忆和编成故事的事件。①

我们难道不应该说,阿伦特出色地诠释了海德格尔的索福克勒斯解释? 然而,作者却禁不住说,海德格尔对索福克勒斯的解释实在堪称大胆妄为,最为大胆的解释莫过于,把歌队视为

---

① 阿伦特,《什么是自由》,前揭,页379。

"大胆妄为、触犯法律的行动"解释成"创建所必需的毅然决然的冒险"。作者甚至惊叹,这种解释引出的激进含义令人骇然:"tolma[胆大妄为]成就了伟大,而 hubris[傲慢僭妄]成就了崇高"(页 311-312)。由于真正的"创制""无所凭依","创制"所依凭的"机术"也就超逾了世间的道德善恶,同样"既没有法的限制,也没有正义的约束"。作者说得好:"至此,海德格尔可谓图穷匕见"(页 313)。

作者对海德格尔的索福克勒斯解释的释读可谓惊心动魄,令人震撼。但是,震撼之余笔者又觉得:这不就是我们耳熟能详的马基雅维利最为著名的政治教诲的哲学化表达吗?海德格尔的"时刻"与马基雅维利的"时刻"还有多少类似性呢?人们至少还可以想到,他们的祖国当时都处于危难之际,而他们都为自己的国家忧心。其实,我们更应该想到的是:两人都有非凡的才智或理智德性。马基雅维利在政治史学上挥洒才智,海德格尔在形而上学上挥洒才智,不过是性情德性的"机缘"。可是,这又有什么区别呢?马基雅维利的《君主论》以彼特拉克的诗句收尾,海德格尔的《〈形而上学是什么?〉后记》以索福克勒斯的诗句收尾。在收尾之前,海德格尔写道:

> 无言状态的本质处所之一,乃是惊恐意义上的畏,是无之深渊把人调谐入这种惊恐之中的。作为与存在者不同的东西,无乃是存在之面纱。在存在中,存在者的每一种命运都已经原初地得到了完成。①

---

① 海德格尔,《〈形而上学是什么?〉后记》,见《路标》,孙周兴译,北京:商务印书馆,2000,页 364-365。

　　这看起来不过是近乎用诗化语式表达新形而上学,但海德格尔所引索福克勒斯《俄狄甫斯在科罗诺斯》的结尾句与马基雅维利在《君主论》结尾所引的彼特拉克诗句,就政治情绪而言完全同调:"放弃吧,决不再有哀怨唤起;因为万事常驻,保存一个完成的裁决"。引用之前,海德格尔对这句诗有一句解释:

　　　　其结尾的诗句不可思议地回转到这个民族的隐蔽的历史上,并且保存着这个民族的进入那未曾被了解的存在之真理中的路径。

　　我们必须想起,在发表这篇文章的同一年(1943),海德格尔还出版了一本解释荷尔德林的诗《追忆》的小册子。在海德格尔所写下的关于荷尔德林的所有文字中,这篇作品篇幅最长。正是在这里,海德格尔首次全面而又深入地阐发了他的"诗意地栖居"论,并明确说到与荷尔德林的《安提戈涅》译文的关系。① 在晚年的一次演讲(1959)中,海德格尔更为明确地确认了这一点:

　　　　大地"跟随伟大的法则"。这里所谓的"法则",乃是伟大命运的指令意义上的 nomoi,这种伟大命运指引和遣送每一事物,使每一事物按其本质而被用于何处。这些法则没有被描写出来,因为它们不可描写。这些法则规定着整个关系的无限联系。正如荷尔德林已经在霍姆堡时期的

───────────

① 海德格尔,《荷尔德林诗的阐释》,孙周兴译,北京:商务印书馆,2000,页106(以下简称《荷尔德林》,并随文注页码)。

《哲学残篇》中说明的,这些法则乃是"安提戈涅所谈论的"
法则。(《荷尔德林》,页203)

我们还必须想起:1943年对于德国来说是其特殊历史的紧
急时刻。① 这表明,海德格尔的形而上学与德意志的"命运"紧
紧联系在一起,并通过这种联系与世界历史的"命运"建立起
"无限联系"。显然,海德格尔的哲学未必非要像马基雅维利那
样直接谈论政治"机术"才算政治哲学。波考克说,"政治关系
到行动和决断,它们本身就是善,在追求这种善的过程中,行动
者展现自己的人格和天性"(《时刻》,页586)。这种说法明显
是从马基雅维利那里学来的,但与海德格尔的哲学精髓难道不
是若合符节?

"至此,海德格尔可谓图穷匕见"——这话的确说得好! 作
者让我们终于明白:海德格尔拆除传统的"理论—技术—实践"
三分法,为的是让哲学在本质上成为一种能克制"机运"的实践
性"创制"行为。作者在这二章所考察的哲人之"善"→"正义"
→"自由"的含义,在这里豁然贯通。② 通过比较 Gewaltige[威

---

① 1942年底,德军在斯大林格勒城下受阻,德军的东线战场面临全面崩盘的
危局。第六集团军遭苏军合围后已无作战价值,集团军群司令曼施泰因向总参谋部
建议让该集团军投降,以免数万将士无谓付出生命,但遭希特勒拒绝。曼施泰因在
回忆录中说:希特勒对技术有浓厚兴趣,对技术手段估计过高,以至于不相信军事指
挥上的判断能力。希特勒想要实现政治和经济上的战略目的,却又不顾及有效消灭
敌方军队乃是达成目的的基本前提;他过分相信自己的意志,却忽视敌人的意志;他
具有把握作战机会的独特眼力,关键时刻却又惧怕冒险。参见曼斯泰因,《失去的胜
利》,戴耀先译,长沙:湖南人民出版社,2013,页249-260。

② 维克利在同一时期有过相同的思考,但他对海德格尔的"自由"精神的理
解不及我们的作者,因为他没有看到"图穷匕见"。参见维克利,《论源初遗忘:海德
格尔、施特劳斯与哲学的前提》,谢亚洲、杨永强译,北京:华夏出版社,2016,页137-
154。

力无比]与海德格尔的"自然"理解的 Überwältige[大势],作者
为我们揭示了海德格尔形而上学基本问题的底蕴,让我们得以
明白,海德格尔把自然理解为"生机流转"的真正含义在于:召
唤人们勇于"无所凭依"地"创制"。作者唯一没有说的是:如此
令人骇然的"大势"是否也就是"诗意地栖居"的"图穷匕见"。
笔者终于明白,海德格尔把这种"存在"理解说成希腊人的源初
伦理经验,让自己显得是在致力"恢复希腊人那里的存在理
解",包括对存在所受到的限制的理解(页315-316),都不过是
海德格尔自己作为哲人的"无所凭依"的实践性"创制"行为。

作者最后让我们看到,海德格尔如何凭此颠覆了古希腊的
"自然"与"礼法"的关系。作者敏锐地看到,如此颠覆的关键要
点在于:不仅把"礼法"视为"历史性存在的形成",而且把"自
然"也源初地理解为历史领域(页320)。"从 nomos[礼法]的破
碎开始,到人的破碎为 phusis[自然]所用为止",海德格尔的运
思意图不过是:"让 nomos[礼法]与 phusis[自然]之间的对立进
入'自然大势'本身的运动",彻底根除双方的简单对抗,以便保
障源初的"自然大势"的斗争本相活泼泼地呈现出来(页321)。

作者现在似乎已经相信:海德格尔哲学本身就激进,而非被
其后学"误解"才变得激进。作者最后说,海德格尔对《安提戈
涅》的释读"仍然存在着一些缺憾",并无关痛痒地批判了一番。
作者指出,海德格尔释读索福克勒斯的首要问题在于"明显忽
视了戏剧性要素",以至于"未能在人群的分与合这一层面贯彻
他的存在政治的理念"——作者甚至引荀子批评庄子的说法批
评海德格尔"蔽于天而不知人"(页323-327)。这无异于说,如
果海德格尔不忽视"戏剧性要素",那么,他贯彻其"存在政治的
理念"会更为成功。作者这里所谓的"戏剧性要素",指的是任

何一部古典文本都会有的整体语境。显然，并非仅仅肃剧作品才有"戏剧性要素"。其实，释读传统文本时撇开文本自身的整体语境，此乃海德格尔解释方法的基本特征，并非仅仅释读索福克勒斯时才如此。①

我们不难看出，作者多少为海德格尔哲学的"大胆妄为"所深深折服甚至深深打动："人注定要成为一个被打破的缺口"，"因为存在的大势需要这样一个缺口"。毕竟，"存在的大势"是"伟大的自然的涌现"（页321）。我们是否可以说，作者对海德格尔哲学的看法发生了变化，而且这个变化显得颇为不情愿。笔者拿不准他是否还愿意说他在"引论"中说过的下面这段话：

> 海德格尔对"善的理念"的理解又牵涉到他对"自由"的理解——善、正义、自由，海德格尔在这些伦理学概念中出入自如，他似乎完全用另一套不带任何道德意蕴的语言谈论我们已经习以为常的道德。但是，当我们将他为这些概念各自勾勒的存在论形象重新组合在一起时，我们会发现，这幅存在图景并没有歪曲原先的那幅道德图景。海德格尔并没有真正取消它们的道德意蕴，他所破除的或许只是那些已经板结的概念本身。（页20）

无论如何，虽然作者让我们看到，他的理智德性被海德格尔"无所凭依"的实践性"创制"行为深深折服，但自己的性情德性

---

① 与此相反，克莱因正是从海德格尔如此"断章取义"的哲学方式领悟到重视古典文本自身的整体语境的重要性，如施特劳斯在说到海德格尔对克莱因的启发时说：海德格尔的柏拉图解读"尤其没有考虑到那些看样子好像是哲学专著的部分的戏剧特征"。施特劳斯，《剖白》，前揭，页495。

又对这种哲学的"创制"行为有一种天性上的不适。这让笔者想起施特劳斯在 1950 年给科耶夫的一封信中的一个说法:海德格尔的《林中路》"很有意思,许多地方非常杰出,但总体上糟糕:最极端的历史主义"。①

4　个体灵魂与机运

海德格尔哲学让我们的年轻作者感到为难,这件事情本身对于中国思想的历史转机的意义已经足够重大。毕竟,他虽然如此年轻,却与我们不同,并没有因为海德格尔哲学显而易见的魅力而变得不假思索甚至不知所谓。因此,让笔者感兴趣的问题是:除了性情德性上的不适,作者是否还有理智德性上的理由让他没法亲近海德格尔的哲学品质?

这个问题促使笔者回想第三章第一节的结尾:当时作者撇下海德格尔的"生机流转"的自然观,转而谈到苏格拉底—柏拉图的"灵魂才是自然"的观点。在第三章第三节开头,作者又提到柏拉图的观点,看起来呼应了第一节结尾时的这个插笔,其实未必。因为,作者接下来思考的是"机术"式的存在论与"法"的关系,而非调转方向,思考"机术"式的存在论与"灵魂"的关系,导致苏格拉底—柏拉图的"灵魂才是自然"的观点没有了下文。与此相关,作者通过提到施特劳斯而建立起来的苏格拉底—柏拉图式的政治哲学视角,也没有了下文。换言之,"灵魂"与"机运"的关系才是更为重要的思考线索。

---

① 施特劳斯/科耶夫,《论僭政》(重订本),彭磊译,北京:华夏出版社,2016,页 288。

　　笔者不妨尝试寻觅作者无意中丢失的这个线索。在第一章谈到亚里士多德与苏格拉底/柏拉图的分歧时，作者的如下说法已经埋下了这一思想线索的伏笔，我们需要再次全文引用：

　　　　在柏拉图那里，最高的理念是善的理念，机运不可能介入自然本善的序列，因此也就不可能损害整体善和部分善的贯通；但是，对亚里士多德而言，属人的善却根本无从摆脱机运，个别善之所以无法从一个更高的善中推演而出，恰恰是因为，机运介入了自然本善的序列，因此单单从整体善入手，无论如何也不能推演出部分善。（页69）

　　作者在当时得出的结论是：柏拉图的知行合一（"完满的知即是完满的行"）被切割开，在亚里士多德那里，"知与行终究有了次第"。尤其重要的是，"在柏拉图那里，自然与习俗之间存在着不可弥合的对立，真正的美德一定是自然的"；亚里士多德则试图弥合这一对立（页70）。显然，问题的关键在于"灵魂"类型与"机运"的关系。亚里士多德对老师提出的挑战是，"属人的善却根本无从摆脱机运"，而在柏拉图那里，机运被隔离在自然本善的序列之外。

　　事情真的是这样吗？在第三章第二节开头介绍古希腊的"机术"观时，作者提到柏拉图的《普罗塔戈拉》，并指出其中的关键问题是："美德是否是一种 techne［技术］？如果美德是一种 techne，那它是否可以摆脱机运（tuche）的侵蚀？"按照普罗塔戈拉的观点，"美德是一种 techne［技术］，理由是美德既非出自自然，也非出自机运"（页260）。由于作者没有提到《普罗塔戈拉》中的苏格拉底对普罗塔戈拉的观点作过回应，此前插入的

"灵魂是一种特殊的自然"的苏格拉底命题就断了线索,成了孤零零的文本事件。

苏格拉底对普罗塔戈拉的回应是一个长程的论辩过程,我们仅需要关注两人因如何解释西蒙尼德斯的一首诗而发生的争执,尤其是,苏格拉底在编了一个故事(作诗)来喻示哲人的隐匿传统之后,对西蒙尼德斯的作诗"意图"提出了自己的解释。①在这里,"灵魂"与"机运"的关系问题得到充分展露,以至于我们断乎不能说,在苏格拉底—柏拉图那里,"机运"被隔离在自然本善的序列之外。

苏格拉底与普罗塔戈拉的争执起于如何理解诗人西蒙尼德斯说的"成为一个好男子"或"是一个高贵者"实在太"难"。非常有意思的是,苏格拉底在理解这个"难"字时,曾利用过 deinon[可怕/厉害]一词诘难普罗塔戈拉(341b1-5)。我们记得,海德格尔在解释索福克勒斯《安提戈涅》第一肃立歌时,曾在这个语词上挥洒其解释"技术"的"机术"。经过与普罗塔戈拉的一番交锋后,苏格拉底向在场的各色人揭示了西蒙尼德斯这首诗的实际用意:由于偶然和不好的"机运"即厄运,西蒙尼德斯被迫为他其实很厌恶的僭主写颂诗。换言之,西蒙尼德斯在诗中说,"成为一个好男子"或"是一个高贵者"实在太"难",意思是:"机运"会使得一个人在道德上的追求完全归于失败。我们需要特别关注的是苏格拉底对下面四行诗的解释(344c4-345c3):

---

① 柏拉图,《普罗塔戈拉》340e1-345c3,参见刘小枫编/译,《柏拉图四书》,前揭,页112-122;义疏依据施特劳斯的讲疏(讲课记录稿),见芝加哥大学施特劳斯中心网站。

　　男子汉嘛,没法不是低劣的人,

　　[一旦]让人束手无策的厄运击垮他。

　　毕竟,[若走运]事情做得佳,个个都是好男子,

　　但若[事情]做得低劣,就是低劣的人。

　　头两行说的是,一个男子汉要是遇到厄运,就没法不做坏人。这意味着,一个人是坏人,不是由于他自身的灵魂品性有问题,而是外在的"厄运"所致。然而,苏格拉底解释说,这里的所谓"男子汉"指的是非常人,也就是有专门技艺知识的人,并举例提到舵手、农夫、医生。由于他们拥有某种技艺知识,因此都不是普通人,这就把所谓"坏人"限制在非常人的专业能力(专业德性)范围内。显然,这层意思是苏格拉底解释出来的,原文并没有这个意思。尽管"男子汉"这个语词的确可能指有专门技艺的人,但原诗中毕竟并没有出现"舵手、农夫、医生"的例子。由于苏格拉底引申了"男子汉"这个语词的含义,原诗中"做坏人"的含义反倒变得含糊起来。因为,按日常的理解,"坏人"指道德品质有问题,但按苏格拉底的解释,却不是这个意思。苏格拉底随之给出了三种人遇到"厄运"的例子:一场意外的风暴会使舵手失去控制航船的能力;一个庄稼人再能干,意外的恶劣天气也会让他颗粒无收;手艺再高的医生在给病人做手术时难免遇到偶然,病人意外心脏猝死也会束手无策。三个例子均表明,大自然的"偶然"力量能击倒有专业技艺能力的人,他们遇到的"厄运"是:自己的专业技术知识没法应对根本无法预测的偶然机运。因此,这里所谓的"厄运"指专业技能上的"失败",所谓"坏人"指专业能力上的不及,而非道德品质上的"坏"。舵手、农夫、医生的技艺不逮,不等于他们的道德品格有

问题;医生做手术失败,不等于他在道德上是个"坏人"。

西蒙尼德斯的原文在这里说的"坏"未必不是道德上的坏,苏格拉底为何要解释成非道德意义上的"坏"呢？因为,在前面的问答结尾时,普罗塔戈拉说,西蒙尼德斯笔下的做好人"难"的意思不是"坏",而是不带道德含义的"不易"。苏格拉底的引申解释明显针对普罗塔戈拉,由此提出的问题是专业技艺"知识"与德性的关系。既然"男子汉"指的是有专门技艺知识的人,普通人并没有某种专业知识,也就谈不上被厄运击倒。

随后苏格拉底引了另一位诗人的一句诗来证明自己的解释是对的:

> 一个高贵的人也有可能成为低劣的人,就像另一位诗人所证实的那样,他说,"即便好男子也有时低劣,有时高贵。"可是,对低劣的人来说,并非有可能变得低劣,毋宁说,他被迫从来就是[低劣的人]。所以,既然不可掌控的厄运击倒的是善于搞设计发明且有智慧的好人,[他]就"没可能不是低劣的人"。

我们悉心体会就会看到,这里的说法与前面说的恰好相反。因为,这里说的"好男子"不是指有某种专业知识的人,而且,与"坏/低劣"构成反义词的是"高贵"。换言之,在这句诗中,"低劣/坏"的含义不会是技术知识能力不及,而是道德品质或性情德性有问题。反过来说,"高贵的人"未必是舵手、庄稼人、医生一类有专业技艺的人。值得注意,苏格拉底在这里引进了"必然"(原文中的"被迫")这个语词,这无异于说,让"有智慧的好人"成为"坏人"的原因,并非气候之类的偶然"厄运",而是某种"必然"——这个语词的另一个含义是"强制"。言下之意,"有智慧的好人"在厄运中成为"坏人",不是由于偶然的厄运本身,而是自身的性情德性"强制"的结果。否则,我们无法解释,为何在相同的厄运状态下,性情德性不同的人会有不同的表现。

通过引入另一位诗人的说法,苏格拉底将西蒙尼德斯的这四行诗拦腰截断,对前两行诗给出了两种不同的解释。前一种解释是:男子汉指有专业技艺的少数人,变"坏"的含义不是道德含义,变坏的原因来自偶然机运。后一种解释是:男子汉指"有智慧的好人",变"坏"的含义是道德含义,变坏的原因来自性情德性上的"必然"。因此,这里的"必然"指的不是自然的力量,而是个体灵魂的"必然":由此我们看到了所谓"灵魂是一种特殊的自然"的例子。可是,一个人有某种"特殊的自然"岂不本身就受"机运"支配吗?尼采曾把话说得太绝:如此"机运"体现为父母的偶然婚姻。

这段引申性解释之后,苏格拉底才来解释原诗接下来的两行:"[若走运]事情做得佳,个个都是好男子"——这里的"好男子"带有泛指的形容词"个个"。可见,西蒙尼德斯原文的"好男子"是泛指,苏格拉底所说的专业技艺人士(舵手、庄稼人、医生)是他旁衍出来的。把西蒙尼德斯的这四行诗句连起来看,意思其实很清楚。这位诗人的确说的是,一个人在道德上做得好还是做得坏,受机运支配,这一说法的用意是要为自己的不道德行为辩护。问题在于,为何苏格拉底在解释时要加进关于专业人士的说法呢?可以设想,任何专业技艺都是一种知识,需要学习才可能掌握,因此涉及到教育或者说基于教育。苏格拉底要突显的问题是:涉及人的性情德性上的好坏也如此吗?我们把比如为人正派、勇敢、审慎、有胸襟之类的性情德性或道德德性视为一种知识吗？或者说，这类德性是可以教的吗？常识告诉我们，对此无法给出一种带有普遍性的回答。因为，有的人的确天生就有这类德性，尽管这类人为数不多；更多的人虽然天生不具备这种德性，但通过教育多少能够习得；还有不少人则属于再怎么也教不好的一类。

　　这个问题与普罗塔戈拉宣称自己的"专业"是培育政治人（从事城邦事务的专业人士或剑桥学派所说的"公民"）相关。苏格拉底在《普罗塔戈拉》这篇作品的结尾处得出"德性就是知识"的著名说法，线索就从这里开始，从而与前面第二场景中关于知识与灵魂的关系的话题相呼应。道德德性与知识的连接可以表述为："好人"或有道德德性意味着有知识，"坏人"或缺德意味着无知无识。同样，事情做得"坏"意味着缺乏知识，事情做得"好"意味着有知识。但是，人们通常并不把一个人在道德德性上的好或坏与知识——更为明确地说与教育——联系起来，似乎专业技艺需要学习，道德德性却不需要学习。事实上，即便个体灵魂的"必然"也受机运支配，无论什么人，要想克制如此机运，唯有通过教育——用亚里士多德的说法，包括作为法律的惩罚式教育。

　　苏格拉底的这段说法给我们的启发在于：看待一个哲人不能仅仅看他的理智德性，仅仅被其哲学的精湛技艺折服，更重要的是看他的性情德性或特殊的自然品质。用我们的日常语言来表达，一个专业技艺能力上的"好人"（很能干，做事情做得很好），不等于性情德性上的"好人"。反之，专业技艺人士因技艺不敌机运导致的"低劣"算不上真正的"低劣"。但是，专业技艺人士还有因性情德性导致的"低劣"，这种"低劣"虽然出自个体灵魂的"必然",却与通过教育获得的知识分不开。由此来看海德格尔的激进后学与海德格尔的哲学品质的关系,不是更容易理解吗?

五　文质之辨与历史哲学

现在回过头来看，笔者不难感觉得到，作者从头至尾都对海德格尔哲学抱持犹疑甚至矛盾的态度。一方面，作者感受到海德格尔哲学的历史主义理由相当有分量，令人震撼也让人信服。另一方面，他又因自己的性情德性而无法把海德格尔后学的激进归咎于对海德格尔的"误解"。当最后看到海德格尔"图穷匕见"时，作者再也无法持守开始有的基本观点：海德格尔哲学本身并不激进，其后学才激进。对比题为"将无同，代结"的结语与题为"地上可有尺规？"的"引论"，笔者不难感到论题不对称，语气也有明显差异，以至于难免会想：海德格尔哲学真的能给现代处境中的中国思想带来转机？如果能的话，那将会是什么样的转机？

1　文质之辨与海德格尔

结语以中国传统思想中的一个古老问题开头："圣人贵名

教,老庄明自然,其旨异同?"作者从诸多古人的答案中选取的是晋人的"一个含含糊糊、模棱两可、似是而非的答案":"将无同"(页328)。如果与"引论:地上可有尺规?"比照,结语并没有呼应"引论"提出的如下问题:凭什么说地上自有尺规,或者历史主义的哲学理由有道理。一旦海德格尔证成历史主义的哲学理由,那么,随之被彻底摧毁的恐怕不仅是西方的古典哲学传统。中国传统哲学"贵名教"也好,"明自然"也罢,同样难逃如此命运。用"贵名教"抑或"明自然"的选择来定位海德格尔的历史主义哲学挑战,明显降低了"引论"提出的问题的尖锐性。

"圣人贵名教,老庄明自然"通常指儒家与道家的差异,作者还提到"孔子重文"与"老子重质"的差异。作者想用这一意义上的"文质之辨"来定位海德格尔哲学的激进性质,但他自己都感觉到这样做颇费周章。首先,中国古代的文质之分究竟何意,自古说法纷纭,所谓"文""质"的具体含义随语境而变,作者也知道"绝少有一以贯之的理解"。何况,文质之辨隐含着中国古典思想守"中道"的根本智慧,以至于"文质彬彬"足以勾销文质之辨。作者不得不说,文质之辨"对西方哲学而言全然陌生"。即便"文质区分近于希腊世界所谓的 phusis〔自然〕与 nomos〔礼法〕之分别",也仅仅是看似如此(页330 - 331)。

让笔者费解的是,作者仍不甘心。他笔锋一转又说:文质之分与希腊世界所谓的"自然"与"礼法"之分不同,其实是与习传的希腊哲学传统所理解的"自然"与"礼法"之分不同。如果中国学人的头脑受海德格尔启发或去蔽之后,那么,我们就应该看到,中国古代思想中的文质之分庶几等于海德格尔所揭示出来的源初伦理经验与"礼法"之分。基于这一理由,作者引入了尼采和海德格尔的"反道德主义"姿态。

> 以此为线索,如尼采那般颇为激进的西方世界的反道
> 德形象,或者放在中国文明的逻辑中反倒有更清明可许的
> 理解。何以尼采一面说"我是第一个反道德主义者",同时
> 却搬出明显有希腊世界影子的主人道德来? 什么是主人道
> 德? 尼采借 eu prattein[做得好]所说的"行动和幸福不可
> 分离……行动对他而言必定就是幸福",难道不是"以质救
> 文"的心迹? (页 332-333)

这一说法似是而非。作者自己都问得好:尼采张扬的"主
人道德"是什么呢? 除了是哲人道德,还可能是别的什么类型
的世人的"道德"? 在作者引用过的一篇施特劳斯论海德格尔
的文章(页 337)中我们可以读到:"可以毫不夸张地说,还没有
谁曾像尼采那样,将哲人之所是说得如此伟大和高贵"。① 倘若
如此,作者就没有理由说,尼采的"反道德主义"若是"放在中国
文明的逻辑中反倒有更清明可许的理解"。尼采尚且如此,海
德格尔更不用说。但作者接下来说:"海德格尔可能要更复杂
一些"。怎样"更复杂一些"呢?

> 海德格尔未必有尼采那样深刻的道德洞察力,他对道
> 德经验的抵触毋宁是基于他对伦理学这门学科的轻蔑,而
> 他对伦理学的轻蔑态度又毋宁是基于他对西方知识体系分

---

① 施特劳斯,《海德格尔式存在主义导言》,见施特劳斯,《古典政治理性主义
的重生》,郭振华等译,叶然校,北京:华夏出版社,2011,页 85。亦参叶然,《尼采与
金发野兽:尼采的道德立法学研究》(清华大学哲学系博士后研究报告,未刊稿)。

立的不满。(页333)

　　这段话更加含糊不清、模棱两可。作者也许想到,他在第二章第二节让海德格尔与尼采竞赛谁更懂自然哲人的生存经验时,自己曾让海德格尔胜了尼采一筹,因此他现在又说"海德格尔未必有尼采那样深刻的道德洞察力",未免欠周全。笔者感觉得到,所谓"海德格尔可能要更复杂一些",意思是说海德格尔哲学不及尼采深刻。毕竟,就"反道德主义"而言,海德格尔仅仅基于"对西方知识体系分立的不满"轻蔑伦理学。

　　尼采究竟在哪方面比海德格尔有更为"深刻的道德洞察力"?作者语焉不详。

　　我们是否可以设想,如果说亚里士多德的三种知识体系的划分基于三种灵魂性情的划分,那么,海德格尔的道德洞察力不及尼采深刻,是否正在于他欠缺对哲人性情的透彻认识?毕竟,《尼各马可伦理学》探讨的根本问题是如何深察哲人的ethos[性情],而这一深察的起点是:常人、政治人以及静观者这三类人关于何谓"幸福"意见不一(1095a18)。作者自己在一开始就曾提到,赫拉克利特有句名言:"人的ethos[性情]即是其守护神。"海德格尔把ethos解释为人的"留居"(Aufenthalten)之地,用海德格尔自己的话说,ethos[性情]"这个词指示着人居住于其中的那个敞开的地域"(页8-9)。但这是什么意思呢?作者当时并未深究,现在我们有必要按作者的提示进一步搞清海德格尔如何理解哲人性情。

　　海德格尔紧接着解读亚里士多德《论动物部分》中所讲的与此名言相关的"故事",形象而且具体地解释了何谓"人居住于其中的那个敞开的地域"。在亚里士多德笔下,这个"故事"

仅短短三句话:"据说,某客人欲见赫拉克利特",登门拜访时见其正在厨房火炉旁取暖,"便踌躇不前";赫拉克利特说,"无妨,请进吧,诸神就在这里"。① 海德格尔用差不多两页篇幅,把这个"故事"重新讲了一遍。海德格尔说,赫拉克利特天生好沉思招惹了一些常人好奇,他们纷纷想要接近这位哲人。可来到赫拉克利特住所后,常人们不免大失所望,因为他们本以为会看到一位奇人,他的生活方式"与人们普通的得过且过的生活大相径庭,带有例外、罕见因而令人激动的特点",可没想到竟然看到的是赫拉克利特坐在火炉旁平静地取暖,甚至没用火炉烤面包。海德格尔完全清楚,常人们对赫拉克利特好奇,"绝非为了被思想所震动,而只是因为他们借此可以说已经看到和听到过"所谓的"思想家"。海德格尔不仅把亚里士多德笔下的"某客人"(未必是常人)改为一群常人,还凸显了常人与"思想家"在生存旨趣上的巨大差异:常人不思想遑论"被思想所震动"。海德格尔笔下的赫拉克利特应该清楚,常人与思想者没法坐到一起聊,常人因好奇心而失望要离开,就让他们离开好了。我们应该感到惊讶的是:海德格尔接下来竟然让自己笔下的赫拉克利特"鼓励"正准备离开的常人们别走,还"特意邀请他们进来",于是说了那句传颂千古的话:"即便在[火炉旁]这里,诸神也在啊。"随后,海德格尔对这句话作了如下精彩解释:

　　　　这句话把思想家的 ethos 及其行为置入另一道光亮中。

---

① 亚里士多德,《论动物部分》,崔延强译,见苗力田主编,《亚里士多德全集》,卷五,北京:中国人民大学出版社,1996,页 21-22。

至于这些访客是否立即就懂了，以及他们是否根本懂了这
句话，然后在另一道光亮中不同地看一切，这段故事没说。
但是，这个故事之所以被叙述，而且还流传给我们今人，乃
是由于这个故事所报告的东西，来自这位思想家的氛围，并
标志着此种氛围。①

何等绝妙的解释！不是吗？当一群好奇的常人来看稀奇
人，因失望要离开时，无论亚里士多德还是尼采，会"鼓励"常人
们别走，还"特意邀请他们进来"？即便这里的"诸神"是民众信
仰的神，而自然哲人不信神，因此"诸神也在啊"的说法无异于
哄常人，也不至于要把常人们哄到哲人独处的火炉旁吧。海德
格尔难道不是在告诉我们，他作为"思想家的 ethos 及其行为"
已经"置入另一道光亮中"，因此他才希望常人们凭此"光亮"进
入"另一道光亮"，然后"不同地看一切"。至于他作为"思想家
的 ethos 及其行为"为何已经"置入另一道光亮中"，海德格尔也
给出了解释："思想家"的 Ethos[性情]应该受其所处"氛围"支
配。不用说，这个"氛围"是民族命运的历史时刻。

海德格尔的这段故事新编不仅让我们看到他如何理解哲人
与常人的关系，更重要的是让我们看到海德格尔自己的哲人性
情。施特劳斯年轻时就注意到，某种"性情"（ethos）决定了霍布
斯的哲学，这种"性情"把精神理解为"自然"，讲究"精神的自我
享受"，"否定永生和天命"。霍布斯的哲学不仅表现出这种性
情，甚至要求其他人也养成这种性情。让笔者多少感到惊讶的

---

① 海德格尔，《关于人道主义的书信》，见《路标》，前揭，页417-419，引文见页
419。

是,年轻的施特劳斯还认为,这种哲人"性情"一直流传到海德格尔身上。①　与尼采的哲人性情相比,霍布斯或海德格尔的哲人性情相去何止倍蓰。这里的关键问题在于:是否把哲人性情视为每个常人都能够养成的性情。如果发端于培根、笛卡尔、霍布斯的大众启蒙哲学的基本取向是用大众化的哲学来武装每个常人的头脑,那么,海德格尔对自然哲人赫拉克利特的奇妙新解便证明:他的哲学无论显得多么充满诗意地玄奥,本质上仍是一种大众启蒙哲学。施特劳斯在海德格尔写下《关于人道主义的书信》之前已经深切地指出:

> 假如所有人都是潜在的哲人,那无疑哲学与政治之间就有着一种天然和谐——大众启蒙的观念正假定了这一点。不管柏拉图对大众启蒙的态度如何,要是他认为离开了政治生活的"洞穴"却再次下降到"洞穴"是哲人的实质([引按]我们的作者证明海德格尔认为柏拉图如此认为),他也就相信这样一种和谐。(《新说一种》,页167)

我们还有必要搞清,决定海德格尔"这位思想家的氛围"背后的哲学要素究竟是什么。施特劳斯告诉我们:古代哲人与现代哲人的决定性差异之一是对"自然"的理解。虽然古代和现代的哲人都用"自然"这个语词,含义却完全不同:现代哲人的"自然"理解是历史化的理解——如我们已经看到的那样,海德格尔哲学

---

①　参见施特劳斯,《研究大纲:霍布斯的政治学[自然权利导论]》,前揭,页8-10。在晚年的一次讲座中,施特劳斯再次表述过海德格尔思想与霍布斯思想在哲学品质上的内在关联,参见施特劳斯,《苏格拉底问题》,见《苏格拉底问题与现代性》,前揭,页458。

的确不遗余力地把"自然"历史化。从哲学上将"自然"历史化，源于17世纪的英国共和革命时期前后，霍布斯的"自然状态"说仅仅是最为显著、也最为著名的标志而已。施特劳斯指出，在柏拉图—亚里士多德甚至智术师那里，"自然的东西"（the natural）可以宽泛地称之为"观念性的东西"（the ideal）。用海德格尔的语汇来表达，"自然"的历史化理解可以叫作哲学被"置入另一道光亮中"。施特劳斯说，自17世纪以来，这种"自然"理解不仅意味着，在谈及"控制"或"征服"自然时，把"自然"视为人的理性所针对的东西，而且还引出了政治上不可逆转的结果：

> 现代的"实在论的"政治哲学否弃以"超验的"标准来定位自身，其政治意义在于，它事实上提高了人的地位，即提高了每个人的地位，因此有史以来第一次为民主制——更准确地说，是自由民主制——的抱负提供了哲学依据。（《新说一种》，页162-163）

用海德格尔的语汇来表达，这可以叫做常人们凭现代哲人的"光亮"进入了"另一道光亮"。海德格尔哲学旗帜鲜明地反对"控制"或"征服"自然的现代哲学取向，并不等于海德格尔哲学反对"自然"的历史化理解。毋宁说，自黑格尔以来的德意志哲人正是为了反对把"自然"视为技术理性的"控制"或"征服"对象，才致力于打造另一种形而上学，将"自然"更为彻底地历史化。沿着这条历史化的新形而上学之路，海德格尔在哲学上将现代的"实在论"推进到底。[1] 这个"实在"被思为历史中的

---

① 参见海德格尔，《黑格尔与希腊人》，见《路标》，前揭，页502-521。

人世,亦即海德格尔所谓的"存在"。这个不受超验的"观念"支配或笼罩的"存在",海德格尔用荷尔德林的诗句来表达,乃是"人诗意地居住"的"大地"。无论老子还是孔子或孟子、庄子、荀子、韩非子,他们所信靠的"自然"即便有差异,也都绝不会是历史化地理解的"自然",只会是"最完美的宇宙秩序"。因此,我们的确没可能说,海德格尔哲学的品质是"以质救文","放在中国文明的逻辑中反倒有更清明可许的理解"。

海德格尔重述亚里士多德笔下的赫拉克利特故事的关键看点,并不是哲人在火炉边独自沉思的那个"氛围"。毋宁说,关键看点在于,海德格尔彻底删除了哲人独自沉思的古传"氛围",进而要求哲人改变自己的 ethos。哲人的 ethos 本来是热爱沉思"最完美的宇宙秩序",现在,哲人的 ethos 是带着本己的热情进入历史化的"自然",并积极"鼓励"常人们也进入"人居住于其中"的这个被现代哲人"敞开的地域"。

海德格尔要告诉我们:在常人看来,哲人赫拉克利特仅仅沉思自然,但这位哲人自己主动告诉常人,其心性本质上是实践性质。我们会以为,这没有什么不对啊:难道哲人不应该关切城邦社稷,心怀天下众生?苏格拉底不也关切城邦,最终还落得个政治罪被判处死刑?没错!但是,我们绝不可忽略一个决定性差异:哲人关切城邦生活时,背靠"最完美的宇宙秩序"抑或历史化地理解的"自然",大有分别!我们都知道,柏拉图笔下的苏格拉底在《王制》中说过,哲人的"下降"是出于被迫。按施特劳斯的理解,只有在最完美的社会秩序中,这种逼迫才正当:在不完美的社会中,哲人根本不想参与任何政治活动(《新说一种》,页 167)。可是,哲人往往而且恰恰被迫在不完美的社会中"下降"。在这样的"被迫"中,苏格拉底心底里仍然始终心系"最完美的宇宙秩序"，而非让自己勾销永恒的自然秩序，把"自然"视为历史地"敞开的地域"，然后像海德格尔借释读《安提戈涅》时所呼吁的那样，在这个"敞开的地域"中"大胆妄为"地冒险。①

　　由此笔者终于想通了一个 1980 年代百思不得其解的困惑：激进左派的哲学领袖人物马尔库塞怎么会是海德格尔的学生，或者说，海德格尔哲学与激进左派思想究竟有何内在瓜葛。在美国"文革"的疾风暴雨时刻，马尔库塞做过一场题为"乌托邦的终结"的演讲，他在结尾时说：

> 　　如果马克思主义给自由下定义的方式是，人们意识到自由但又认为它在任何地方都不存在，那么，[我们]必将冒极大的风险……所谓乌托邦的可能性根本不是乌托邦的，而是指对现存的东西的社会历史的坚决否定。②

　　如果把这里的思想逻辑倒过来推想，那么，我们中的不少人从"红卫兵精神"走向"白卫兵精神"就并非不可思议。美国"文革"时期的另一位思想领袖人物阿伦特在其《传统与现代》一文结尾时说，"由于马克思只是在传统的框架之中试图将传统颠倒过来，因此，他没有能够真正地摆脱柏拉图的思想"。③

----

　　① 参见费加罗，《政治：启程，而不是开端》，见洪涛等主编，《经学、政治与现代中国》，上海：上海人民出版社，2007，页 195－208。

　　② 马尔库塞，《乌托邦的终结》，见上海社会科学院哲学研究所外国哲学研究室编，《法兰克福学派论著选辑》（上卷），北京：商务印书馆，1998，页 600。

　　③ 阿伦特，《传统与现代》，贺照田主编，《西方现代性的曲折与展开》，长春：吉林人民出版社，2002，页 422。对阿伦特所阐发的"公民德性"与海德格尔哲学的关系的剖析，参见 Thomas Pangle, *The Spirit of Modern Republicanism: The Moral Vision of the American Founders and the Philosophy of Locke*, University of Chicago Press, 1988, 页 48－53。

对比亚里士多德和海德格尔笔下的赫拉克利特故事的不同讲法，我们可以清楚看到哲人心性的古今之别。不用说，海德格尔让古典的自然哲人变成一个现代式的哲人，自有其充分的哲学理据。在笔者看来，海德格尔的崇拜者、施特劳斯的诤友科耶夫把这个理据表达得再清晰不过：

> 如果一个人不接受真理（和存在）的有神论概念，如果一个人接受黑格尔极端的无神论，承认存在本身本质上是时间性的并创造自身，因为它在历史过程中被推论性地揭示出来，如果一个人不想陷入怀疑的相对主义——它将毁灭真理的观念，因此也将毁灭对真理的追寻和哲学——那么，他便不得不逃离"花园"绝对的孤独和隔绝，也逃离"文字共和国"的狭隘社会（相对的孤独和隔绝），而且要像苏格拉底那样，经常造访"城邦的公民"而不是"树和蝉"（见《斐德若》）。如果存在在历史过程中创造它自身（"生成"），那么，一个人就不能通过与历史相隔绝来揭示存在（通过话语把它转变为人以智慧的形式"拥有"的真理）。相反，为了揭示存在，哲人必须"参与"历史，而且我们不清楚为何他不应——比如通过劝谏僭主——积极参与历史，因为作为哲人，他比任何"未入门者"更能够统治。唯一会阻止他的理由是缺少时间。①

由此来看，我们的作者把海德格尔笔下的安提戈涅理解为哲人式的"非常之人"或城邦眼中的"怪物"，甚至拿苏格拉底作

---

① 科耶夫，《僭政与智慧》，见施特劳斯/科耶夫，《论僭政》，前揭，页182。

比(页323),恐怕言过其实。不仅如此,如果无论老子还是孔子甚至庄子梦中的孔子都与苏格拉底属于同一类心性,那么,我们就没可能说,海德格尔引发的哲学问题"放在中国文明的逻辑中反倒有更清明可许的理解"。

如果说,哲人即便在并不完美的社会中生活也必须心系永恒的自然秩序,如此方为哲人,那么,他就必须始终保持与"善"的理式最为直接且充分的知识性关系,即便"善"的理式本身实际上无法证成。如施特劳斯所说,"柏拉图反复声明,如果进行统治的哲人们欠缺关于'善'的理式的直接且充分的知识,那么,最完美的秩序就不可能实现"(《新说一种》,页168)。反之,海德格尔则宣称,关于"善"的理式的知识不可能。不仅如此,为了实现用历史化的"自然"拆除永恒的自然秩序这一目的,海德格尔甚至要求切断哲人与"善"的理式的知识性关系。从而,海德格尔自己以及他塑造的哲人形象向我们表明,哲人的现代心性与古典心性的根本差异在于:现代心性仅仅在被视为历史化的"自然"的"洞穴"中思考哲学问题。既然我们因历史的偶然曾深深浸淫于从黑格尔到海德格尔的德意志历史主义哲学理路,那么,除非无论多晚都有毅然决然"再次从头开始"的决心,否则我们不可能走出个体偶在论的哲学"洞穴"。毕竟,海德格尔已经教我们相信:绝不可相信人的历史性存在之外还会有任何东西持存。

与海德格尔同时代的年轻的热爱智慧者们已经遇到过这样的抉择:在海德格尔哲学所展示的巨大魅力面前,究竟应该在海德格尔的指引下勇往直前,还是把海德格尔哲学视为彻底反省哲人的 ethos 的契机,从而有可能找到重返古典政治哲人的ethos 的回归之路呢?

　　海德格尔亲炙的学生并非个个成了激进哲学分子：作为海德格尔最早的学生，洛维特曾一度与海德格尔私交甚密，恰恰是他率先站出来公开反对海德格尔。尽管两人在晚年恢复了私交，但洛维特为海德格尔七十大寿写的贺寿文题为"论海德格尔的存在问题：人的自然与自然的在世"，①明显仍然揪住关键问题不放。不过，即便如此，洛维特始终没有走出海德格尔的思想魔圈。洛维特与施特劳斯在1962年春天的两通书信让我们看到，要走出海德格尔的思想魔圈确实很不容易。这两通书信恰好与我们的作者在结语中说到的尼采与海德格尔的异同问题相关，不妨看看其中的关键要点。

　　1961年，海德格尔出版了1936年至1940年间所开设的"尼采讲座"的讲稿（加上1940年到1946年间的若干相关笔记）。海德格尔告诉我们，该书呈现了他自1930年代以来直到发表《关于人道主义的书信》的一贯思考。这意味着，海德格尔的根本关切是何谓哲人的问题。洛维特在第一时间阅读海德格尔的《尼采》之后，发表了一篇书评并寄给施特劳斯。施特劳斯在回信中说，海德格尔的哲学尝试的起点是尼采在回归"自然"时遇到的难题："给尼采的回归自然说造成困难的当然是'历史'，这是作为海德格尔之起点和主题的历史"（《回归》，页424）。在洛维特看来，这话表明施特劳斯对海德格尔做出了让步：

　　　　我真为您对海德格尔做出的让步而感到奇怪：尼采未

---

　　① 见 Karl Löwith, *Vorträge und Aufsätze：Kritik der Tradition des Christentums*, Stuttgart, 1966, 页 189-203。

能坚决而实在地实施自己的意图,不应用来为海德格尔对自然所持的(来源于神学的)完全格格不入的态度辨解。另一方面,我认为,历史在自然中也有其正当的位置,而且如果人们不想绝然漠视自然科学,那就必须从哲学上认真对待自然史和进化论。海德格尔的"存在史"对于我是一种超自然的结构,由于他的尼采解释也全然以此为目标,所以,您对海德格尔的辩护必须澄清对这一点的立场。(《回归》,页426)

三十年前(1932)在与洛维特的通信中讨论到尼采的"自然"理解时,施特劳斯就曾坦率地对洛维特说过:"您正在被引向历史主义的边缘而又未真正跨越这条边界"(《回归》,页69)。洛维特的上面这段话让我们看到,整整三十年过去了,他依然没有彻底摆脱海德格尔的思想魔圈。洛维特尚且如此,我们迟迟走不出这个魔圈,摆脱不了历史主义的哲学魅力,其实也不奇怪。施特劳斯在1962年的回信中说:

> 我不认为我对海德格尔做了"让步"。您自己没有说明白,是在永恒复返与自由之间存在矛盾,还是"古代思想在现代顶端的重现"(有别于向着古代原则的绝对回归)造成了不可解决的困难?换言之,您必须做出选择:是古典原则完全合理,抑或对这些原则的现代批判主义并非在一定程度上正当?事实上,海德格尔与其他任何人一起都做出第二个选择,他在这个基础上绝对不如其他任何人。我搞不明白"存在史",不过,他在这一标题下所提出的许多问题,我觉得还是清楚易懂的,其中有些东西在我看来极富洞

见。尤其他令人信服地说明了科学、艺术与权力意志的关系。可在另一方面,我认为,他就柏拉图思想中的 apriori[先验],特别就善的理式所说的一切全然错误。(《回归》,页 427)

　　洛维特终其一生都舍不得彻底自我了断早年的学术血脉,像施特劳斯早在十多年前就已经告诉过他的那样,返回柏拉图"再次从头开始"(《回归》,页 324),而是在近代哲学的地平线上翻来覆去思考,始终站在"历史主义的边缘"。我们若愿意从中吸取教训,就必须让自己作出抉择,是否应该面对施特劳斯让洛维特面对的抉择。这让笔者想到,中国古代的"文质"关系问题其实也涉及到"君子"的养成:所谓"文质彬彬,然后君子"。在此文脉中,所谓"质"指人之"性命"或天禀之"性情"。① 我们的作者在涉及柏拉图《王制》中的论辩时,也曾提到过这类中国式问题(页 57),可见他其实明白个中道理。既然如此,作者就不大可能说,海德格尔的哲学本质上是"以质救文"(页 337)。毋宁说,海德格尔把一些对思想者好奇的常人教成了激进学人,倒并非不可思议,因为他彻底更改了哲人的自然品"质"。与此相比,海德格尔"撬动""整个西方思想体系的基石——知识体系的划分",真算不上什么哲学功绩。

　　作者在结语中接下来贬低海德格尔大肆发挥亚里士多德伦理学中的"明智/实践智慧"德性,让笔者深感钦佩。作者告诉我们,在亚里士多德那里,明明可以看到一种"接近文质守中之

---

① 参见吴小锋,《古典诗教中的文质说探源》,上海:华东师范大学出版社,2016,页 52-60。

道的哲学"。换言之,"凭借 phronesis［明智/实践智慧］,亚里士
多德维系了一种自然与人为、认知与行动之间的平衡"。只是
"当后世基督教引入'意志'概念后,西方道德哲学逐渐走上了
一条不归路",才"完全远离了古典的自然概念",以至于"形而
上学与道德哲学两千年分立的局面就此不可挽回":最终,事实
与价值之间出现了"一个深不见底的深渊"(页 334－335)。既
然如此,海德格尔的哲学功绩应该是通过"解构"基督教神学传
统,让西方道德哲学回到亚里士多德"曾一度保持的深渊上的
平衡"。但是,作者心里清楚,海德格尔的主要"解构"对象并非
基督教神学,反倒是苏格拉底—柏拉图—亚里士多德的古典道
德哲学。因此作者说,海德格尔至多"只是一度接近"却并没有
回到"应该回到"的"文质守中之道"。

　　为什么会如此? 作者给出的解释是:虽然海德格尔哲学
"从根本上说仍是以希腊思想的源头之质批判两千年形而上
学",但"早期海德格尔受制于原始基督教的干扰"(页 336)。
作者在这里让我们看到的是一个颇为奇怪的推论:既然亚里士
多德的"文质守中之道"毁于基督教神学的"意志"论,海德格尔
没有回到"应该回到"的"文质守中之道",也是由于基督教神学
的"意志"论,那么,海德格尔又何以可能曾"一度接近""文质守
中之道"?① 作者最后把海德格尔的哲学品质说成"以质为教"、
但"深不可识"(页 337),的确是模棱两可的"将无同"。

　　可以感觉得到,作者在结语中对海德格尔哲学成就的评价虽
然相当负面,但他左右为难,这与正文各章对海德格尔颇富穿透

---

　　① 比较阿伦特对基督教神学的"意志"论如何毁了古希腊的政治自由观的奇
妙论述。见阿伦特,《什么是自由》,贺照田主编,《西方现代性的曲折与展开》,前
揭,页 382－393。

力的论析形成鲜明对照。也许，当作者最终见到海德格尔的"图穷匕见"（作者两次用到这个仅仅字面含义就令人骇然的语词，第二次见页321）时，实在感到震惊，以至于最后引中国古代的文质之辨平章海德格尔哲学时，不得不模棱两可地"将无同"。

2　文质之辨的现代"转移之机"

要深入海德格尔哲学堂奥去查看究竟，其实无需与中国传统思想扯上瓜葛，为何作者在"引论"和结语中要汇通中西，正文部分有时也在脚注中参证中国古代哲学经验？[1] 可以理解的是，作者感受到中国思想自晚清以来就承受着西学压力，并自觉分担百年来无数华夏思想者的担当。但作者相当审慎，并没有像有些学人那样，让海德格尔哲学进入中国古代思想领域到处乱窜。结语借文质之辨平章海德格尔，尽管未尽妥帖，却证明作者在思考中西哲学的关系问题时极为小心。

借中国古代的文质之辨平章中西哲学关系问题并无不可，问题在于怎样平章。毕竟，一百多年前，借文质之辨讨论中西文明关系已成显论。戊戌变法那年（1898），笔者的乡贤廖平（1852－1932）在《蜀学报》（第二册，光绪二十四年3月）上发表"改文从质说"一文，[2]以文质之辨呈现了中国"礼法"政制摇摇欲坠的历史时刻的中西之辨。文章一开始，廖平就把古老的文质之辨与时代的政制变革问题勾连起来：

---

① 　参见页202注1，页230注1，页234注1和注2，页257注2，页304注2。

② 　收入廖平，《四译馆杂著》，成都：四川存古书局，1921年，页62－65；今见舒大刚、杨世文主编，《廖平全集》，第11册《四益馆杂著》，上海：上海古籍出版社，2015，页522－526。

《论语》言文质而指其弊,曰史曰野,《公羊》于是有改文从质之例,学者疑之,以为《春秋》乃不易之法,非一时救弊之书,如改文从质,质久仍弊,则数千年后抑将再生孔子,更作改质从文之《春秋》耶?……又,中国由秦汉以至今日仍一尊尊之治法,二千馀年,积重弊生,别求一质家救其弊者而不可得,然则所谓改文从质亦经空说,在今日固无自救之术,中国将无以自立,且使尼山之席终为耶氏夺耶?

按廖平在这里的说法,文质之辨自古涉及的就是变法问题。对于公羊家来讲,如此理解文质之辨才算得上中规中矩。① 但廖平在这里这样讲,明显是要为当时的变法提供古传经法的支持。问题是,反对变法的人同样可以凭靠古传经法,因此,在文章一开始,廖平就让文质之辨展现为中西之辩。廖平陈列或模拟的反对意见,即便在今天看来也颇值得一听。

夫《春秋》固百世不易之经制也。所谓文弊者,不主当时之周,而二千馀年后用文以治之中国也。所谓质家,亦非郑、莒、滕、杞,礼失而后求之野者也。质家者何?今之泰西诸国是也。考其政治法令,其得者颇有合于《王制》、《周礼》,至其礼教风俗,多与中国如水火黑白之相反。中国尊君,以上治下,西人多主民政,贵贱平等;中国夫为妻纲,义不二斩,西人男妇平等,彼此自由;中国天子郊天,统于所尊,西人上下同祭,人各父天;中国坐次以远于主人为尊,西

---

① 参见桂思卓,《从编年史到经典:董仲舒的春秋诠释学》,朱腾译,北京:中国政法大学出版社,2010,页207-221。

人尚亲，则以近者为贵；中国内外有别，女绝交游，西人则主妇陪宾，携手入坐；中国冠履之分别最严，西人则首足视同一律；中国以青为吉，白为凶，西人则以白为吉，青为凶。如此之类，难以枚举。于中国制度之外别立一教，行之数千年，牵连数十国，上下服习，深信不疑，方且讥中国君父之权太重，妇女不能自主，以祭祖为罪于上帝，以妾媵为失之公平，真《庄子》所谓"此一是非，彼一是非"者也。实即孟子所谓"逸居无教"者也。孔子论质之弊曰野，野者鄙陋，与都士相反。泰西不重伦常，绝于名教，极古今中外之变，而求一与文相对相反之质，非泰西而何？文弊不指东周，则质之不主《春秋》明矣。或曰：野人之质，直夷狄之别名耳。三统循环，安用是以乱圣人之天下哉？

将中西之别如此比作文质之分的观点，百年后并没有消失，在"改革开放"取得巨大成就的今天，甚至会再度成为显论。由此看来，无论我们取得多大经济成就，中西文质之别都无法消弭。毋宁说，正因为如今中国取得了举世瞩目的经济成就，我们才更有底气再提夷夏之别。

或曰：以孔子之论文质为今日之切证，揆以百世可知与？"莫不尊亲"之义固无不可，然中国虽曰近史，安用是野人之质而救之耶？两害相形则取其轻，吾宁终守文史之弊，穷困以终而不辞，终不愿用夷变夏，自居于野人也。

支持变法的人则反驳说：

圣人化去畛域，引而进之。教泽所及，乃得成全《禹贡》九州之制。今遽以华夏自居，屏西人于门墙之外，是犹方一登岸，遂绝后来之问津。我既果腹，遂御外人之学稼，可乎？天心仁爱，五行缺一不可。黄种先生元子，圣教遍中国，而忍使泰西数千万之生灵不入圣国，长为不教之民乎？其来也，天启之；天又不使其轻易得闻圣教也，使之讲格致、谋资生、课农工、治战守，合海外诸国男女老幼竭精殚思，前后相继考求，始得一定之法，以投贽于中国，束修之仪，不可谓不厚。中国文弊已深，不能不改，又不能自创，而仰给于外人；亦如西人灾患已平，饱暖已极，自新无术，而内向中国。中取其形下之器，西取我形上之道。日中为市，交易得所而退，文质彬彬，合乎君子。此文质合通，百世损益之大纲也。中外各自有长短弃取，是为交易。……则天之爱中国，不可谓不厚；乃欲违天，闭关自守，而不生矜恻乎？以通商论，固利少害多，即以传教论，我能修明，彼将自悟。即使如仙宫禅院，钟鼓相闻，又何足按剑乎？

廖平受时代的限制，对西方的"圣教"传统——希腊形而上学和基督教神学传统——所知甚少，他难免想不到，即便"如西人灾患已平，饱暖已极，自新无术"，也未必会"内向中国"。毕竟，西人既不缺"形下之器"，也不乏"形上之道"。但是，廖平看到，中国人缺的仅是"形下之器"，而非"形上之道"。因此，中西交通的第一大宗旨乃是"通商"，这才"于中国利益甚巨"。当然，国家当先自立自强，御强敌于国门之外，才谈得上通商"于中国利益甚巨"。众所周知，为了实现这一目的，中国人花费了整整一百多年的时间，其间多少志士仁人抛付了自己的生命，多少普通战士流尽了自己最后一滴鲜血。

　　然而,这一切换来的仅仅是通商"于中国利益甚巨"? 西方的新"形上之道"明摆着已经替换了中国古老的"形上之道"。反驳者说得不无道理:

> 或曰:西人之强如此,不胜左袒之惧。自尊其教,欲以化天下,讥贬名教为失中,何能师我。

再看对这一反驳的反驳,就未必有道理:

> 曰:通商以后,西人渐染华风,夫人而知之矣。彼见我之名教,若熟视无覩,固无如彼何,乃从而加讥贬焉,则入其心者深矣,而自化固非旦暮之功也。天非假西人自强,不能自通,不授中国以弱,势将绝外。即此文质交易,而后我日臻于实用,彼日肆于虚文。我既然日以强,彼必日以弱。外强内弱之天下,变而用强干弱枝之天下,转移之机,要在彼此相师耳。……以文质而论,彼此当互师,奈何去我所短,并不张所长,举四兆人同听外人之指挥,不思拥皋比而提命之也? 天以中国为长嫡,震旦文教,久经昌明;泰西虽远,要不失为庶孽;天既命其开通,以求教中国。若深闭固拒而不与之言,得勿"伤厥考心"乎?

　　这一反驳未必有道理的关键仍然在于,西人不乏"形上之道"。不过,若当今之西人早已经否弃其自家古传的"形上之道",信奉了历史主义的"形上之道",这种反驳也未必没道理:历史中的"转移之机"谁能预料? 冷战刚刚结束时,福山的所谓

"历史终结论"曾经名噪一时：苏联的垮台证明自由主义理想赢得了最后的普遍合理性。在福山的老师亨廷顿看来，这种想法不是十足幼稚的表现，就是"十足傲慢的表现"。① 亨廷顿针锋相对地提出了同样曾经名噪一时的"文明冲突论"。这一论断不仅与施特劳斯在数十年前提出的论断吻合，也更符合今天的"天下"态势。

亨廷顿在冷战之后的论断让笔者想起：冷战刚开始时，史学大师汤因比就已经作出过大致相似的论断。两次世界大战期间，汤因比曾以《历史研究》复兴19世纪末以来已经名声狼藉的"普遍历史"研究。在冷战刚开始的国际政治处境中，汤因比依据其世界历史的观察提出，近四个半世纪以来的历史是西欧取得世界优势的历史，"在西欧生长起来的那种特殊的文明形式似乎将蔓延到世界的任何一个角落"。西方有理由为"这一无可争议的上升地位和特殊文明而自鸣得意，她为自己建立起来的这个文明，正在逐步成为世界范围的进步途径"。② 然而，汤因比同时又发出这种"文明"面临危机的警告：

> 这个地位虽然空前和光辉，但也并不安全。这种不安全主要是因为正当西方扩张接近极点的时刻，由于两种欧洲社会生活中的基本力量即工业主义力量和民主力量的出现和释放，使[西方]文明的根基发生了松动。（《考验》，页91）

① 亨廷顿，《文明的冲突与世界秩序的重建》，周琪等译，北京：新华出版社，1998，页56。

② 汤因比，《文明经受考验》，沈辉等译，杭州：浙江人民出版社，1988，页87—91（以下简称《考验》，并随文注页码）。

这意味着,西方的普遍主义文明理想受到这种理想本身所包含的民族国家工业化和民主化的致命威胁。工业化和民主化固然是现代西方赖以获得世界优势的力量,但这种力量也将成为欧洲现代文明的掘墓人。

> 欧洲的政治优势虽然表面上比它的经济优势强大,但实际上却更为不巩固。海外的那些女儿民族已经把双脚牢牢地踩在通往民族独立的大道上。美国和拉丁美洲共和国早就已通过革命战争取得独立;英国自治领土正处于通过和平演变逐步实现自我建设的过程中。(《考验》,页90)

同样的威胁——甚至更为致命的威胁来自世界上其他被迫接受西方现代理想教育的民族。因为,一旦世界上的其他民族采用西方人提供的工业化路径和民主“理想”,他们重建自己的国家大厦的最终基石将仍然是属于自己祖先的宗教(《考验》,页80)。现代西方人用科学和技术乃至民主政体建立起一个“进步框架,在这个框架中,所有曾经分裂的社会已形成一体”。因此,现代西方文明的“空前”辉煌体现为世界上其他地区的国家纷纷采纳西方的技术、制度和思想,甚至把西方的历史也纳入自己的历史。然而,在汤因比看来,西方人用来建立这个普遍进步框架的材料并不耐用。近百年来,非西方民族的一代又一代年轻人跨入“现代的西方学校”,“在巴黎、剑桥和牛津大学,在哥伦比亚［大学］、芝加哥［大学］学习第一手的西方课程”——结果怎样呢?

> 事实上,所有非西方社会中的精英集团今天都已成功

完成了自我再教育以摆脱自我为中心的狭隘观点。他们中
间的有些人不是得了西方意识形态的民族主义毛病,而是
感染了[西方现代的]民族主义情绪本身。对于非西方人
来说,这种民族主义有着作为一种异乡病的反面作用。
(《考验》,页72)

汤因比发出警告说,人类非西方的大多数民族在接受西方
的再教育之后,迟早将会让西方"倒过来接受教育"。他甚至提
醒西方人,不要忘记"英国政府在1842年单方面强加给中国人
的不平等条约给[中国]人造成的心理影响"(《考验》,页69)。

这样看来,廖平在《改文从质说》结尾时的建言未必没有道
理。虽然廖平是经学大师,但他的时务建言并不书呆子气,而是
切实具体:

　　　窃以时务之学当分二途。学人之事,官吏主之;教人之
事,师儒主之。古法以《孝经》治内,《春秋》治外,今当反用
其道,以《春秋》政治治内,《孝经》名理驭外。百僚当北面,
师考其养育富强文明之治功;师儒一如该国,立校讲学。盖
天下学问与政治同,困小则劣,通博则廓。中国自号文明,闭
关自守,未见不足,一自通商,神州遂触其短,相形见绌,所宜
修改者甚多。第彼此颠倒,互有长短,非观博通,难达经旨。

廖平没有料到:虽然晚近三十年的成就证明,我们终于实现
了当年"洋务派"已经有的理想和抱负,凭靠在历史的机运中善
用"机术",把中国打造成了近似西方那样的富裕国家,但是,中
国智识人对中国应该是一个什么样的文明国家却丧失了共识。

绝大多数受过高等教育的中国人都相信——尤其是我们的精英层人士相信，西方现代的"形上之道"具有历史的普遍性，或者说已经穷尽了"文明"的可能性，中国文明理应被这种"文明"征服。即便当今的"师儒"们"返回"儒家之乡，也要借助海德格尔或剑桥学派所提供的"充满诗意的返乡之路"。我们可以说，廖平万万没有想到：问题竟然是"师儒"们自身的 ethos 出了问题。"师儒"们受过历史主义哲学的再教育后已经变心，"教人之事"何以可能？对自然法的理解支配了政制的正当性论证，有怎样的自然法理解，就有怎样的政制；有怎样的政制，就会衍生出怎样相应的一套法律秩序；有怎样的法律秩序，就会型塑怎样的公民或国家。既然当代的"师儒"们已经信奉了历史主义的"自然法"，那么，我们如今面临的根本问题就已经与廖平所处的历史时刻完全不同：中国思想的绝路逢生取决于中国未来的"师儒"们的西方老师应该是谁。

这让笔者想起差不多二十年前（1999 年）读到施特劳斯给洛维特的一封长信时获得的刻骨铭心的感受。1946 年，施特劳斯发表了长篇书评文《论柏拉图政治哲学新说之一种》——笔者在前文中已多次引用过这篇书评。文章开篇就宣称，应该在美国发起一场恢复古典视野的学习"运动"。施特劳斯当时 47 岁，已经迈入中年，他在给洛维特的信中说，他相信：只要"有这么两三个人在致力于恢复古典哲学，其著作在未来十年之内陆续问世"，那就未必不会对现代的"形上之道"形成反制力，甚至说不定还会"随着岁月流逝日益增强其影响和重要性"（《回归》，页324）。凭靠恢复古典视野来克制现代的"形上之道"，其实是尼采提出的方案。由于个人性情德性上的原因，尼采并未身体力行实施这一方案。施特劳斯因历史的偶然来到美国后，遂把这一方案带到美国来实施。1946年初,哈佛大学教授怀尔德出版了一部关于柏拉图的专著,施特劳斯抓住这个偶然机缘随即撰写书评:"可以预见,怀尔德的著作在这个国家所引发的这场运动或许在多年后影响会日益深远和重要"。因为,此书中的问题"涉及与古典路向截然不同的整个现代路向的正当性"(《新说一种》,页136)。

其实,怀尔德的著作根本无意在美国引发一场恢复古典视野的学习"运动",施特劳斯的书评只是善用机缘,借题发挥。笔者由此体会到:以恢复古典教育来克制现代性,对施特劳斯来说,无论在哪里都是必需担当的志业。相比之下,韦伯在第一次世界大战后所作的关于"学术与志业"的著名讲演,堪称彻底丧失了哲人底气。更让笔者敬佩的是,施特劳斯几乎单枪匹马实现了自己的预言,因为,在随后十来年里,并没有"两三个人在致力于恢复古典哲学"。施特劳斯通过自己十多年的著述和教学,倒是培育出了二三十个如此致力恢复古典视野的学人。施特劳斯在晚年曾抱怨自己最为亲密的朋友克莱因过于疏懒,不勤于著述。克莱因认为这是冤枉,因为他相信,以办好博雅学院的方式恢复古典教育更为重要也更有效。其实,思想史早就证明,克莱因没被冤枉:若非柏拉图和色诺芬记叙苏格拉底言传身教的作品传诸后世,这种言传身教早已被歪曲得不成样子。毕竟,苏格拉底的学生也性情各异,真正能够理解他的并不多。孔子之后"儒分为八",提供的是同样的历史证明。

在1946年那个第二次世界大战刚刚结束的历史时刻,洛维特读过施特劳斯的书评后写信给施特劳斯,表示对书评一开始的这个"预言"不敢苟同。施特劳斯给洛维特写了一封颇长的回信,这封信让笔者感铭至深,因为,笔者长期冥思苦索不得其解的所有问题,施特劳斯都想过而且给出了让笔者彻底信服的答案。

　　施特劳斯在信中首先告诉洛维特,他为什么认为必须重启古今之争。施特劳斯的理由绝不仅仅是"现代人的攻击主要针对古代的哲学",毋宁说,更为重要的理由是:现代哲人往往"披着回归罗马"或者回归古典的"外衣"来摧毁古典原则。施特劳斯提到马基雅维利"披着回归李维的外衣""掩饰自己的激进批判"(《回归》,页324),这让笔者想到,如今的剑桥学派"披着回归罗马的外衣"摧毁古典原则与此别无二致。施特劳斯在书评中已经讲明重启古今之争以及恢复古典视野的意义,洛维特仍然不明白。我们值得问:洛维特为何不明白? 因为他没有明白施特劳斯在书评文章中所强调的"哲学与历史的基本区别",实际指向的是热爱智慧之人在历史中"或浮或沉"这一根本问题(《新说一种》,页139–140)。因此,施特劳斯在回信中语重心长地说:

　　　　您不妨设想一下,由于受到一种偶然的阻挠(即现代的野蛮化),我们才不得不重又学习哲学诸要素;这种纯粹学习的可能性在我们的世界上,在所谓的哲学中是没有的,而现代的史学家本来要求得到的东西,只有当他完全持接受态度,即怀有理解愿望的时候,才有可能实现。(《回归》,页325)

　　这段话令笔者不禁感叹再三。笔者首先想到的是:我们作为个人以及我们的国家所遭遇的"现代"厄运,说到底不过是"一种[历史的]偶然"。这意味着,纯粹就历史的偶然而言,中国遭遇现代西方的挑战,其实并没有什么需要(遑论值得)去探究的原因——无论形而上还是形而下的原因。可是,由于这一历史的偶然,置身现代处境中的我们完全彻底地忘了热爱智慧[哲学]本来是怎么回事,不再知道热爱智慧本是一种"纯粹的学习"(das reine Lernen),仅知道哲学是启蒙民众的工具。施特劳斯告诉我们,如果今天谁还想要寻回这种"纯粹的学习",那么他首先需要思考的不是偶然的现代性带给我们的种种所谓"纯哲学"问题,而是通过重审近代以来的哲学论争,找到回归这种"纯粹的学习"的"可能性"。在施特劳斯看来,这种"可能性"乃是政治哲学式的史学研究,其前提是:我们必须怀有重新理解古典哲人的愿望。换言之,在现代处境中,谁如果还想热爱智慧[哲学],就得回到古今之争,而这只有通过一种特别的史学研究即政治哲学史研究才有可能。这样一来,重启古今之争、政治哲学式的史学研究、热爱智慧[哲学]三者成了一回事。施特劳斯在信中甚至还向老朋友交待了自己近十余年来的思考心得:

　　　　今天需要历史的反思,我们在这一点上是一致的,只是我坚持认为,这既非进步,也不是无可奈何地承受的命运,而是克服现代性的一种不可避免的手段。要克服现代性,不可用现代手段,毋宁说,除非我们还有带自然知性的自然本性[才能克服现代性];但是,在我们身上,自然知性的思维手段已经丧失,像我和我这类人一样的寻常人,不可能凭借自己的手段重新得到它:我们没尝试向古人学习。如果不能使人在前人的学说面前摈弃自以为知之更多的沉思态度,采取学习、讨教、实际的态度,"生存性的"历史研究的

高谈阔论又有什么意思？（《回归》，页325）

　　十多年来，笔者每读一遍这段话都感觉芒刺在背：即便我们未必会自认为比古人"知之更多"，我们也几乎无一例外会认为，古人未必遇到过我们所遇到的问题，向古人学习并无助于解决现代的问题。从而，历史的偶然是我们离弃高古哲人的根本理由。

　　施特劳斯在这里说到政治哲学式的史学研究时用了"生存性的"（existentiellen）限定词，而且打了引号，我们难免会想到，这个限定词与海德格尔式的哲学史研究有关。施特劳斯已经想到这一点，因为他紧接着就说：

　　　　我概略提出的观点与海德格尔毫无关系，因为海德格尔只是给予现代历史主义一种狡黠的诠释，使它"落脚"在"本体论"上。在海德格尔那里，"历史性"可谓使自然全然消失，这固然具有前后一贯的优点，迫使人进行思考。（《回归》，页326）

　　如我们所知，"生存性的"这个语词指向的是热爱智慧的生活的地基，海德格尔哲学致力于寻回这个地基，然而他寻回的是历史主义的"地基"："历史性"成了规定哲学的首要要素。在施特劳斯的用法中，"生存性的"这个语词的含义恰好相反：热爱智慧的生活必须超逾"历史性"。这绝非意味着，热爱智慧的生活不再关切历史的偶然，毋宁说，只有摆脱"历史性"的摆布，我们才能恢复"带自然知性的自然本性"（*natürliche Wesen* mit *natürlichem Verstand*），进而正确看待历史的偶然。用了着重号的"自然知性"显然针对我们耳熟能详的"历史理性",同样用了着重号的"自然本性"又针对什么呢? 只能针对被"历史性"扭曲了的热爱智慧的天性。这意味着,对我们来说,要正确看待我们这个文明古国百年来所遭遇的令人心碎的历史偶然,首先需要恢复我们自己的"自然知性"和"自然本性"。与"历史性"相对的是"自然性",但我们若不充分认识到历史化的"自然"是现代"形上之道"的要核,就根本无法理解施特劳斯接下来对洛维特说的下面一段话。对笔者而言,这段话迄今具有现实意义:

> 我确实认为——虽然在您看来这似乎是幻想——柏拉图和亚里士多德所拟定的完美政治秩序是完美的政治秩序。莫非您相信世界国家? 如果说,真正的统一(Einheit)果真只有通过认识真理或者通过探索真理才可能实现,那么,只有基于大众化的、终极的哲学学说(这自然是没有的),或者只有当所有的人都是哲人(而非哲学博士之类)的时候(同样不会有这种情况),才会有一切人的真正统一。可见,只可能有众多自成一体的共同体,即国家。(同上)

这话让笔者想通了不少问题。最为根本的问题是:中国传统的文明政制在德性品质上绝无问题,它需要因应历史偶然作出的调整属于形而下的层面——廖平所谓"中取其形下之器"。廖平因历史偶然的局限没有看到,对华夏文明传统的真正威胁来自如今所谓普世主义的"世界国家"理想,这属于西方现代的"形上之道"。我们必须将现代的"形下之器"与"形上之道"剥离开来,才可能"中取其形下之器"。要实现这一目的,就必须先搞清西方"形上之道"的古今之别。一旦判明"形上之道"的古今之别，我们就会明白：无论中国和西方的古典"形上之道"有何差异，都不是决定性的。中国的古代哲人之间或古希腊哲人之间在"形上之道"的具体理解方面都有分歧，这类分歧从不妨碍他们共同信靠"最完美的宇宙秩序"——中国和西方的古典"形上之道"之间的差异同样如此。倘若如此，"形上之道"层面的中西之别乃至中西之辨，就克制现代的"形上之道"而言，便极有可能是莫须有甚至作茧自缚的假问题。相反，中国传统的"形上之道"与西方古代的"形上之道"倒可以互取长短，且共同与西方现代的"形上之道"为敌。至于为何现代的"形上之道"缘生于西方，纯属历史的偶然，无论今人从西方古代找出多少缘生根源的蛛丝马迹，都没有意义——否则，重启古今之争便毫无意义。为了克制现代的"形上之道"，尼采和海德格尔把攻击矛头一直捅到古代，把现代的"形上之道"导致的恶果怪罪到古代"形上之道"身上，虽然与马基雅维利"披着回归罗马的外衣"摧毁古典原则的出发点不同，结果却更为恶劣。反过来看，我们一直把中国文明开不出现代"形上之道"怪罪到我们古人的"形上之道"身上，同样如此。

　　重启古今之争，我们才有可能走出这种现代性批判的溯源式思路。如果我们不愿意彻底告别这种溯源式思路，那么，我们也就不会信服施特劳斯在书评文中的如下说法：

> 　　如果人们接受柏拉图的论题，认为智慧拥有唯一绝对正当的资格进行统治或参与统治，而且智慧（严格意义上就是美德）要求某种自然的天分（natural gifts），那就得承认人与人之间在智性天分（intellectual gifts）上的自然不平等具有重大的政治意义，也就是说，民主违背自然正确。

(《新说一种》,页 166)

只有明白了我们所遭遇的偶然的现代命运与古代的"形上之道"乃至传统政制的德性品质并无关系,我们才会看到:中华民族从濒临覆亡的现代厄运中起死回生,恰恰凭靠的是我们这个民族古传的政治德性——百年来为中国争取独立自主奉献生命的无数中国人的精神品德,用自己的血和生命证明了这一点。对中华文明的复兴来说,接受"大众化的、终极的哲学学说"(die popularisierte, endgültige *Lehre* der Philosophie)究竟是历史的必然抑或仅仅是历史的偶然,反倒成了一大问题。因为,正是这些为国家救亡而牺牲的生命和抛洒的鲜血让笔者终于明白,施特劳斯反驳普世主义的"世界国家"理想的理由为何竟然是:一个国家不可能"所有的人都是哲人"——即便已经普及哲学博士制度,也不可能。

施特劳斯在信中最后还告诉洛维特,他的这篇书评"是为学生们写的":"我要用一个典型的事例让他们看到,《纽约时报》、《论坛报》等报纸的白痴们吹捧的是怎样一堆秽物,以便让他们变得小心一些"(《回归》,页 327)。① 在我们后现代的数字化传媒语境中,"报纸的白痴们吹捧"一堆秽物这样的情形只会有增无减,以至于我们的作者即便"为学生们"写作,展示自己严肃且非常艰难的思考,也未必会起到丝毫作用。尽管如此,我们的作者用自己的思考无可辩驳地证明:我们"有必要再次从头开始"。

---

① "一堆秽物"可能借自尼采的说法:"且让你们看看这些多余的人! 他们总是生病,他们呕出胆汁,并称之为报纸。他们相互吞食却未尝能够消化"(《扎拉图斯特拉如是说》卷一,《论新偶像》,娄林译文)。

施特劳斯在这封信中一开始就告诉洛维特："我看到让我再次从头开始（noch einmal von vorne anzufangen）的必要"。施特劳斯并没有要求洛维特"再次从头开始"，仅仅告诉老朋友，他为何有必要让自己"再次从头开始"。洛维特并非没有理解施特劳斯，他后来也努力回到古典，三年后出版了著名的《世界历史与救赎历史》，以致招来现代"形上之道"的嗣子哈贝马斯批评他"向廊下派退却"。但我们应该批评他"退却"得不彻底：没有彻底"退却"到柏拉图的苏格拉底。洛维特从美国回到德国时已经快六十岁，仍然有十余年时间足以培育出二三十个致力恢复古典视野的学生。

3　欧洲哲人的文质之辨

施特劳斯说的是他自己作为西方学人应该如何"再次从头开始"，我们作为中国学人应该如何"再次从头开始"？如果学人无论中西都有作为学人应该立足的地基，那么，这个地基是什么？流变的历史还是不变的永在？这个问题涉及到西方"形上之道"的古今之变，如果我们作为中国学人也必须"再次从头开始"，那么，我们就得从认识西方"形上之道"的古今之变"从头开始"。

在廖平看来，中国的"形上之道"绝无问题，不能把中国所遭遇的政治厄运归咎于中国的"形上之道"。百年后的今天，中国在政治和经济上基本翻身，我们似乎更有理由这样认为，并理直气壮地质疑：中国思想的历史转机需要凭靠西方的"形上之道"吗？这种观点无视一个基本实情：自晚清以来，用西方现代的"形上之道"替换中国古已有之的"形上之道"，乃现代中国思想的基本经历。如今,浸淫于中国古典"形上之道"的学人无不是西方的现代"形上之道"教育出来的。因此,即便我们"再次从头开始"重启古今之争,也得同时面对"中西之争"。海德格尔哲学之所以会对我们产生巨大诱惑,原因之一即是,我们以为它有助于我们一劳永逸化解"中西之争"这一百年情结。我们的作者在"引论"中明显带有这样的期许,但结语"将无同"又让我们看到,作者的理智诚让他对自己的这一期许缺乏信心。

文明间的思想遭遇必然引发旷日持久的思想争战,历时往往长达数百年。一千多年前的佛法入华,为我们提供了思想史证明:经过数百年磨合,所谓"三教合流"成了中国思想的品质。不过,与西方所经历过的文明间的思想遭遇相比,中国本土自生的"形上之道"与佛法的遭遇实在不足挂齿。早在两千多年前,西方文明就开始经历文明间的思想遭遇,而且还伴随着血腥的地缘政治冲突——佛法入华毕竟没有伴随中国人与印度人兵戎相见。早在公元五世纪时,西方文明就形成了自己的"三教合流"的"形上之道"。然而,一千年后的16世纪之时,随着欧洲文明的崛起,西方古代文明的"形上之道"开始经历一场历时数百年的古今之变。当我们作为中国学人"再次从头开始",我们首先得问:自晚清以来,中国文明面临的是何种西方"形上之道"的挑战? 答案显而易见:中国文明迄今面临的思想压力来自近代欧洲哲人凭其对普遍历史的理解而建立起来的历史化"形上之道",即通常所谓的"历史哲学",而非来自比如说古希腊的自然宇宙论式的"形上之道"。既然如此,我们要切实面对西方现代的"形上之道"带来的思想压力,就必须首先认识西方近代历史哲学在其形成历程中呈现出来的基本问题。

我们不妨从"中西之争"的源头说起:近代欧洲哲人如何看

待中国文明？黑格尔看不起中国思想，认为中国没有真正的哲学，这种观点并非黑格尔的发明。比黑格尔早一百年，莱布尼茨（1646-1716）已经表达了这种看法，尽管他迄今还被我们不少人误认为是心仪中国文明的欧洲大哲。在为欧洲传教士的《中国近事》写的序文中，莱布尼茨在一开始就说：

> 现在，让我们来看看中华帝国：这一文明古国在人口数量上早已超过欧洲，在很多方面，他们与欧洲各有千秋，在几乎是对等的竞争中，两者各有所长。但是，我首先应该在两者之间比较什么呢？在各方面进行比较虽然有益，但这是一项长期工作，在这里无法完成。在满足日常生活所需的实用技术及以实验的方式与自然打交道的能力上，我们不相上下；假如要做互补对比的话，各自都能通过相互交流而获得有益的知识。但在思维的深邃和理论学科方面，我们明显更胜一筹。因为，除了逻辑学、形而上学以及对精神事物的认识这些完全可以说属于我们的学科之外，我们在对由理智从具体事物中抽象出来的观念的理解方面，即在数学上，也远远超过他们。他们似乎到现在都对人类理智的伟大之光和论证艺术所知甚少，仅仅满足于我们这里的工匠所熟悉的那种靠实际经验而获得的几何知识。[1]

这段话已经道尽莱布尼茨对中国思想的评价：中国文明的长处仅仅在实践智慧方面，而且即便在这一方面也未必胜过西

---

[1]　莱布尼茨，《中国近事》，李文潮、张西平编，北京：大象出版社，2005，页1-2（以下随文注页码）。

方。十多年后,莱布尼茨又写了《致德雷蒙[神父]的信》,后人给它加了一个标题:"论中国人的自然神学"。从中可以看到,莱布尼茨并没有改变他的如下基本看法:在"逻辑学、形而上学以及对精神事物的认识"方面,中国思想远不及西方思想博大精深。①

莱布尼茨的观点很可能是当时欧洲智识人的共识,因为,仅比莱布尼茨小22岁的维科(1668-1744)在《新科学》中曾这样转述一位博学神父的看法:

> 印刷在中国的运用不过比在欧洲早二百年,孔子的昌盛也不过比耶稣基督早五百年。至于孔子的哲学,与埃及人的司祭书一样,涉及物理自然不多,而且很粗陋,几乎是凡俗道德(una volgar morale),即由法律规定人民应遵守的道德。②

值得注意,维科也不相信中国是世界上最古老的民族之一。在为《新科学》编制的"时历表"写的注释中,维科花了不少篇幅驳斥古传埃及民族最古老的说法,并把中国绑在一起:

> [中国人和古埃及人一样]不知经过多少千年,他们都没有和其他民族来往通商,否则他们就会听到其他民族告

①　莱布尼茨,《论中国人的自然神学》,秦家懿编译,《德国哲学家论中国》,北京:生活·读书·新知三联书店,1993,页67-134。
②　维科,《新科学》,朱光潜译,北京:商务印书馆,1986,页43。以下随文注页码,凡有改动,依据 Giambattista Vico, *La Scienza Nuova*, Paolo Rossi 导论并注释,Milano,1996。

诉他们,这个世界究竟有多么古老。正如一个人关在一间
小黑屋里睡觉,在对黑暗的恐惧中醒过来,才知道这间小屋
比手所能摸到的地方要大得多。(《新科学》,页42,亦参页
61)①

　　中国文明让莱布尼茨曾赞不绝口的仅是中国的君主政体,
因为这个政体让如此众多的人口生活在一位君主的统领之下,
人民"过着更有道德的公民生活","完美地致力于谋求社会的
和平与建立人与人相处的秩序"(《中国近事》,页2)。② 至于中
国人几千年来致力于研习学问,却又始终"并未建立起一种精
密的科学",在莱布尼茨看来,原因不过是:

　　　　他们缺少那个欧洲人的"一只眼睛",即几何学。尽管
　　他们认为我们是"一只眼睛",但我们还有另外一只眼睛,
　　即中国人还不够熟悉的"第一哲学"。借助它,我们能够认
　　识非物质的事物。(《中国近事》,页5)

　　莱布尼茨写下这些论断时,欧洲正处于连绵不断的战争状
态,这可以被等同于野蛮状态:无论英格兰或法兰西王国的君主
还是神圣罗马帝国由七大王侯选出的皇帝,都不能建立起有效
的且有道德的政治秩序。在莱布尼茨眼里,"人类社会的状

────────────

　　①　维科还说,中国绘画"不会用阴影",缺乏明暗对比,这表明中国绘画技法
"粗拙"(《新科学》,页70)。
　　②　维科也因为中国施行君制而肯定中国的文明程度:"中国皇帝在一种温
和的宗教下施行统治,崇尚文艺,是最人道的"(《新科学》,页560)。亦参奥斯特哈
默,《亚洲的去魔化:18世纪的欧洲与亚洲帝国》,刘兴华译,北京:社会科学文献出
版社,页406—411。

态"是：

　　由于地理和历史的原因，一位国君必须不断战斗，几乎不断地要签订和约或结盟。大约两到三个世纪以来，法国人和英国人彼此之间没有其他行为可言，直到英国人丢失了大陆的领地，从人们的视野中消失，把这些土地留给了西班牙。①

　　这样的政治状态，才让作为欧洲智识人的莱布尼茨在面对中国时"感到汗颜"。可是，英国的"光荣革命"给欧洲人带来了第三只眼：废除君主制，建立代议制政体。有了这第三只眼，在欧洲智识人眼里，中国文明的优越性就丧失殆尽了。孟德斯鸠（1689-1755）与莱布尼茨相隔不到半个世纪，他仅用"专制"二字就让欧洲智识人在面对中国时不再"感到汗颜"："中国是一个以畏惧为原则的专制国家。在最初那些王朝统治时期，疆域没有现在那样辽阔，专制精神可能略微逊色。可是，如今已非昔日可比了。"②

　　不过，欧洲智识人自己有一个始终难以摆脱的历史难题：直到14世纪，欧洲差不多仍然生活在半野蛮状态。凭靠罗马教会的基督教信理，曾经的欧洲蛮族才获得了自己的文明身份，但基督教文明在世界文明中的辈分最年轻：欧洲传教士也不得不承

① 赖利编，《莱布尼茨政治著作选》，张国帅等译，北京：中国政法大学出版社，2014，页208。
② 孟德斯鸠，《论法的精神》，许龙明译，北京：商务印书馆，2011，页152。亦参拙文，《孟德斯鸠与普遍历史》，刊于《跨文化研究》，第一辑，北京：社会科学文献出版社，2016。

认,孔子比耶稣基督早五百年。何况,在14世纪,藕断丝连的东西方教会关系终于彻底一刀两断;自16世纪以来,西方的罗马教会内部又出现致命分裂,而且随即引发欧洲间的国际战争乃至王国内部的宗教内战。如果欧洲智识人的文明身份认同仅仅与基督教文明绑在一起,无可避免会面临这样的问题:埃及、希腊、中国和印度文明的辈分远高于基督教文明。欧洲智识人只有让欧洲文明与希伯来民族的历史绑在一起,才能摆脱这一难题。维科并非犹太人,但他说,"每个民族,无论野蛮的还是文明的,都认为自己最古老,而且保存了他们从世界开始以来的记录",其实"只有希伯来人才有这种特殊荣幸"(《新科学》,页44-45)。维科没有意识到自己的逻辑并不周全,因为他说,希伯来人虽然最古老却不为近邻的希腊人所知,是因为他们不喜欢贸易。他还引征约瑟夫斯的话:"我们[希伯来人]并不住在海边,我们也不喜欢贸易,或为了贸易与外国人打交道。"在维科看来,希伯来人的闭关自守"习俗是神的意旨的安排",免得"真神的宗教"因与异教人做生意而遭到亵渎(《新科学》,页66-67)。要是廖平听见这样的说法,他难免会对这番道理感到奇怪:为何希伯来人的闭关自守"习俗是神的意旨的安排",中国人的"闭关自守"就不是? 维科有什么理由说:中国人和古埃及人一样,他们不知道这个世界究竟有多么古老,是因为他们没有和其他民族来往通商?

　　不过,在维科的时代,欧洲智识人已经开始用自己的新自然科学的宇宙观取代犹太——基督教的神意观,进而打造属于欧洲人自己的"文明"观。随着这种新"文明"观的建立,欧洲智识人自认为足以让自己坦然面对历史上比欧洲基督教文明更为古老的其他文明。因为,自然科学知识的进步证明,某个民族的历史越古老,意味着其文明的年齿越"年幼"。事实上,正是凭靠新自然科学的长足进展,莱布尼茨才可能充满自信地依持在 17 世纪已经焕然一新的"第一哲学"藐睨中国精神。半个世纪之后,凭靠基于新的数学-物理学的自然哲学,欧洲知识界的代表人物伏尔泰(1694-1778)为自己的女朋友、著名物理学家夏特莱夫人(Émilie du Châtelet,1706-1749)撰写了欧洲文史上第一部《历史哲学》(*Philosophie de l'histoire*,1763),并作为他十年前献给夏特莱夫人的《普遍历史概要》(*Abrègè de l'Histoire universelle*,1753)一书的"导言"。伏尔泰承认,"我们西方民族"并非"文明"的创造发明者,而是古希腊罗马文明的承继者;他还强调,应该"公正评价"阿拉伯人为传承古希腊罗马文明所做出的贡献。① 但是,伏尔泰所谓的"文明"指实用性科学和技艺,由于这样的"文明"的本质特征是不断进步,古希腊人发明了这种"文明",不等于他们比现代的欧洲人更"文明"——伏尔泰随后就提到数学家兼文人达朗贝尔与文人兼物理学家狄德罗共同主编的《百科全书》,其全称是"科学、艺术与工艺详解辞典"。②

　　伏尔泰的《历史哲学》从"野人"和"美洲"的"纯自然状态"讲起,然后就说到"神权政制"的建立。在随后的 40 多小节篇

---

　　① 参见伏尔泰,《风俗论》,梁守锵译,北京:商务印书馆,2013,上册,页 3(以下随文注页码)。

　　② 《百科全书》第一卷出版于 1751 年,当时年仅 34 岁的达朗贝尔执笔写下了史称启蒙运动理论宣言的《百科全书》"绪论"(*Discours préliminaire*)。法国大革命以后,这篇"绪论"成了法国新政权教育机构规定的必读作品。参见 Jean d'Alembert, *Preliminary Discourse to the Encyclopedia of Diderot*, Translated by Richard N. Schwab / Walter E. Rex. ,Chicago University Press,1995。中译(节译)见《狄德罗的〈百科全书〉》,梁从诫译,广州:花城出版社,2007。达朗贝尔的《百科全书》"绪论"在欧洲政治思想史上的位置,参见沃格林,《危机和人的启示》,前揭,页 81-98。

幅里,伏尔泰一口气讲述了十余个古老民族,重点讲的是埃及人、希腊人、以色列人如何相信神灵或者说如何迷信。比如,摩西本来"只能被视为民族首领",却被说成先知。古老的文明民族(包括古希腊人)虽然早就有自己的著作家,但他们"撰写圣书是为了用伦理道德教导人,而不是为了传授物理学知识"(《风俗论》,页196)。在伏尔泰看来,由于缺乏自然科学含量,古人的伦理教诲不过是给世人灌输迷信。

伏尔泰说,他的普遍历史叙述是在论证"一项数学命题"(《风俗论》,页11)。对我们来说,伏尔泰的"历史哲学"无异于在展示属于欧洲人的"文质之辨"。显然,这样的"文质之辨"会让同样是欧洲人的维科所信靠的"神的意旨"被一笔勾销。实用性科学和技艺"文明"显而易见的进步意义在于,能给人世带来现世"幸福"——伏尔泰的"文质之辨"的标准便是这种"文明幸福"。古代东方帝国虽然很早就有了自己的文字和历史,但不等于有了"文明幸福"。伏尔泰对自己的女友说:

> 您从罗马帝国崩溃之后我们欧洲的混乱局面开始形成之时,开始您的研究。这样,我们就有必要一道周游这个世界,看看它在这以前处于何种状况,同时循着这个世界如何一步步走向文明的过程来研究它,就是说,从东方国家开始研究,然后到西方国家。因此,让我们首先注意这样一个民族,他们在我们还没有使用文字时,便已有了一部用固定的语言撰写的连贯的历史。(《风俗论》,页238)

伏尔泰要自己心爱的女友注意的这个民族,就是我们中华民族:伏尔泰的《论普遍历史》以古代中国及其军事、法律、风习和科学开篇。这个开篇位置并不光耀,因为,即便中华民族有古老、漫长且连贯的历史,由于没有取得科学技术"文明"成就,这样的历史等于零。欧洲文明出现得晚,形成于"罗马帝国崩溃之后",但它"一步步走向了文明";与此相反,古老的中国止步不前,最终在"文明的进程"中落后于欧洲文明。显然,伏尔泰的"文质之辨"用科学技术取代了"神的旨意"。

　　如果廖平像今天的我们一样,没有语言障碍能够阅读伏尔泰的书,那么,他有理由藐睨伏尔泰式的文明自信,因为,在伏尔泰的"历史哲学"中见不到让廖平信服的高妙的"形上之道"。廖平承认,中国文明缺乏技术性科学和自由贸易之类,但这些东西属于形下之道,拿过来用就是,甚至可能还会用得更好,没什么了不起。不过,再过半个世纪之后,黑格尔(1770-1831)在柏林大学开讲"世界历史哲学",廖平要藐睨黑格尔式的文明自信就不那么容易了。虽然黑格尔的"历史哲学"与伏尔泰一样,"从东方国家开始研究,然后到西方国家",但在黑格尔那里,"文明"进步不是体现于自由贸易和技术性科学,而是"形上之道"的精神意识。对这位哲人来说,所谓"精神"指的是"能动的"理智"思维"活动:

　　　　精神的最深邃的东西、精神的最高级的活动是思维(das Denken),因此,它在其发挥的最高作用中是能动的,自己把握自己的。①

---

　　①　黑格尔,《世界史哲学讲演录(1822-1823)》,刘立群等译,北京:商务印书馆,2014,页22(以下简称《世界史哲学》,并随文注页码)。

"精神"有把握自己的"冲动"(den Trieb),这种"冲动"促发的是思辨性的"理性认识"行动,从而体现了"人的自由"。反过来说,"人的自由"本质上是一种形而上的思辨性"理性"活动。不仅如此,人实现这一形而上的"自由"的活动是一个历史的过程,并在世界历史的演进中留下了足迹。在"世界历史哲学"讲座的"导论"中,黑格尔用大量篇幅阐述"人的自由的理念"(die Idee der menschlichen Freiheit),以此展开他的世界历史哲学。由于形而上的"自由"作为"单个精神"体现在历史中的具体民族身上,黑格尔的"世界历史哲学"要探究的是作为"单个精神"的"自由精神"与诸民族[国家]的关系,这个关系体现为"自由精神"实现自身的历史进程或者"世界历史的演进"(den Fortgang der Weltgeschichte)。据说,在世界历史的初始阶段,人还谈不上有这种形而上的"自由"——黑格尔的例证是以中国为代表的古代东方文明;在世界历史的终极阶段,人会完美地实现这种"自由"——黑格尔的例证是以欧洲国家为代表的西方文明。于是,"自由精神"实现自身的过程就有了自己的"历史的开端"(Anfang der Geschichte)和"历史的终结"(Ende der Geschichte)。显然,黑格尔的"历史哲学"让西方现代式的"文质之辨"有了极其高妙的"形上之道"的支撑。面对这样的"形上之道",廖平就不得不先虚心地致力于搞清楚,黑格尔为什么要发明这种奇特的历史哲学式的"形上之道"。

4 自然状态与哲学的历史化

黑格尔说,"自由精神"的"历史开端"是"自然状态"(Naturzustand)或"清白状态"(Zustand der Unschuld),这个开端

其实还谈不上有人的"自由精神",因为,

> 按照我们关于精神的概念,精神的第一个直接的自然的状态是一个没有自由的状态、欲望支配的状态,在这种状态里,精神本身是不真实的。……于是人们就把自然状态理解为应该照他的概念拥有的对于自由的自然权利(Naturrecht),而这种自由是按照精神概念应该得到的。精神不会停留在自然状态里,因为那是一种感性愿望的状态,一种欲望支配的状态。精神概念是这样一种东西,这种东西通过扬弃自己的感性生活的形式存在而将自己设定成了自由。(《世界史哲学》,页36)

我们知道,"自然状态"是霍布斯为了让欧洲摆脱野蛮的战争状态重新规定国家的性质而提出的理论假设,以便论证他所设计的作为"公民社会"的国家应该是怎样的——如莱布尼茨所说,"欧洲并不是霍布斯说的那样",否则,"我们的土地上除了彻头彻尾的无政府之外,就什么都没有了"。[①] 自此以来,在整个18世纪,"自然状态"与"公民社会"的关系及其对比,一直是欧洲哲人的热门话题,黑格尔的世界历史哲学的问题意识明显来自这一论题。他的上述说法针对的是霍布斯的如下观点:"自然状态"中的人已经有一种自然的"理性",因为,人保全自己性命的本能,是最自然不过的"理性"。在黑格尔这样的哲人看来,霍布斯说的其实是动物本能,而非人的"理性"。人的"理性"的本质是"自由",而真正的"自由"是思辨理性,这种"自由

---

① 参见赖利编,《莱布尼茨政治著作选》,前揭,页151。

精神"必须通过教化训练才能获得,而要实现个人的"教化",必须得凭靠国家。如果把国家的本质界定为"公民社会",把国家的目的规定为保护"个人自由",无异于把国家的目的规定为实现人的保全性命的自然理性。在黑格尔看来,霍布斯不仅完全误解了"国家"的本质,也误解了人的本质:毕竟,像"许多现代的国家法学者"那样,把"国家"规定为公民社会,不可能实现人的精神"教化"。何况,人的精神"教化"是一个历史过程,这个过程体现为国家形态的演进,因为"国家是自由的实现",而且是"具体自由"的实现(《世界史哲学》,页71)。由此可以理解,黑格尔的"世界历史哲学"讲座的长篇"导论"为何以论述"人的自由的理念"开始,以论述"国家的本质"收尾。

在讲授"世界历史哲学"之前,黑格尔讲授过"法哲学"(1819-1820),并在1821年出版了《法哲学原理》(*Grundlinien der Philosophie des Rechts*)。"法哲学"实际上是关于国家的本质的哲学,值得注意的是,黑格尔从论述"抽象的法"开始,最后以简扼而又精要地论述"世界历史哲学"收尾。① 这让我们可以进一步确认,黑格尔的"世界历史哲学"的要核来自对霍布斯的自然法学说的批判。在"法哲学"中,黑格尔这样抨击霍布斯的"自然状态"论:

　　　有这样一种观念,仿佛人在所谓自然状态中,只有所谓

----

① 　黑格尔,《法哲学原理》,邓安庆译,北京:人民出版社,2016,页473-481。以下简称《法哲学》,并随文注页码。译文凡有改动,依据 Georg Wilhelm Friedrich Hegel, *Grundlinien der Philosophie des Rechts*, Helmut Reichelt 编辑及导论, Verlag Ullstein/Frankfurt,1972(这个版本附有黑格尔亲笔写在样书上的眉批和若干口头补充)。

简单的自然需要,为了满足这种简单的自然需要,他仅仅使
用自然的偶然性直接提供给他的手段就行了,考虑到这种
需要,人在自然状态是生活在自由中的。这种观念还是没
有考虑到劳动所包含的解放环节,因此是一种不真实的意
见,因为自然需要本身及其直接满足只是潜伏在自然中的
精神性状态,从而是粗野的和不自由的状态,至于自由则仅
存在于精神在自己内部的反思中,存在于精神同自然东西
的差别中,以及它对自然东西的反映中。(《法哲学原理》,
页 339)

黑格尔虽然批判霍布斯,却以霍布斯哲学的论设为前提,两
者的根本差异在于对"自由"的不同理解——记住这一点,对于
我们最终理解海德格尔的"世界历史"哲学非常关键。在黑格
尔看来,"自由"不是个人的任意意愿或行为,而是一种形而上
的宇宙精神,人只有通过自己的思维活动才能分沾这种精神。
"自由精神"的思维活动本身是支配世界的普遍法,因此,"这种
精神引领着这个世界"(der Geist führt die Welt)。黑格尔用"世
界历史中的理性"(Vernunft in der Weltgeschichte)这个表达式来
命名他的这种"形上之道",并称之为"关于一个终极目的自身
的思维"(《世界史哲学》,页 25 - 26)。这并非老年黑格尔才有
的思想,在少壮之作《精神现象学》中,黑格尔就对精神或"德行
意识"与世界历史进程的关系做过"现象学"描述,令天性喜爱
理智的人入迷。① 依据这样的精神哲学原理,黑格尔反对霍布

---

① 参见黑格尔,《精神现象学》,先刚译,北京:人民出版社,2015,页 232 - 239
(以下随文注页码)。

斯用"公民社会"来界定"国家":

> 如果把国家同公民社会混淆起来,而把它的使命规定
> 为保障和保护所有权和个人自由,那么,单个人的利益本身
> 就成为他们结合起来的最终目的。由此产生的结果却是,
> 成为国家的成员变成某种任意的事情。(《法哲学》,页
> 383)

对黑格尔来说,家庭和公民社会的利益,更不用说"个人福
利"(dem Wohlergehen der Individun),都必须集中于国家。黑格
尔由此提出了自己的世界历史哲学式的"文质之辨"的标准:凡
没有实现"自由精神"的国家,都算不上真正的"国家"。既然
"自由精神"的实现是"世界历史"的进程本身,"世界历史"就
成了"凌驾于国家之上的绝对法官"(den absoluten Richter):毕
竟,现实历史中的国家都是个别的、独立的国家,必须有一个形
而上的"第三者"把它们联系起来(《法哲学》,页389)。凭靠这
套"自在自为的普遍性"话语,黑格尔在"世界历史哲学"讲座上
振振有词地说:尽管东方帝国的年岁比日耳曼国家——更不用
说普鲁士王国年长得多,但应该把"日耳曼帝国"比作世界历史
的"老年"(das Alter):

> 这个帝国处于自然状态中,是语言发展的老年时期,但
> 处于完全成熟的精神中。自然年龄已经将它发展的各个阶
> 段抛在后面;然而精神是一种已经将早先发展的各个环节
> 保存于自身之内,从而在总体上认识自己的无限力量。这
> 第四帝国是日耳曼帝国,因为日耳曼人站在了这一变化的

顶峰。它开始与自在的和解；但由于这种和解本身刚刚开始，所以最初表现出非常大的对立，可是这种对立后来显得不合理，而且必须予以扬弃，因此就恰好进入了［精神事物］与尘世事物的最激烈的斗争中。(《世界史哲学》，页109)

　　如果廖平读到这句话，那么，他会觉得逮着了黑格尔的一个逻辑漏洞：既然黑格尔说日耳曼国家"处于自然状态中"，按霍布斯的定义，这意味着处于非人道的野蛮的战争状态之中，那么，他何以可能说西方的帝国"处于完全成熟的精神中"？廖平不知道，维科的一个说法早就已经堵塞了黑格尔的这个逻辑漏洞：欧洲当前(16至17世纪)惨烈的宗教战争不过是人类普遍历史中"最初的野蛮时期的战争"的 ritornarono［复返］。毕竟，人类野蛮时期的原始战争就是"宗教战争"(《新科学》，页540)。而且，在维科看来，野蛮的战争其实是"神的旨意"支配下的普遍历史的演进脚步："到处都一样"，古代各民族与自己"最近的邻居也互不相识，只有在战争或贸易中，彼此才有所接触"(《新科学》，页48)。因此，尽管黑格尔生活在拿破仑时代之后，战争的宗教理由发生了变化，"自由民主"成了发动战争的正当理由，[1]随着技术科学的应用，战争的野蛮程度也不断升级，黑格尔的"世界历史哲学"的"自由精神"妙论仍然能够把野蛮的战争解释为他所建构的"形上之道"的历史进程的脚步。

　　如今的我们不难看到，黑格尔的《法哲学原理》与维科的源

---

① 　参见西姆斯，《欧洲：1453年以来的争霸之途》，孟维瞻译，北京：中信出版社，2016，页136－137。

于"普遍法学"的《新科学》尽管相隔差不多整整一个世纪,两者有不少差异,但就使得西方古老的"形上之道"和形而上的沉思本身历史化而言,两者相当一致。《新科学》志在提供"一种展现出一些永恒法则的观念性的历史",并用世界上"所有民族的兴起、形成、成熟、衰颓和覆亡的事迹"来证明"这些永恒法则"(《新科学》,页562)。维科背靠基督教信仰所阐发的"这些永恒法则"的"形上之道"的要义是:"神的旨意"(la divina provvedenza)在冥冥中支配着人世的"普遍历史"(storia universal),这种支配体现为"普遍历史"具有一种"自然[演进]图式",即从原始家长制的诸神阶段进到封建制的英雄阶段,然后再进到共和制的"人性阶段",与此相伴随的是同样演进式的 una storia dell'idee umane[一部人的观念的历史](《新科学》,页6-10,26-32)。

维科把他的"新科学"称为"一种理性的政治神学"(una teologia civile ragionata),其实,我们更应该称之为黑格尔意义上的"理性的法哲学"。因为,在阐述自己的"这部著作的观念"(Idea dell' Opera)时,维科采取的是哲人姿态,他所考察的普遍历史也是所谓"异教民族"的俗世历史,而非基督教会的神圣历史。尤其重要的是,这位哲人不再是通过观照[沉思]自然事物而观照上帝,而是通过"观照人的精神世界即形而上的世界"来观照上帝。但是,维科把"人的精神世界"(mondo delle menti umane)界定为"政治世界('l mondo civile)或诸民族的世界(mondo delle nazioni)",在他眼里,形而上的世界既是"人的精神世界"也是"政治世界"(《新科学》,页3-4)。由于从"普遍历史"的"自然程式"来看待"人的精神世界"和"政治世界",不仅维科笔下的"形上之道"成了历史化的"形上之道",形而上的观照［沉思］本身也历史化了。因此，维科有意识地要颠倒苏格拉底-柏拉图所理解的"哲人"静观：他在《自传》中指责"苏格拉底与其说把道德哲学从天上搬到了人间，倒不如说把我们人类的精神提高到了天上"（《新科学》，页 639）。

黑格尔形而上学的核心理念是"自由精神"，它体现为能够把握上帝的"天意计划"（Plan der Vorsehung）的智性思辨。在黑格尔那里，无论上帝的"天意计划"还是作为智性思辨的"自由精神"，都得在作为政治世界的历史过程中实现自身。由此，黑格尔的"法哲学"也可以称之为"一种理性的政治神学"。

廖平会提出一个问题：为什么维科和黑格尔要致力于让形而上的沉思历史化？ 其实，黑格尔也会说，这个问题问得好，因为他自己在《法哲学原理》一开始就提出过这个问题：哲学作为形而上的沉思为什么必须与作为历史的政治现实结合起来。黑格尔的回答是：

> 就个体而言，每个人本来都是自己时代的产儿；那么，哲学也就是被把握在思想中的自己的时代。妄想一种哲学超出其现在世界，就像一个人妄想跳出自己的时代之外，跳出罗陀斯岛一样，是愚蠢的。（《法哲学》，页 13）

《法哲学原理》的"序言"言辞激昂，富有激情，其中有传扬后世的名言。比如，"有理性的，都是现实的，凡是现实的，都是有理性的"；又比如，"密涅瓦的猫头鹰要等黄昏到来时，才会起飞"。即便没有这类格言式的句子，这篇"序言"也非常重要，因为在这里我们可以看到黑格尔对"哲学活动"（das Philosophieren）或形而上的沉思本身的新理解。

　　黑格尔说,"自近代哲学以来",形而上的沉思本身已经败坏:哲学活动本来应该凭靠普遍的"理性"来思考,如今却凭靠的是"主观情感和个别确信[意见]"。更令人堪忧的是,如今人们竟然凭靠这种已然败坏了的哲学活动去思考国家应该是什么样子,或思考国家秩序的应然法理。黑格尔在这里指的是,自霍布斯的"自然状态"论国家学说出现以来,欧洲出现了林林总总的国家学说。黑格尔语带激愤地说:自然权利论开放了"没完没了地分歧的[政治自由]意见",以至于哲学成了"主观情感和个别确信"的表达,公共德性和公共法权的秩序已然崩塌。在后霍布斯时代,哲学活动看起来十分"繁忙"(Getreibe),其实,如此"繁忙"表明哲学活动已经遭到最为可怕的轻蔑。因为,新时代的哲学"使每个有欲求参言的人(jeder, der Lust hatte mitzusprechen)都有正当权利(berechtigte)确信,自己能够轻易就搞出这样一种[关于国家的]哲学",似乎"每个人从自己的心灵、性情和热情出发",就有资格高谈统治和政体之类的人世重大问题。尤其可怕的是,这种新时代的哲学尤其喜欢忽悠、而且能够忽悠"年轻人"(《法哲学》,页6)。我们不难看到,这种情形即便在今天也有增无减,从而能够理解,作为哲人的黑格尔有理由深感忧虑:如果公共生活的基础或伦常基础建立在"主观情感和个别确信"之上,那么,"内在的伦理和公正的良知"必遭毁灭,进而"公共秩序和国家法律"也必遭毁灭(《法哲学》,页9)。

　　其实,一百年前的维科已经看到黑格尔所说的欧洲精神状况,《新科学》临近结尾时,维科的言辞之激愤,完全不亚于黑格尔:

　　随着民众政体的腐化，各派哲学也腐化了，沦落为怀疑主义，有学识的愚人们堕落到诽谤真理。从此兴起了一种虚伪的修辞术，随时打算不分是非地拥护对立意见的任何一方。结果是，哲学滥用修辞术，一如罗马的平民护民官滥用修辞术，当公民们不再满足于拿财富作为晋升阶梯时，平民护民官就把修辞术当作获取权力的工具。于是，就像狂暴的南风掀动大海，这些公民们在自己的国家里挑起内战，导致国家陷入全面无序状态。就这样，他们使国家从完全自由或自由人民的毫无约束的自由沦落为无政府状态下的一种完全暴政（una perfetta tirannide），而这是暴政中最坏的那种。（《新科学》，页570）

　　由此看来，与维科一样，黑格尔让"形上之道"和"哲学活动"本身历史化，是对霍布斯一类新派哲人所造成的欧洲精神的堕落做出的哲学回应：维科相信，他用《新科学》已经驳倒了伊壁鸠鲁的现代门徒马基雅维利和霍布斯（《新科学》，页574）。当然，黑格尔年轻时毫不留情地抨击过浪漫派哲人对"直观式的诗性思维"的颂扬（《精神现象学》，页43）。由此可以推断，如果黑格尔读到维科的《新科学》，那他八成会觉得，维科用"普遍历史"的原始宗法阶段来反驳霍布斯的"自然状态"假设，远不足以应对时代的精神状况。毕竟，维科的形而上学张扬的实际上是以"想象力"为特征的"诗性思维"。何况，维科的《新科学》大量采用具体史例，因为他要"发现和研究由神的意旨安排的某些机缘（certe occasoni）"（《新科学》，页11）。对黑格尔来说，如果哲学思维"从纯粹历史的方面来看"精神法则，那么，"从实存那里偶然地和随意得来的内容，以及这些内容的偶然属性"终有一天会摧毁哲学思维(《精神现象学》,页25-26)。

相比之下,就挽救"哲学活动"的品质而言,黑格尔比维科有更为自觉且强烈的哲学意识。《法哲学原理》和《世界历史哲学》的"序言"与《精神现象学》"序言"有显而易见的内在一致,它们无不表明,黑格尔的首要关切是"哲学活动"本身——这意味着关切哲人这种类型的人的精神品质本身。《精神现象学》"序言"在论述"哲学真理的本性及其方法"之前,黑格尔曾将历史式哲学思维与数学式哲学思维相提并论,但对历史思维的评说却一带而过,用大量篇幅攻击新派哲人的数学式哲学思维的自负(《精神现象学》,页25-32)。由此我们可以理解黑格尔与维科的差异:维科把普遍历史的进程设想为从"诗性思维"向"抽象思维"的演进,黑格尔则把这个进程设想为"理智"作为抽象思维本身展开自身的过程。

但是,与维科一样,为了挽救哲人心智或"理智"本身,黑格尔不得不更改苏格拉底-柏拉图所理解的哲人心智。最后一次讲授"世界历史哲学"课程(1830-1831年冬季学期)时,黑格尔在"导论"中说:阿那克萨戈拉第一个把 nous[理智]理解为支配世界的普遍法则。我们知道,柏拉图笔下的苏格拉底在谈到自己早年的探索时,已经提到过阿那克萨戈拉的这个观点。按苏格拉底的说法,他对阿那克萨戈拉的这一观点非常失望,自己不得不"再次起航"。① 换言之,苏格拉底的现身说法不是在向热爱智慧的青年推崇阿那克萨戈拉的 nous[理智]论,而是劝告他们离弃这种"理智论"。黑格尔在课堂上用德文概要性地翻译

① 柏拉图,《斐多》,97b-98c,参见刘小枫编/译,《柏拉图四书》,前揭,页502-504。

了柏拉图的这段记叙,然后评论说:苏格拉底失望的并非是阿那克萨戈拉建立的 nous[理智]原则本身,毋宁说,他是对自己未能将这一原则应用于具体的自然而感到失望。① 对照柏拉图的记叙我们可以看到,黑格尔删除了苏格拉底的"再次起航",并在他认为苏格拉底放弃"理智"论的地方继续前行,高扬"理智"是能动的宇宙性原则,世界历史乃是这一原则的实现。②

　　黑格尔与维科还有一个明显差异:维科的三段式"普遍历史"进程尽管是演进式的,却没有终局,而是呈现为某种"往复"(ricorso),尽管演进与往复多少显得是难以自圆其说的矛盾——《新科学》用了大约 75 页篇幅(按中译本计算)论述普遍历史三阶段的演进,用了不到 30 页篇幅论述三阶段的"往复"。③ 在黑格尔那里,"普遍历史"的三段式进程一往直前,能动的宇宙性理智"回归自身"的时刻就是"历史的审判"(das Gericht der Geschichte)时刻,这相当于基督教信仰的终末时刻:

　　　　在这里,或许[需要探讨]世界的一个终极目的(einen Endzweck)。假如不断出现的仅仅是一些新原则,世界历史就不会有任何指向目标(Ziel)的目的;这就绝不会看到一个终结(Ende)。(《世界史哲学》,页 56)

---

　　① Hegel,*Lectures on the Philosophy of World History*,*Volume I*:*Manuscripts of Introduction and the Lectures of 1822 -23*,Robert F. Brown / Peter C. Hodgson 编/译,Clarendon,2011,页 82 -83。
　　② 这种说法已经见于《精神现象学》"序言"(《精神现象学》,页 34-36);对柏拉图的类似批评亦见《法哲学原理》"序言"(《法哲学原理》,页 11)。
　　③ 按照一种理解,维科的"往复"论是为了应付历史难题,因为他主要采用罗马史来建构其"普遍历史"的自然程式,需要为罗马帝国的衰亡提供解释。参见里拉,《维科:反现代的创生》,张小勇译,北京:新星出版社,2008,页 249-251。

在黑格尔的普遍历史程式中,人类"历史的童年"是"没有法律的伦理世界",因为,"这种世界没有进展到主体性的个体化阶段"(《世界史哲学》,页106)。与此相反,《新科学》篇幅最长的第二卷题为"诗性的智慧",维科力图论证人类"历史的童年"有自己的习俗,而习俗就是一种法律形式,从而断乎不能说人类"普遍历史"的最初阶段不是一种伦理世界。如果黑格尔读到《新科学》第四卷论述"诸民族所经历的历程"的前半部分(《新科学》,页459-483),那么,他八成会认为,维科的普遍历史哲学三阶段论更多带有文明类型论色彩,从而无异于提出了普遍历史的"一些新原则"。20世纪的哲学家伯林可以出面为此作证:由于维科并没有贬抑原初文明阶段的"诗性思维",反倒像是在礼赞这种人类的"童年"智慧,伯林把维科视为一个"多元论者",进而誉为"反启蒙"的伟大先驱。① 事实上,在维科那里,"神的旨意"作为普遍历史的"推动力",的确远不如黑格尔的宇宙性"理智"具有"能动性",历史阶段的"往复"论则大大削弱了三阶段演进的"自然程式"。

黑格尔的普遍历史进程迈动着一往无前的进步论步伐,由此可以理解,在黑格尔的"世界历史哲学"乃至"法哲学"中,黑格尔最为看重16世纪之后的日耳曼帝国。相反,维科仅用了很少篇幅谈论近代欧洲,他谈论的重点是三种自然本性、三种习俗、三种自然法、三种政制的"往复":近代欧洲是普遍历史的"第一个野蛮时期的复演历程"(《新科学》,页537-562)。与此形成对照的是,在黑格尔那里,近代欧洲历史是普遍历史进程正

---

① 参见伯林,《维科和启蒙运动的理想》,伯林,《反潮流》,冯克利译,南京:译林出版社,2002,页144-155。

在抵达终极阶段的证明。黑格尔凭靠他所把握到的"自由意识"相信,从普遍历史的角度来看,总会有某个"世界历史性的民族"(ein welthistorisches Volk)充当"世界精神自行发展的自我意识在[历史]演进中的时刻"(Moment in dem Fortgange)。在这样的历史"时刻",这个民族就是"施行统治的民族",因为它的"特殊历史"意味着普遍历史在打造纪元(Epoche machen)。毕竟,这个"世界历史性的民族"在其"特殊历史"中因"达到了自由伦理的自我意识而进窥普遍历史",从而"拥有绝对法权(absolutes Recht)成为世界精神目前发展阶段的担当者(Träger)"。尽管每一个这样的特殊历史"时刻"都有自己的幼年期、全盛期和衰亡期,但它毕竟"已经暗示出",世界精神过渡到了一个"更高的原则"(《法哲学》,页475)。

如果廖平在戊戌变法时期看到黑格尔与维科在普遍历史哲学上的种种差异,那么,他难免会感到惊讶、困惑——更重要的是会感到无所适从。因为,这两种历史哲学让他看到:西方不仅有自己的"形上之道",而且不止一种。掰起指头算一下,至少可以历数五种西方的"形上之道":古希腊式的/基督教式的/马基雅维利-霍布斯式的/维科式的/黑格尔式的。问题来了:深谙中国"天学"的廖平应该去对付哪种西方的"形上之道"呢?

按照通常的思想习惯,廖平很可能会首先细看时间上离自己的历史处境最近的西方"形上之道"。倘若如此,他首先会面对维科和黑格尔的历史哲学。显然,这两种不同的历史哲学同时也是形而上学。作为形而上学家,维科和黑格尔都既有对欧洲政治状况的现实关切,又有对"形上之道"和人世的精神世界的超现实关切,两者的历史哲学为何在品质上有如此差异?如果当时廖平已经熟悉欧洲自 16 世纪以来的历史,那么,他会看到欧洲的地缘政治状况,进而有可能把两者的差异归咎于地缘政治位置上的差异。简单来讲,在维科的时代,阿尔卑斯山北部已经出现强势的领土性王权国家(英格兰、西班牙、法兰西),而意大利半岛虽然产生出了马基雅维利这样的地缘政治战略大思想家,却令人费解地迟迟不能形成统一的领土性王国。廖平会看到,维科时代的欧洲其实有三种地缘性的政制类型:阿尔卑斯山以北已经极具竞争力的独立王权国家,包含诸多领土所属国的神圣罗马帝国,以及意大利半岛地区裂散的缺乏主权的城邦状态。① 维科置身意大利半岛的地缘处境,他的欧洲政治想象除了能是历史上的罗马帝国,还会是什么呢?

　　维科与黑格尔的时代差异极为重要:维科没有看到法国大革命,也不知道革命之后出了拿破仑这样的盖世英雄。否则,他未必不会修改自己关于近代欧洲的看法,进而修改他的普遍历史的"自然程式"。毕竟,法国大革命之后的共和政制让法国"整个国家的内部力量全部释放出来,法国国力迅速强大,超越了欧洲其他所有国家"。这种共和政制模式不仅显得优越于绝对王权政制,也优越于贵族式的代议制,以至于潘恩这样的人也预测,"英国的君主-议会混合制已经不适合时代需要"。② 黑格尔属于法国大革命之后的拿破仑时代,虽然拿破仑终结了神圣罗马帝国,却给整个欧洲带来了新的政治想象。因此,他自觉地把自己理解为"自己时代的产儿",他的哲学"也就是被把握在思想中的自己的时代"。尽管黑格尔亲眼看到拿破仑帝国功败

---

① 沃格林,《革命与新科学》,前揭,页 91-93。
② 西姆斯,《欧洲:1453 年以来的争霸之途》,前揭,页 136。

垂成,他仍然有理由认为,这种失败"已经暗示出"世界精神过渡到了一个"更高的原则"。在"世界历史哲学"讲座临近结尾时,黑格尔把普鲁士国王弗里德里希二世颂扬为具有启蒙精神的"哲人王"(《世界史哲学》,页446),从言辞上也可以看出,他说的其实是拿破仑精神。

黑格尔的历史化"形上之道"夹持着拿破仑战争在整个欧洲大陆掀起的共和革命之风,给中国智识人带来的不是巨大的精神压力,就是巨大的精神诱惑。如果廖平当时搞清楚维科和黑格尔的这套历史化的"形上之道",那么,他难免感到错愕,不得不深入思考其究竟。还没等到廖平从哲学上把这套"形上之道"法理想清楚,欧洲智识人的"形上之道"的历史进程脚步已经踏上中国的土地:八国联军入侵京城,把建有"西洋馆"的圆明园付之一炬。随后,中国这个古老的文明国度模仿西方第一次陷入惨烈的宗教式内战。凭靠种种偶然的历史机缘,无数中国文明的热血子孙经过艰苦卓绝的抗日战争和抗美援朝战争,才为古老的文明中国重新筑起长城。凭靠这座长城,如今的我们才通过国际贸易与世界各民族建立起国际关系,以至于有了某种"文明自信"。尽管如此,无数新生的中国智识人已经把维科-黑格尔式的历史化"形上之道"当作了自己的信仰,进而与他们一起藐睨中国的古代文明。

清末民初的廖平得以松口气的是:黑格尔刚刚过世不久,普鲁士的年轻史学家兰克(1795-1886)就站出来反对黑格尔的历史化"形上之道"及其"普遍历史计划"。在兰克看来,黑格尔的思辨的普遍历史哲学纯属胡扯,不动脑筋的人才会相信,黑格尔的普遍"进步"观念是在高扬人的"自由"。从哲学上讲,这种观念恰恰取消了"人的自由":"人要么自己成了上帝,要么什么都不是"。① 在维科那里,无论普遍历史的三阶段在文明类型上具有怎样的独特性,毕竟都受"神的旨意"支配。黑格尔与维科的历史哲学无论有多大差异,两者的历史化"形上之道"有一个共同特征:超越的上帝介入了历史时间,并支配着文明形态的演进。兰克史学的哲学意义在于,他切断了超越的上帝与历史时间的支配性关系:"由于在神性面前不存在时间,神整个儿总览人类的全部历史,并认为一切东西的价值都一样",因此在上帝看来,"人类的所有世代都有平等权利"(《各个时代》,页8)。这样一来,兰克的历史哲学就一笔勾销了维科-黑格尔式文质之辨的前提。

由此不难理解,海德格尔在我国"改革开放"之际来到中国,会让我们感到欣喜。因为,我们以为他的"形上之道"有可能化解维科-黑格尔式的历史化"形上之道"。如果"文质之辨"的"质"指自然、"文"指历史,那么,我们的作者在结语中用"文质之辨"来平章海德格尔哲学,就算得上切中肯綮。

我们的作者用自己的这部思考之作迫使我们一同思考:如果"形上之道"的历史化是欧洲文明的要核,那么,海德格尔更为彻底地让"形上之道"历史化对我们来说意味着什么?毕竟,如果海德格尔哲学本质上是一种历史哲学,或按施特劳斯的论断,是一种最彻底、最精致的"历史主义",那么,海德格尔哲学就会是中国哲学的根本精神的克星。作者的"将无同"迫使我

---

① 兰克,《历史上的各个时代》,约尔旦/吕森编,杨培英译,北京:北京大学出版社,2010,页5(以下简称《各个时代》,并随文注页码)。亦参 R. M. Burns / H. R. Pickard 编著,《历史哲学:从启蒙到后现代性》,张羽佳译,北京:北京师范大学出版社,2009,页130-140;拙文,《兰克的〈世界史〉为何没有中国》,刊于《中国文化》,2016 年春季号。

们重新回到廖平的语境从头开始,努力把西方的历史化"形上之道"法理看清楚,而非像康有为那样,贸然跟随西方哲人,用《大同书》打造中国式的历史化"形上之道"。

六 "诗意地栖居"与世界历史

作者的探究从海德格尔解释荷尔德林的诗开始,或者说从海德格尔的"诗意地栖居"论开始,尽管在探究过程中涉及到其中的一些关键要点,但作者毕竟没有花专门篇幅讨论"诗意地栖居"论。为了弥补这一缺憾,笔者不揣简陋,试着来考察"诗意地栖居"论的形而上学意涵。要实现这一目的,笔者还得从兰克颠覆黑格尔的世界历史[精神意识]哲学之后的思想状况说起,毕竟,这是海德格尔所身处的思想语境。

1 哲学的历史化与哲学自身的危机

离兰克的时代还不到半个世纪,比廖平年轻近三十岁的斯宾格勒(1880-1936)不仅进一步打击了黑格尔的历史化"形上之道",也打击了兰克的政治史学。他在《西方的没落:世界历史的形态学概要》"导言"开篇就问：

> 有一种历史的逻辑吗？在所有偶然的而且难以计数的单个事件之外，是不是还有一种所谓历史的人性的形而上学结构，它在本质上独立于那些可见的、普通的、精神-政治的表面外形？①

斯宾格勒要寻求"历史的逻辑"（eine Logik der Geschichte），让读者可能会马上想到维科-黑格尔式的历史化形而上学"逻辑"。但稍往下读几行，读者就看到，斯宾格勒恰恰要勾销这种"逻辑"，用有机生命体直接取代"神的意旨"或宇宙性的"理智"。由于斯宾格勒并没有因此放弃探究"一种所谓历史的人性的形而上学结构"（eine sozusagen metaphysische Struktur der historischen Menschheit），或者说没有放弃"形上之道"，而是用活的有机生命取代形而上学的"理智"，斯宾格勒的抱负无异于是要彻底地更改西方传统的"形上之道"。

"历史的人性"与"形而上学结构"明显是一对矛盾：历史充满特殊性和偶然性，"历史的人性"不会具有普遍性，而形而上学必须凭靠普遍性并寻求普遍性。通过把作为纯粹精神实体的"自由"的自我意识过程设定为内在于世界历史的时间逻辑，黑格尔自认为化解了这对矛盾，并使得他的历史哲学能够把东方文明（中国、埃及、印度）→希腊文明→罗马文明→日耳曼文明编织进一种普遍历史的进步"逻辑"。一旦斯宾格勒把这种"逻

---

① 斯宾格勒，《西方的没落》，吴琼译，上海：上海三联书店，2006，第一卷：形式与现实，页1。以下简称《没落》，随文注页码。凡有改动依据 Oswald Spengler, *Der Untergang des Abendlandes*: *Umrisse einer Morphologie der Weltgeschichte*, München, 1972。

辑"判为理智的虚构——源于中古后期基督教修士约阿希姆（1145－1202）的属灵理智的虚构（《没落》,页17－18）,①世界历史上的各大文明就在其所处的地缘空间呈现出各自的"历史的人性"形态（《没落》,页16）。

在黑格尔那里,直线式的历史进程不仅等于"自由精神"的圆成,而且体现为政治生活方式的进步。按此"逻辑",近代以来"欧洲民族"正在努力实现的那种政治制度最优越。在斯宾格勒那里,既然属灵式的形而上学逻辑遭到否弃,黑格尔所认定的作为历史必然的最佳政制随之遭到否弃:

> 如果人们放任自己的政治、宗教或社会方面的信念,要给那无人敢撼动的［历史］三阶段指出一个照着自己的立足点前进的方向,并视情况而定,把知性的统治、人道、大多数人的福祉、经济发展、启蒙、诸民族的自由、征服自然、世界和平等等诸如此类作为绝对标准,安在千百年历史头上,然后又证明这些标准并未把握或没达到那正确的东西,其实,它们实际上只不过与我们的期望不一样罢了。这种阐释世界历史的方法完全站不住脚。"很明显,生命中重要的是生命本身,而非生命的结局"——歌德的这句话真应该用来回敬那些妄图通过一个纲领来解开历史形式之谜的所有愚蠢尝试。（《没落》,页19）

兰克已经否弃黑格尔式的历史化形而上学"逻辑",但在

---

① 参见拙文,《约阿希姆的"属灵理智"与"历史终结"论》,刊于《海南大学学报》,2016年第一期。

他的普遍历史视野中,仍然只有欧洲文明的历史:对兰克来说,世界历史不过是欧洲历史,而且所谓"历史"就是人类之间的生存斗争。斯宾格勒的历史哲学既否定了直线式的历史时间逻辑,也否定了欧洲中心论的政治史学意识。黑格尔之后的19世纪欧洲,实证知识急速增长,欧洲学人的历史视野的地平线大为扩展,随着殖民事业的推进,对世界各地诸民族的认识也日渐增多。基于这样的知识背景,斯宾格勒提出:研究世界历史应该"超越政治事实的领域(über den Bereich politischer Tatsachen hinaus),去认识希腊人、阿拉伯人、印度人和西欧人最终的、极有深度的数学思想,去认识他们的早期纹饰的意义,他们的建筑式样、形而上学、戏剧以及抒情歌的基本形式,他们对伟大艺术的选择和取向,他们的工艺细则和素材选择,更别说去认识这些东西对历史的形式问题的决定性含义"(《没落》,页5)。在斯宾格勒看来,所有这些都不过是"历史的人性"的符号。

　　汤因比卷轶浩瀚的《历史研究》前六卷完成于第二次世界大战爆发之前(卷一至卷三,1933,卷四至卷六,1939),明显受斯宾格勒激发。斯宾格勒站在普鲁士-德国的土地上张望世界历史,汤因比站在英格兰的土地上张望世界历史:《历史研究》开篇概述的是英国在世界历史中的位置。[①] 汤因比从世界历史中找出了28种"文明类型",明显扩大了斯宾格勒的"世界历史形态学"的范围,尽管他说其中"至少有18个已经死亡和消灭",而幸存的伟大文明不过5种。

―――――――――

　　① 汤因比,《历史研究》(全三册),曹未风等译,上海:上海人民出版社,1959/1986,上册,页2-14。

与斯宾格勒一样,汤因比拒绝"文明的统一性"观念,主张展开文明形态的历史比较研究。不过,《西方的没落》用于历史比较的文明"史例"远比《新科学》丰富,不等于斯宾格勒在哲学智识上比维科有长进;同样,凭靠不断增长的实证史学知识,《历史研究》用于历史比较的文明"史例"比《西方的没落》更为宽广,不等于汤因比在哲学智识上比斯宾格勒更高一筹。《历史研究》已经走向历史社会学,《西方的没落》仍在致力寻求一种"新哲学"。用斯宾格勒自己的话来说,《西方的没落》要建构一种"世界历史的形态学观念"(Idee einer Morphologie der Weltgeschichte),这是"从西方已然枯竭的形而上学土壤中(aus dem metaphysisch erschöpften Boden)所能生长出来的未来的唯一哲学,这种唯一的哲学至少属于西欧精神在其最近阶段的诸可能性"(《没落》,页4)。在1922年的"修订版序言"中,斯宾格勒特别提请读者注意,要"在思维的历史中"(in der Geschichte des Denkens)看待他的历史哲学,结尾时他甚至用醒目的语式说:《西方的没落》是 eine deutsche Philosophie[一种德意志哲学](《没落》,"序言"页3-4)。言下之意,哲学有德意志式、英格兰式或法兰西式,当然也有中国式、印度式、阿拉伯式。从而,哲学所追求或表达的"真理"不可能具有人类的普遍性。毕竟,即便形而上学也不过是民族生命体的心灵蓓蕾的绽放或"历史的人性"的精神"符号"。

斯宾格勒对彻底改造哲学充满自信,正如康德在改造哲学时充满自信。斯宾格勒写道:

> 正如伽利略在其《试金者》中的一个著名位置所说,哲学作为自然的一本大书,是用"数学语言"写成的。不过,

我们今天会期待一位哲学家来回答:历史用什么语言写成,
应该怎样去读它。(《没落》,页6)

康德自诩给形而上学带来了一场"哥白尼式的革命",在斯
宾格勒看来,这场革命其实仅仅涉及如何认识自然。他许诺将
给形而上学带来一场更为伟大的伽利略式的革命:如何认识历
史。① 斯宾格勒没有意识到,从"思维的历史"来看,维科已经开
启了这场哲学革命。《新科学》"导言"一开始就在调校形而上
学的视界,要求哲人从观照自然转向观照历史,让哲人的形而上
学目光转向斯宾格勒现在所致力描绘的世界历史的"形态":在
历史中呈现出来的"诸民族、诸语言和诸时期、诸战争和诸观
念、诸国家和诸神、诸艺术和诸工艺品、诸科学、诸法权、诸经济
形式和诸世界观、诸伟人和诸重大事件",并把它们"当作符号
(Symbole)来揭示"(《没落》,页2)。斯宾格勒与维科相距整整
两个世纪,他的新形而上学之思未必来自维科的启发,正因为如
此,两者的历史化形而上学观照的一致性才发人深省。

"哲学活动"必须面对"历史的人性"与"形而上学结构"这
对矛盾,斯宾格勒的历史哲学命题马上激发了敏感的德意志哲
学头脑的思考。1923年,舍勒(Max Scheler)出版了探究人之心
性的价值现象学专著《同情的本质及其诸形式》:"本质"是单
数,"诸形式"是复数。这意味着,舍勒既要探究"同情感"的"形
而上学结构",又要揭示这种人类心性(Ethos)的历史形态,亦即
探究"历史的人性"。在题为"历史的心性形态中的宇宙同一

----

① 斯宾格勒对康德形而上学的简要抨击,参见《西方的没落》,前揭,页5
注1。

感"一章中,舍勒凭靠现象学的分析来为斯宾格勒的历史哲学文明观作证:印度教和佛教的心性与老子哲学甚至古希腊哲学的心性同属"宇宙同一感"类型,这种心性对西方人来说全然陌生。西方人的心性是由基督教打造出来的,超越的上帝凭基督的人身降临此世,打破了"宇宙同一感",以至于"基督教的无关宇宙的精神性神秘之爱同印度以及古希腊那种与'受苦的'或'极乐的'宇宙动物的同一感形成了极端对立。"①

所谓"宇宙同一感"指人世与永恒的宇宙融为一体,其在世感觉是静态的;与此形成对照,基督教的上帝打破了宇宙同一感意味着,人世成为一个从源初的清白状态(伊甸园)到堕落状态、然后再被救赎的历史过程。西方现代的启蒙哲学把这个过程变成了一个世俗化的普遍历史过程,即凭靠技术科学、商业贸易和民主政制三大法宝来实现的自我救赎的进步论历史。斯宾格勒认为,这种普遍历史论不过是西方人的精神符号,并不具有普遍性。舍勒由此引出一个如今我们有些人听起来会觉得心满意足的结论:如果不是西方人通过"历史精神"把自己的"心性"强加于东方,那么,中国人迄今仍然生活在自己基于"宇宙同一感"的幸福感觉之中:

> 西方民族及其近代历史发展了历史精神,务实和劳动精力,经营此世,文明和文化的丰功伟绩,在人口剧增的情况下国家的庞大和复杂组织,日趋精细的感觉和习俗,经济的劳动分工和知识的专业化等等,但这些及其他特殊性,迄

_____

① 舍勒,《历史的心性形态中的宇宙同一感》,刘小枫编,《舍勒选集》,上海:上海三联书店,1999,上册,页315,325,327;比较斯宾格勒《西方的没落》,前揭,页7-14。

今并未给西方带来可靠增长的幸福。无论过去或现在,中国、日本和印度[若没有欧洲文明]都更为幸福,倘若它们没有被迫接受欧洲文明,这种状况还会延续更长时期。①

如果舍勒的价值现象学算是斯宾格勒的历史哲学激发出来的"新哲学",那么,我们不应该感到奇怪,因为他相信一句欧洲知识界自19世纪以来传颂不衰的名言:"生活于1789年[法国大革命]之后的[欧洲]人,已不知生活的快乐"。白璧德(1865－1933)虽然是美国的政治评论家,但他在1923年发表的《欧洲与亚洲》一文中,甚至比舍勒走得更远,直接呼吁西方精神向东方智慧寻求救援:

> 没有人会说远东的道德在整体上而言优于欧洲,但远东至少对西方文化特有的疾病——理性与信仰之间的战争——具有相对的免疫力。佛陀和孔子都能够将谦卑与自立和批判精神的养成结合起来,如果我们想让亚洲人过去所代表的那种元素沿着现代的脉络重新回到我们的生活中来,特别是当我们认识到,如果缺乏这种再次的回归,西方将由于对力量与速度的强烈渴望而变得更加疯狂的时候,我们就会发现,佛陀和孔子将对西方大有帮助。②

诸如此类的论说出自西方现代智识人之口,让中国智识人面对西方文明时的心态远不止是松了口气。第二次世界大战结

---

① 舍勒,《受苦的意义》,刘小枫编,《舍勒选集》,前揭,页645。
② 白璧德,《民主与领袖》,张源、张沛译,北京:北京大学出版社,2011,页138(以下随文注页码)。

束不久,雅斯贝尔斯出版了《历史的起源和目的》(1949),被学界视为继《西方的没落》之后最重要的历史哲学论著,其中所阐发的"轴心文明论"事实上也成了长盛不衰的观念"范式"。雅斯贝尔斯力图论证,在公元前 500 年至公元前 200 年间,世界上三个地区的文明不约而同地共同建立起了一个理解自身的精神框架:

> 　　这个时代产生了直至今天仍是我们思考范围的基本范畴,创立了人类仍赖以存活的世界宗教之源端。无论在何种意义上,人类都迈出了走向普遍性的步伐。①

如果说斯宾格勒的历史哲学呈现的是诸民族的"文化"类型的差异或"历史的人性",那么,雅斯贝尔斯的历史哲学致力于搭建一个世界"文化"的共同精神平台,以便把"历史的人性"重新安置在这个类似于形而上学结构的平台之上。奇妙的是,雅斯贝尔斯所搭建的这个准形而上学平台本身,说到底不过是世界历史中的一些个体思想事件。

其实,"轴心文明论"是一种理论综合,说得不好听是一个历史哲学理论的杂烩。雅斯贝尔斯说,"轴心期"的文明特征是,"世界上所有三个地区的人类全都开始意识到整体的存在、自身和自身的限度","意识再次意识到自身"——这样的言辞会让人想起黑格尔的历史哲学语式,只不过滤除了其"自由精神"的启蒙式演进论。另一方面,雅斯贝尔斯对世界历史阶段

---

① 雅斯贝斯,《历史的起源与目标》,魏楚雄、俞新天译,北京:华夏出版社,1989,页9(以下简称《起源》,并随文注页码)。

的划分，又明显属于启蒙史学确立起来的演进模式。在他看来，
人类文明精神的"普遍性"和共同的"基本范畴"以"理性"的确
立为基点："希腊、印度和中国哲学家的重要见识并不是神话"。
毋宁说，"轴心时期"表明，"理性和理性地阐明的经验向神话发
起了一场斗争"（《起源》，页8－9）。至于让各大文明精神的个
体楷模平起平坐，白璧德比雅斯贝尔斯早二十多年就已经提出：

> 如果真有所谓万世不易的智慧，即人类普遍经验的核
> 心，那么，这一智慧从宗教的层面而言，在佛陀和基督那里
> 可以找到，在人文的层面则可见于孔子和亚里士多德。这
> 些大师无论从自身而言，还是就其影响而言，都可看做是人
> 类精神史上四大杰出人物。（《民主与领袖》，页123）①

"轴心文明论"否弃了莱布尼茨和黑格尔凭靠"第一哲学"
对中国古代哲学的轻蔑，基督教式的"神的意旨"也好、"天意的
计划"也罢，也不再具有普世的支配力量，中国智识人自然会心
满意足地接受。直到今天，"轴心文明"仍然是我们的"口头
禅"，似乎我们可以靠在这种打通"人类普遍经验"的文明论上
高枕无忧，否则我们不会迄今都没有重视这样一件事情：西方思
想界当时就有人给予雅斯贝尔斯的"轴心文明论"以致命打击。
1956至1957年间，沃格林接连发表了《秩序与历史》的前三卷，

---

①　比较雅斯贝尔斯，《苏格拉底、佛陀、孔子和耶稣》，李瑜青，胡学东译，合肥：安徽文艺出版社，1991。雅斯贝尔斯提到，他的"轴心文明论"的核心观点来自19世纪的德意志古典学家拉骚尔克斯（Ernst von Lasaulx）在1856年出版的《历史哲学新探》。此书全名为《一种古老的、基于事实的真理建立起来的历史哲学新探》（*Neuer Versuch einer alten, auf die Wahrheit der Tatsachen gegründeten Philosophie der Geschichte*, München）。

力图重新刷新历史哲学的高度。相比之下,雅斯贝尔斯的《历史的起源和目的》只能算是糟蹋了"历史哲学"之名。

《秩序与历史》第二卷《城邦的世界》的导言题为"人与历史",这篇"导言"是整个多卷本《秩序与历史》的"导言",而非仅是卷二《城邦的世界》的"导言"。沃格林在这里表达了自己的思想抱负:从哲学上挽救历史哲学的"没落"。① 受韦伯和斯宾格勒影响,沃格林年轻时就意识到,人类各大文明的历史比较乃是当今时代最为重要的哲学课题。问题在于,文明的历史比较何以才会是一个真正的哲学课题。② 沃格林很清楚,早在 18世纪,西方哲人就已经面临"文明的数目"不断增加所引发的历史问题。然而,在两百年后的今天,无论"文明的数目"又增加了多少,文明的历史比较只有在如下意义上才是哲学问题:

> 如果在这些文明中没有一个文明能够通过对代表性的人性意识,也就是通过自身历史形成的生存,而被认为是正在建构中的人类,那么,人类与人类历史的问题都将一起烟消云散。(《城邦的世界》,页 84)

这段说法明显针对"轴心文明论"。沃格林的意思是,历史哲学不能仅仅陈列人类历史上曾有过或迄今仍然存活的文明意识,而是必须分辨哪个文明意识更高、更有思想深度,从而更能代表人类的"人性意识"。所谓"人性意识"指对"存在真理"的理解,沃格林用"人性意识"来指称"文明",意在表明一种文明

---

① 沃格林,《城邦的世界》,陈周旺译,南京:译林出版社,2009,页 69-92(以下随文注页码)。

② 沃格林,《自传性反思》,徐志跃译,北京:华夏出版社,2009,页 13-15,65-66。

必然包含着对"存在真理"的理解。由于这种理解无不出自某个文明自身特殊的历史生存形式,因此,每一种文明对"存在真理"的理解都是特殊的理解,或者说特殊的"人性意识"——用斯宾格勒的说法,就是所谓"历史的人性"。如果文明的历史比较满足于罗列、对比各大文明对"存在真理"的特殊理解,致力于寻找它们之间的异或同、描述它们在历史上的相遇或交融,那么,这种比较研究就还算不上哲学。如果哲学天生追求具有普遍性的"真理",或者说寻求至高的"存在理解",那么,从根本上讲,历史哲学应是各大文明对"存在真理"的特殊理解的高下之争。这意味着,历史的文明比较必须在理智思辨的层面上判定,何种文明的特殊"人性意识"具有"代表性",才称得上是真正的历史哲学。

　　因此,在沃格林眼里,自斯宾格勒以来,文明的历史比较研究的"理论状况相当混乱"(《城邦的世界》,页82)。其实,白璧德已经对有人拿柏格森与佛陀做比较并"认为两者都是生成哲学家"的说法深感"震惊",而非仅仅是感到滑稽(《民主与领袖》,页127)。但白璧德自己也没有意识到,他致力于打通"人类的普遍经验",与这类文明比较不过是五十步笑百步。对沃格林来说,诸如此类的比较研究仅仅表明,哲学思考成了可笑的无聊行为:汤因比的《历史研究》让世界文明中的"四种'高级宗教'平起平坐",无异于认可"作为类的人无法根据精神上的东西来分辨真理";雅斯贝尔斯的"轴心文明论"以为可以通过"发现共同人性"来解决"存在真理"的多样性和对应性问题,以此消弭人类各文明传统在理念上的冲突,不过是让"历史哲学问题"彻底消失(《城邦的世界》,页90-91)。

　　与舍勒的现象学直观所看到的一样,沃格林认为,古代近东诸帝国和远东中华帝国的"存在理解"是宇宙论式的大"道",即便印度的"非宇宙论式的悟",也是一种基于宇宙秩序的"存在理解"。与此不同,基督教的"存在理解"突破了这种"宇宙同一感"。但与舍勒的现象学直观所得出的结论相反,沃格林相信,由于把人类的生存理解为"在上帝之下的当下生存",西方人的"人性意识"是人类精神最为超拔的"跃入存在"(Leap in Being)。这种"人性意识"使得人类的生存不再凭靠宇宙的自然秩序,而是成了"历史之中的存在"。因此,唯有西方人的"人性意识"才会产生出"历史意识",这种意识说到底乃是人的生存"对上帝启示的[直接]应答"。沃格林毫不含糊地宣称:历史哲学纯粹是西方精神的产物,"不存在什么非西方的历史哲学"(《城邦的世界》,页91)。因为,东方人的哲学根本不可能产生历史哲学式的问题。

"轴心文明时期"的各大文明的确都有过"存在理解"上的智识"飞跃",问题在于,这些特殊的"存在理解"绝非没有智识上的高下之分。显然,要分辨各大文明的"人性意识"在智识上的高下,需要对精神意识本身展开哲学分析。就此而言,历史哲学实质上是一种关于历史的人性意识的精神哲学。沃格林敏锐地看到,黑格尔式的历史哲学本质上是思辨性的意识哲学,而在斯宾格勒-汤因比-雅斯贝尔斯那里,历史哲学已经丧失了哲学应该且必须有的理智思辨性质。① 无可否认,黑格尔的历史哲学带有18世纪启蒙式历史哲学难以避免的一些思想局限,比如演进式的普遍历史观或欧洲中心论之类。但是,无论黑格尔的

① 斯宾格勒-汤因比之后的世界历史研究取向证实了沃格林的观察,参见 Jerry H. Bentley, *Shapes of World History in Twentieth Century Scholarship. Essays on Global and Comparative History Series*, New York, 1996。

历史哲学有什么"严重缺陷",他关于"存在真理"的思辨远比20世纪的历史哲学家们高明和精深,因为他对"智性和精神秩序"的历史问题给予了首要的关注,并作出了富有思辨深度的解释(《城邦的世界》,页85,87)。

因此,沃格林认为自己的哲学使命是,让文明的历史比较重新成为历史的意识哲学。这并不意味着重新回到黑格尔式的"自由精神"的历史哲学,因为,黑格尔历史哲学最大的"严重缺陷"在于,历史的精神意识与历史的存在经验严重脱节。换言之,由于黑格尔没有把对历史的精神意识的思辨与历史的存在经验很好地结合在一起,他没有真正展开各大文明的"存在理解"在智识上的高下之辨。比如说,以色列人的"存在理解"非常独特,乃因为以色列人的存在经验非常独特。以色列人的早期历史表明,他们既不像近东诸帝国和远东的华夏帝国那样,有可以依托的帝国秩序,也不像希腊人那样,有可以凭靠的"文化身份"。不理解以色列人的流亡经历,就无法理解以色列人的"存在理解"为何会被迫突破宇宙论秩序,让自己的民族生存与独一的上帝维系在一起。反过来说,以色列人的"人性意识"挣脱宇宙论秩序,从自然的宇宙意识转变为历史意识,不过是以色列人的特殊历史体验的一个意外结果。① 出于这一哲学的理由,沃格林在《秩序与历史》的第一卷《以色列与启示》中首先描述"古代近东的宇宙论秩序"(约120页),随后便用三倍多篇幅来描述"以色列的历史秩序"及其"符号"的历史轨迹,以此展示"历史意识"如何突破并优于"宇宙意识"。②

---

① 详参沃格林,《史源论》,沃格林,《记忆》,前揭,页139-140。
② 沃格林,《以色列与启示》,霍伟岸、叶颖译,南京:译林出版社,2009(以下随注文注页码)。

我们难免会问,理智思辨难道不是希腊人而非以色列人的"人性意识"的代表性表征吗? 希腊人的"存在理解"难道不是宇宙论式的吗? 沃格林回答说:没错! 但是,从公元二至三世纪之交时克莱门(约公元150-215)的《杂编》(*Strōmateis*),到公元四至五世纪之交时奥古斯丁(公元354-430)的《上帝之城》以及奥罗修斯(Orosius,公元375-418)的《针对异教徒的史记七书》(*Historiarum adversus paganos libri septem*),基督教的教会之父们不仅致力于从基督教的"天下"视野把此前各种文明的史述统合起来,而且致力于打造一种"基督教综合",把希腊人的宇宙论式"存在理解"融入以色列人的历史式"存在理解"。①

对沃格林来说,从意识哲学层面来讲,"基督教综合"的"存在理解"的精神层次最高,从而能够成为而且事实上曾经是人类普遍化的"存在理解"。只有在可以普遍化的"存在理解"基础上,人类才能够建立起可以普遍化的政治秩序的科学。以色列人和希腊人的"存在理解"——当然也包括我们中国人的"存在理解"——都不可能真正普遍化,从而也都不可能成为一种可以普遍化的政治科学的基础。1940年代初,沃格林开始着手世界文明的历史比较研究,他在写给施特劳斯的信中说:

> 纯粹从希腊的立场出发,具有普遍性的政治科学根本不可能。基督教与历史意识似乎是在朝着人之形象的普遍化这个方向前进,而不是偏离这个方向。在我看来,这正是基督教人学比希腊人学优越的关键理由。以为希腊的人的

---

① 参见沃格林,《希腊化、罗马和早期基督教》,谢华育译,上海:华东师范大学出版社,2007,页263-286;亦参A. H. Merrills, *History and Geography in Late Antiquity*, Cambridge University Press, 2005,页20-34,35-99。

形象具有普遍性，其实是古典学者的误解，是文艺复兴的产物，这种误解只有在由基督教所达到的人的普遍性的氛围之中才有可能出现。①

沃格林承认，由于地缘政治的历史变动以及"基督教的历史理解"自身所带有的某些理论缺陷，自 16 世纪以来，"基督教综合"的"存在理解"遭遇到日益严重的危机。克莱门在公元二世纪末试图通过年代高远来证明，犹太-基督教的"存在理解"在精神层面上高于其他文明的"存在理解"，18 世纪初的维科还在坚守这种证明方式。然而，随着实证的自然知识和历史知识的迅速扩展，这种证明方式终于站不住脚。凭靠新自然科学知识来重新建构普遍历史，伏尔泰轻而易举就"颠覆了奥古斯丁的神圣历史"，并用"理性的进步灵知"取而代之。不过，在沃格林看来，"伏尔泰的攻击解决不了任何问题"，至多是把"基督教的历史理解"的理论缺陷暴露出来。问题在于："基督教综合"的"存在理解"一旦彻底瓦解，整个人类就会丧失代表性的"人性意识"。因此，唯有挽救作为"西方符号"的历史哲学，才能挽救人类的"存在理解"所面临的危机（《城邦的世界》，页 82-84）。黑格尔了不起的地方就在于：生活在后启蒙时代的他已经看到这一危险，并致力于打造一种历史的精神哲学来更新"基督教综合"。

----

①　恩伯莱/寇普编，《信仰与政治哲学：施特劳斯与沃格林通信集》，谢华育、张新樟译，上海：华东师范大学出版社，2007，页 10-11，亦参页 6 注释 1（以下简称《通信集》，并随文注页码）。凡有改动依据 Peter Emberley/Barry Cooper, *Faith and Political Philosophy*: *The Correspondence Between Leo Strauss and Eric Voegelin*, 1934 - 1964, The Pennsylvania State University Press, 1993。

显然,沃格林自觉地致力于挽救已遭覆亡的维科和黑格尔历史哲学,要让其中的基督教的历史理解重获新生。在沃格林的历史哲学中,"人性意识"或对"存在真理"的理解也好,普遍历史的结构也罢,最终都与基督教的"神意"有垂直关系(《以色列与启示》,页19-20)。应该注意到,沃格林这样做并非出于基督教信仰。沃格林是哲学家,不是神学家,是他的意识哲学思辨让他相信,基督教的历史化"存在理解"出现之后,柏拉图-亚里士多德式的自然秩序观就被超越了。

沃格林没有意识到,尼采绝不会同意他的观点,反倒会认为他不过是黑格尔的小学生。在尼采看来,回到古希腊的"永恒复返"的自然宇宙观,彻底勾销基督教的历史化"存在理解",才能克服西方自18世纪以来所面临的"文明危机"。沃格林没有认真看待尼采对历史哲学的挑战,相反,施特劳斯认真看待尼采,他在写给沃格林的回信中说:自己绝不会同意,"柏拉图-亚里士多德的科学观经由基督教和历史的发现而寿终正寝了"。如果沃格林认为,基督教的存在理解已经让"柏拉图和亚里士多德的哲学在根本上不充分",那么,他不过是在重复"笛卡尔及其所有后继者的论点"。施特劳斯甚至坦率地批评沃格林的哲学思考带有现代偏见,否则他不会说,柏拉图是在"尝试'创立一种新的神话'"。施特劳斯还告诉沃格林,即便"假定柏拉图-亚里士多德的政治学在意图上真是希腊的",他也绝不会同意说,这种政治学"不可以普遍化"(《通信集》,页6,12)。

由此看来,"历史意识"何以高于"自然意识",至少在哲学上悬而未决。沃格林的历史哲学认为,"历史意识"因突破自然宇宙论意识而是一种更高的"存在理解",未必站得住脚。

施特劳斯与沃格林之间最为表层的分歧在于对古今之别的

理解。虽然沃格林承认,现代性信念实际上是中世纪后期的基督教灵知小派使得西方中世纪秩序解体的结果,但他也把关于实现完美社会的现代性信念溯源到古代以色列的启示体验(《以色列与启示》,页 22-24)。这样一来,沃格林就模糊了古今之别的根本差异。因此,他在思考世界历史哲学问题时的出发点是:

> 在人类历史上,连续而对应的存在的飞跃问题,曾经有两次变得十分尖锐:第一次是在古代,以色列和希腊各有其历史和哲学形式的本土历史,后来这两种对应的形式被一起纳入基督教之中;第二次是在现代,历史地平线的扩大,将对应的远东历史也囊括进来。(《城邦的世界》,页 76)

在施特劳斯看来,这表明沃格林并没有充分认识到古今之别的重要性。针对沃格林所提出的西方思想嬗变的关键线索,施特劳斯在给沃格林的信中说:

> 即便存在从约阿希姆到黑格尔的线索,也不会引起完全"此世"的哲学转向,即从永恒转向一个此世的过程,毋宁说,这种转向是在哲学中发生的转向。(《通信集》,页 107)

施特劳斯的意思是,沃格林并没有充分理解柏拉图-亚里士多德的古典哲学,尤其是"没有充分地认可关于最好的政治秩序或社会秩序的古典观念"(《通信集》,页 145)。显然,在两人的这一分歧背后,更为根本的分歧在于对理性与启示或哲学与信仰的关系的理解。在施特劳斯看来,与海德格尔哲学一样,沃格林的哲学理解渗入了基督教信仰要素,以至于他不相信"在柏拉图的意义上,哲学是可能的和必然的"(《通信集》,页110-129)。一旦我们理解了这一根本分歧,也就能够理解两者的如下分歧:沃格林关切历史哲学的危机,施特劳斯关切哲学本身的危机。施特劳斯与沃格林在理解胡塞尔的哲学意图上的分歧,充分证明了这一点——1943年初,施特劳斯在给沃格林的信中就说过:"毕竟,在现代始终存在着一场对抗现代思想的运动";值得警惕的是,"这场对抗运动""一直把注意力集中在自己身上",但"胡塞尔是唯一真正寻找一个新开端的人,彻底而全新;那篇论现代科学中的危机的论文,是最明显的路标——它去指向开端"(《通信集》,页15)。施特劳斯在信中还说:

> 胡塞尔以无与伦比的清晰思路认识到,复兴哲学或科学——因为他否认今天被我们认为是科学而不予审视的学问是真正的科学——首先要恢复柏拉图-亚里士多德那样的探究层面。(《通信集》,页22)①

沃格林始终没有明白:无论以何种方式挽救历史哲学,这种思想的挽救行动本身,都不可能不是某种形式的历史主义,或者说,凭靠挽救历史哲学的危机来挽救哲学本身的危机,只会加重哲学的危机本身。在1953年写给沃格林的信中,施特劳斯说,"尤其令我高兴的是,我看到您更为彻底地切断了与历史主义的关系"(《通信集》,页140)。《秩序与历史》前三卷出版之后,

---

① 详参沃格林写给许茨的评胡塞尔的长信,以及施特劳斯的简要回复(见《通信集》,页25-46)。

沃格林的历史意识哲学陷入僵局,第四卷《天下时代》在18年之后的1974年才出版,原计划六卷变成五卷,最后一卷名为《寻求意义》,而且是作为遗著出版的——这也许是他"彻底地切断了与历史主义的关系"的结果。

2　什么是"西方的历史形式"

虽然沃格林强调历史哲学本质上是思辨性的"意识哲学",他的历史哲学也的确颇具精深的思辨性质,但由于他同时强调意识哲学的思辨必须与生存性的历史经验联系在一起,沃格林对黑格尔历史哲学的改造无异于推进了形而上学之思的历史化。对于我们来说,无论沃格林的历史意识哲学有怎样的缺陷,他提出的各大文明的"存在理解"的高下之争,毕竟是个哲学问题,难免会对中国哲学提出尖锐的哲学挑战。

沃格林的历史哲学眼光看到,自18世纪以来,世界历史的基本趋势是:西方的"存在理解"传入有古老文明传统的亚洲,在"走投无路挣扎求生存"的煎逼下,亚洲民族不得不接受西方思维——"中国和印度正在努力对本质上属于宇宙论的秩序进行必要的调整"。[①] 因此,沃格林感到费解:斯宾格勒-汤因比-雅斯贝尔斯的历史哲学为何会看不到世界历史的这一明显趋势,遗忘了由希腊的理智哲学和以色列的启示体验综合而成的特殊真理具有普遍性。他们的历史哲学无不是在使得西方的"存在理解"不再代表人类文明在智识上的最高成就,从而无异于在促成"西方的历史形式的毁灭"。沃格林甚至针对雅斯贝

---

① 沃格林,《城邦的世界》,前揭,页91-92;《以色列与启示》,前揭,页23-24。

尔斯的"轴心文明论"不客气地说：尊重各大文明的"存在真理"
是一回事，"堕落为一种宽容，无视在追求真理和眼界方面存在
档次差异"是另一回事（《城邦的世界》，页91）。

要严肃对待沃格林的思想挑战，必须首先清楚认识沃格林
所说的"西方的历史形式"究竟是怎么回事。显然，所谓"西方
的历史形式"指西欧人的历史，即公元四至五世纪入侵西罗马
帝国的日耳曼蛮族经过近千年教化后自15世纪以来崛起迄今
的历史，并不包括古代以色列人或希腊人或罗马人的历史，而是
现代［西方人］晚近500年的历史。然而，我们还得进一步问：
究竟什么是"西方的历史形式"的性质？

我们应该想起斯宾格勒所使用的"西方"概念。在《西方的
没落》的"导言"中，斯宾格勒特别强调了"古代文化"（die antike
Kultur）与"西方文化"的区分：所谓"西方"指日耳曼族的生活世
界，从地缘上讲即通常所谓的西欧和中欧。在我们眼里，斯宾格
勒的这一区分首先突出的是"古代"与"现代"之别，因为"西方
世界"与"古代世界"相对。如果说荷马诗篇标志着"古代文化"
的精神历史的开端，那么，在斯宾格勒看来，但丁的《新生》就堪
称"西方的精神历史的开端"（am Anfang der abendländischen Gei-
stesgeschichte，《没落》，页13）。可是，在斯宾格勒笔下，这种区
分首先突出的其实是哲学意义上的自然意识与历史意识的
区分：

　　　　有的人一直认为，自己的生命是一个绵延千万年的宽
　　广得多的生命历程的一个要素，有的人却感知到自己的生
　　命根基在于生命本身，并且他的生命是某种封闭自足的东
　　西（etwas Abgeschlossenes），这［两种意识］之间有天壤之

别。对于后一种醒觉状态（Wachsein）来说，当然没有世界历史，也没有作为历史的世界（Welt als Geschichte）。然而，如果整个民族的自我意识、整个文化（eine *ganze Kultur*）都建立在这种非历史的精神之上（auf diesem ahistorischen Geiste）的话，将会是怎样的情形？在这样的民族和文化眼中，现实必将呈现出何种模样？世界[会是什么模样]？生命[会是什么模样]？（《没落》，页7）。

"古代文化"的基本特征是没有"历史意识"，或者说缺乏"历史的世界感觉"（ein historisches Weltgefühl）：所有"古人"（der antike Mensch）的世界感觉无一例外"完全是非历史的"（gänzlich unhistorisch）。我们中国人会认为自己非常看重"历史"，斯宾格勒却说，"在中国，谁出门旅行都会寻找'古迹'"，"这种深挚的历史情感"其实从属于"不可传译的'道'这一中国人的生存的基本概念"（《没落》，页13）。的确，"道"不仅不可传译，而且也永恒不变："道"本身没有历史。我们自古以来听说的是"道法自然"，从未听说"道法历史"。因此，斯宾格勒有理由说：

> 由于我们的历史感，我们西欧文化的人是一个例外，而非一个通则："世界历史"是我们的世界图像，而非"人类的"世界图像。对于印度人和古代的人来说，并没有一种生成着的世界的图像。也许，当西方的文明一朝灭亡，将再也不会有一种文化和一种人的类型能让"世界历史"成为如此强有力的醒觉状态的形式。（《没落》，页14）

这段言辞强调"我们西欧文化的人"（Wir Menschen der westeuropäischen Kultur）让我们看到，尽管斯宾格勒的历史哲学没有"欧洲中心论"意识，却不能说他没有欧洲文明的特殊性意识——毋宁说，对他来讲，这种特殊意识就是普遍意识。沃格林对斯宾格勒的批评与其说冤枉了斯宾格勒，不如说掩盖了斯宾格勒对他的影响。《西方的没落》绝非是在为西欧文明唱挽歌，而是要让"欧洲诸民族"尤其德意志民族保持"醒觉状态"，承担起"西方人"的"世界历史"命运。就此而言，斯宾格勒与黑格尔的历史哲学的关系，并非像他自己所说的那样一刀两断了。

作为自古相信"道法自然"的中国人，我们应该感到好奇："道法历史"的西欧人的世界感觉究竟是怎样的一种生成性的生存感觉？用斯宾格勒的问法：何谓"世界历史"或"作为历史的世界"？尤其重要的是：这种作为历史的生存感觉究竟是怎么生成的？搞清这些问题对我们来说非常重要，否则我们没法面对西方的历史哲学，尤其是没法透彻理解海德格尔的诗化哲学。

按照相当普泛的理解，西方人［即欧洲人］自 15 世纪以来崛起的历史，其生成性的动力因素是科学技术、商业贸易和自由民主。情形真的是这样吗？笔者不禁再次想起莱布尼茨对中国文明的评价——在说过中国人的理智思辨不如欧洲人之后，他紧接着还说：

> 在战争艺术方面，他们也低于我们的水平，然而这并非完全出于无知，而是他们蔑视人类中一切产生或导致侵略的行径，更厌恶战争本身——在这一点上，他们几乎是在仿效被不少人误解了的、深知过于夸张了的极度的崇高教诲。假如只有他们自己在地球上生存的话，这确实是一种明智的态

度。然而,我们今日面对的现实却是就连那些安分守己的好人也必须掌握损害它们的手段,从而使邪恶的力量不会损害自己。在这些方面,我们超过他们。(《中国近事》,页2)

　　莱布尼茨这段话的要义是:欧洲人不可能"厌恶战争本身"——甚至欧洲人所信奉的"极度的崇高教诲"即基督教的教诲也不会"厌恶战争本身"。因为,欧洲人"面对的现实"是,"在地球上生存的"并非仅有本族人。按照莱布尼茨的生存经验,他在这里所说的战争并非指土耳其人不断进犯基督教欧洲的东南边界,而是指基督教欧洲各族人之间表面上因宗教分歧实际上因地缘争夺而起的战争。① 莱布尼茨当然清楚,自16世纪以来,欧洲的人文主义者已经在津津乐道"必须先发制人实施打击,以畏惧而不是正义为基础发动战争"。② 由此看来,西欧人的世界感觉是有共同文明血缘的族类之间的战争,这种作为历史的生存感觉来自欧洲人自己所经历的战争体验。

　　1824年,为了明确界定作为"一个[政治]单位(eine Einheit)"的"欧洲",不到30岁的青年兰克出版了他的处女作《从1494至1514年的罗曼和日耳曼诸民族史》。在兰克看来,"普遍的基督教"概念也好,地理意义上的"欧洲"概念乃至"拉丁基督教"这样的概念也罢,都不能用来界定"欧洲"。要界定"欧洲"固然首先必须凭靠民族血统及其语言,但更重要的是凭靠"历史"。兰克在"导言"中明确说,该书"主要以叙述对外功业的方式表明,这些[欧洲诸]民族(Völker)如何在一个单位和相同方式的运动

---

① 参见赖利编,《莱布尼茨政治著作选》,前揭,页154-184。
② 参见塔利,《战争与和平的权利:从格劳秀斯到康德的政治思想与国际秩序》,韩潮译,南京:译林出版社,2009,第一章。

中发展"。兰克让我们看到的是怎样的"历史"呢?他敏锐地抓住一个具有历史意义的"时刻",以仅仅二十年间的"欧洲"历史事件为焦点向我们展示出:当时的意大利如何分裂,法国和西班牙如何入侵意大利,城市国家如何丧失自由,宗教迫害如何导致殖民美洲新大陆,西班牙如何在意大利、德意志和尼德兰取得宗主统治,以及欧洲反教宗的情绪如何为随后的宗教分裂铺平道路等等等等。兰克同时告诉我们,"这些以及其他历史事件",不应仅仅被"看成罗曼和日耳曼民族国家作为一个单位的相关历史事件",而应视为"现代历史的开端"乃至"世界历史"的开端。①言下之意,欧洲人与已经年逾千载的古代文明的根本差异在于欧洲族类的分裂、争分和厮杀,从而他们的历史经历是现代的历史,而现代的历史才是真正的世界历史。从兰克晚年写作的多卷本《世界史》中我们看到,卷十三的标题是"世界历史",题下有这样一个副标题:"向现代世界过渡的诸时代:14-15世纪"(Zeiten des Übergangs zur modernen Welt)。

兰克让我们看到:"现代历史"或"世界历史"的开端是战争。自14-15世纪以来,欧洲经历的连绵不断的战争不仅有王国内部的内战、王国之间的战争,还有为争夺海外殖民地而发起的战争。换言之,欧洲人在自己的生存中所感受到的那种似乎没有尽头的战争状态,对"道法自然"的中国人来讲非常陌生。

我们知道,马基雅维利的《君主论》(1513)以"现代"的欧洲混战为背景,但沃格林提醒我们:文艺复兴时期即"西方的历史

---

① 兰克,《世界历史的秘密》,Rogers Wines 编,易兰译,上海:复旦大学出版社,2012,页77-79,译文据德文版(Leipzig,1874)有改动。中译本《拉丁与日耳曼民族史:1494-1514》(付欣等译,桂林:广西师范大学出版社,2015)据19世纪的英译本迻译,未见这段导言文字。

形式"形成初期,人文主义者布拉乔利尼(Poggio Bracciolini,1380-1459)的世界感觉"明显对马基雅维利本人关于'君王'的看法发生了某种影响"。布拉乔利尼的世界感觉是怎样的呢?由于布拉乔利尼的整个一生都在目睹土耳其人向欧洲步步进逼,并在去世前6年(1453)看到土耳其人攻陷君士坦丁堡,他感到西欧人所面临的覆亡威胁远远超过古代的希腊人和罗马人。① 西班牙的维多利亚(Francisco de Vitoria,1483-1546)与马基雅维利是同时代人,他的《论西班牙对野蛮人的合法战争》(*De iure belli Hispanorum in barbaros*,1532)为西班牙王国占取美洲提供合法性论证,使他在欧洲文史上得了现代国际法之父乃至所谓"全球政治哲学"之父的美名。但沃格林告诉我们,维多利亚为殖民战争提供法学论证的意图,其实来自欧洲诸王权国家之间争夺欧洲地缘政治优势的较量。②在欧洲人眼里,非西方人发动战争是野蛮行为,西方人发动战争是文明行为。沃格林注意到,"西方的历史形式"形成初期,人文主义者莫尔(1478-1535)在其著名的休闲作品《乌托邦》中首次提出了"文明化战争"(civilizing war)概念,其含义是"对文明程度落后的民族发动防御性战争"具有"合理性"。③ 由此来看,后来德意志启蒙哲人康德和黑格尔把文明战争视为历史进步的脚印,没有什么不好理解。

---

① 参见沃格林,《文艺复兴与宗教改革》,孔新峰译,上海:华东师范大学出版社,2016,页42-48。

② 参见沃格林,《宗教与现代性的兴起》,霍伟岸译,上海:华东师范大学出版社,2009,页127-156。亦参 Jeremy Lawrance / Anthony Pagden 编,*Vitoria: Political Writings*, Cambridge University Press, 1991; Johannes Thumfart, *Die Begründung der globalpolitischen Philosophie. Zu Francisco de Vitorias "relectio de indis recenter inventis" von* 1539, Berlin, 2009。

③ 参见沃格林,《宗教与现代性的兴起》,前揭,页149-152。

无论如何,欧洲人的战争体验主要是欧洲族类自己的内部厮杀,从而其生成的历史形式是族类之间的战争。因此,莱布尼茨才说,欧洲人乃至他们所信奉的"极度的崇高教诲"不会"厌恶战争本身"。兰克说,欧洲诸民族"在一个单位和相同方式的运动中(in Einheit und gleichartiger Bewegung)发展",其含义是:欧洲人本为一家(一个单位),却相互厮杀("以相同方式"),始终不能形成一个统一、和睦的"政治单位"。这就是欧洲人的"世界"感觉,或者更应该说在世感觉,因为,所谓的"世界"这个语词的含义,不仅意指当时的地理视野中的"全世界",也意指欧洲人生活在此世的感觉。

1684,普芬多夫(1632-1694)的《当今在欧洲处于领头地位的诸王国和公国的历史导论》一书在神圣罗马帝国议会所在地法兰克福出版,随即成为流行整个欧洲的历史教科书。该书被译成法文时,书名中的"欧洲"被译作 univers[世界],这表明至少对当时的法国知识人来说,"欧洲"等于"世界","世界"等于"欧洲"。① 这个书名向我们揭示的更为重要的含义是:欧洲诸王国之间的战争为的是争夺"领头地位"。当时的法国正在获取这样的地位,因此,法国知识人把"欧洲"译作"世界"。后来的斯宾格勒说,"'世界历史'是我们的世界图像"——这里的"我们"既指"我们西欧文化的人",也指普鲁士-德国人,其含义

---

① Samuel Pufendorf, *Einleitung zu Historie der vornehmsten Reiche und Staaten so itziger Zeit in Europa sich befinden*, Frankfurt am Main, 1684;法译本见 Samuel Pufendorf, *Introduction à l'histoire moderne, générale et politique de l'univers*, Paris, 1753-1759(法国国家图书馆影印版,2012)。普芬多夫的这部史书在整个欧洲的翻译和出版情况,参见 Samuel Pufendorf, *An Introduction to the History of the Principal Kingdoms and States of Europe*(Jodocus Crull 英译, London, 1695), Michael J. Seidler 编辑并导论, Indianapolis, 2013,页603-613。

是:德意志帝国理应在世界上取得"领头地位"。

　　欧洲历史从未脱离战争状态,欧洲思想大家的思考也从未脱离战争状态。甚至白璧德也知道:

> 　　理性主义的和情感的道德都是在18世纪对传统二元论取得决定性胜利的。同时,我们不要忘记,这与世俗化进程的最后几个阶段也不无关系。这一进程在政治方面的反映是,欧洲曾经在理论上、以及某种程度的实践上统一在罗马的神权政治之下,而世俗化进程之后的欧洲则进入了新的阶段,成为了一个由各大领土国家构成的、彼此关系受到国际法制约的欧洲。正如格劳秀斯所设想的那样,国际法主要建立在自然主义的基础上。他的著作出版几年之后,便出现了《威斯特伐利亚和约》,人们由此认识并接受了新的欧洲。(《民主与领袖》,页40)

　　白璧德的说法不周全的地方在于:无论格劳秀斯所设想的国际法还是《威斯特伐利亚和约》,都没有让欧洲从此免除战争,或者说,欧洲各大领土国家的彼此关系从未真正受到国际法制约。1946年德国战败之后,施米特被软禁接受盟军调查,他在"囹圄"中写下自己作为欧洲公法学家的历史感悟:自16世纪的欧洲宗教战争以来,欧洲公法学家的命都不好,对他们来说,"世界历史并非幸福的土壤"。施米特禁不住感叹:"在世界历史的悲剧中",欧洲公法学本身和公法学家都变得一钱不值。

> 　　欧洲公法在16和17世纪产生于可怕的欧洲内战,这是其开端和起点。它开端时的情况与我们当今的情况有亲缘关系,这是一种超过历史性比照物、超过模拟的精神的亲

缘关系,是某种有别于斯宾格勒所谓的同源性的东西。[①]

　　在施米特眼里,20世纪的欧洲战争实质上与16-17世纪没有什么两样,尽管战争的宗教理由有了根本性变化,成了意识形态化的战争。随着技术化程度越来越高,欧洲式的战争也越来越技术化地残酷,并已经扩展到欧洲之外的全球范围,凡此都没有改变欧洲人的宗教战争给人类历史烙下的生存火印。[②] 一旦把"欧洲"视为"世界",那么,这种欧洲人的历史生成形式或在世感觉也就成了"世界历史"的生成形式或在世感觉。欧洲领土性国家之间的国际法的确主要建立在自然主义的基础上,但如果这个"自然主义"的"自然"被理解为历史性的生成,那么,国际法便等于法无定法,一切都取决于领土性国家的实力较量,意识形态不过是实力身上的外衣。

　　现在我们能够切实体会到,斯宾格勒所说的"世界历史"即"生成着的世界的图像"(Bild der werdenden Welt)是什么意思。对欧洲的思想家来说,世界的"生成"(das Werden)绝非仅仅意味着族类生命的兴衰,因为,"生成着的世界"的外在历史形式是战争,其内在的历史体验是争夺支配"世界"的领导权。普芬多夫的"欧洲历史导论"成书于17世纪80年代,如今看来,其书名的确具有预见性:西方各领头王国争夺世界的领头地位,乃是"现代历史"或"世界历史"的根本动力。[③]

---

　　① 参见施米特,《合法性与正当性》,刘小枫编,冯克利等译,上海:上海人民出版社,页228-234。
　　② 参见施米特,《大地的法》,前揭,页55-114。
　　③ 参见西姆斯,《欧洲:1453年以来的争霸之途》,前揭,第1至5章;蒂利,《强制、资本和欧洲国家》,魏洪钟译,上海:上海人民出版社,2012,页81-115。

　　如果这就是沃格林所说的"西方的历史形式",如果这就是传入有古老文明传统的亚洲的所谓西方的"存在理解",那么,后来的"世界历史"便意味着,欧洲人要把世界上所有民族拖入其"历史形式",强制他们经历西方的历史形式,并用西方的"存在理解"来取代自己古传的"存在理解"。斯宾格勒的《西方的没落》的写作伴随着 20 世纪的第一次"世界"大战,从地缘上讲,这里的"世界"含义仍然指的是欧洲。① 在 1933 年初出版的《决断的岁月》(*Jahre der Entscheidung*)中他说:

　　　　世界大战不过是那片宿命的乌云在本世纪里响起的第一声霹雳。今天,就像罗马帝国建立之时那样,世界格局正发生根本性的改变,这种变化丝毫不顾及"大多数人"的要求和意愿,或者说丝毫不顾及每次这样的抉择所需要的受害者数量。②

　　其实,并不需要等到 20 世纪的第一次欧战爆发,在此之前,世界格局已经发生了根本性改变:远东的日本民族率先积极模仿西方人的"历史形式",把西方人的"存在理解"复制到东亚。后来,印度人也学会了马基雅维利所推崇的政治"德性":英国的印度总督虽然划定了"麦克马洪线",但从未派兵落实,因为

---

　　① 即便沃格林自己的研究计划的转变也与战争相关:第二次欧洲大战开始后,沃格林动笔写作《政治观念史》,欧洲战场大局已定的 1945 年——沃格林清楚记得是美国用原子弹轰炸日本之前两个月,他从"政治观念史"的研究构想转向了"体验历史以及符号化"的研究构想。参见韦伯,《沃格林:历史哲学家》,成庆译,长春:吉林出版集团,2011,页 4 注 7。

　　② 斯宾格勒,《决定时刻:德国与世界历史的演变》,郭子林等译,上海:格致出版社,2009,页 11。

中国从未承认；印度独立并建立西方式的自由民主政权后，不仅落实这一非法的国界线，甚至多次越界蚕食中国土地，最终引发中印战争。生存环境逼得你无耻且无赖地生活，你就得那样生活——这是马基雅维利的观点。如果沃格林觉得，西方人的历史生存形式逼得亚洲民族非得接受西方人的"存在理解"，那么，他的"逻辑"便与马基雅维利的"逻辑"如出一辙。

然而，正如个体有不同的心性品格，民族同样如此。文明的中国凭靠艰苦卓绝的朝鲜半岛战争的胜利而进入西方人意义上的"世界历史"之后，并没有如沃格林所说，在"走投无路挣扎求生存"的煎逼下不得不接受西方人的"存在理解"，抛弃我们的宇宙论秩序的天下观，学习西方人的"醒觉"的"历史形式"。[①] 尽管如此，无可否认，西方人的"存在理解"已经浸入中国人的"存在理解"，进而引发这种"存在理解"的危机。我们以为，海德格尔的"存在理解"会让我们解脱这一危机——实情真的会是这样吗？

我们迄今以为，"科学""商业""民主""自由"才是西方符号，现在我们应该而且必须知道，按照西方人的自我理解，战争也是西方符号："西方之所以能统治东方，并非因为科学知识本身，而是因为科学知识被系统地应用到了生产领域和毁灭领域。"[②]今天我们仍然有不少人相信，西方主导的世界民主化进

---

① 红色中国打击印度人的进犯之后，主动退回到非法的"麦克马洪线"，以至于西方智识人认为，这不是"世界历史"式的行为。1962 年，缅甸政府请求中国政府出兵夹击十多年前逃窜缅北后不断惹是生非的国民党军残部（两个军的番号实为几个团的兵力），但越境作战仅限二十公里，毛泽东严令越境作战部队必须遵守。缅甸军队无力彻底剪灭境内国民党军，最终请求解放军不受二十公里限制。解放军剪灭国民党军后立即退回国境线，其实，这条国境线是英国殖民者当年划定的，那边本来是中国土地。

② 弗格森，《世界战争与西方的衰落》(2006)，喻春兰译，广州：广东人民出版社，2014，上册，页 17（以下简称《世界战争》，随文注页码）。

程会减少世界上的战争数目,或至少使得战争更"人性化"。当代的西方史学家却告诉我们:"继 20 世纪 20 年代、60 年代和 80年代民主化浪潮之后,内战的次数、导致国家分裂的战争次数却增加了"(《世界战争》,页 31)。核威慑迄今是、而且将来仍然是各大国的护国杀手锏,所谓战争更"人性化"不过是一种意识形态说辞而已。

斯宾格勒的世界历史哲学仅仅表面上看起来是一种文化"形态学",骨子里仍然是兰克式的政治史学,甚至是一种政治哲学。① 或者说,沃格林所谓的属于西方特产的历史哲学,其实就是现代的政治哲学,斯宾格勒的历史哲学属于这一西方特产。现在我们来问这样一个问题:海德格尔的新形而上学也属于这一西方特产吗? 或者,我们心醉神迷的这种哲学与沃格林所说的"西方的历史形式"有关系吗? 如果有关系,又是怎样的关系? 这个问题涉及到深入理解海德格尔与中国的关系。

海德格尔哲学与"西方的历史形式"的关系是明摆着的。《历史的起源和目的》出版那年(1949),雅斯贝尔斯刚与海德格尔恢复通信交往不久,想必是因为扫了两眼雅斯贝尔斯的这部新作,海德格尔在回信中写下了这么一句话:

> 对德意志的灾难及其与世界历史、现代历史相互交织的争论,这将成为贯穿我们余生的事件!②

---

① 参见 John Farrenkopf, *Prophet of Decline*: *Spengler on World History and Politics*, Louisiana State University Press, 2001, 页 77 – 90, 133 – 144。

② 比默尔/萨纳尔斯编,《海德格尔与雅斯贝尔斯往复书简(1920–1963)》,李雪涛译,上海:上海人民出版社,2012,页 255。

　　这个带惊叹号的句子明显缺乏上下文,却饱含极为厚重的历史感觉。海德格尔写下这句话时,他的文集《林中路》(1950)想必已经付印。因此,这话要传达给雅斯贝尔斯的意思很可能是:对"历史的起源和目的"的形而上学思考绝不应该如此轻飘飘。海德格尔心里当然清楚:德意志民族乃至他自己所经历过的两次失败的战争,无论被贴上何种意识形态标签,说到底不过是"西方"自16世纪以来的"生成"形式的延续。《林中路》汇集了海德格尔在刚刚过去的十年期间(1936-1946)所写的六篇旧文,按时间先后排序,其中两篇直接产生于战争状态。

　　排在第二篇的《世界图像的时代》非常著名,这是海德格尔在第二次欧洲大战爆发前一年(1938)做的一次讲演。① 篇名中的"世界图像"这个语词八成与斯宾格勒的"'世界历史'是我们的世界图像"这句话有关,因为,海德格尔在1938年的讲题是《形而上学对现代世界的奠基》。现在他用"世界图像"代替"现代世界",很可能为的是凸显针对斯宾格勒的意图。

　　　倘若我们沉思现代,我们就要追问现代的世界图像。通过与中世纪的和古代的世界图像相区别,我们描绘出现代的世界图像。但是,为什么在阐释一个历史性的时代之际,我们要来追问世界图像呢? 莫非历史的每个时代都有它的图像,并且是这样,即每个时代都尽力谋求它的图像?(《林中路》,页84)

---

　　① 海德格尔,《世界图像的时代》,见《林中路》,前揭,页72-93(以下随文注页码)。

　　海德格尔会同意斯宾格勒说,"世界图像"就是"现代世界"的代名词,因为,不可能有什么"古代的世界图像",所谓"世界图像"这个表达式表征的是一种在西方的古代和中世纪"绝不可能有的"生存观念或"存在理解"。然而,海德格尔绝不会同意斯宾格勒说,这种现代人的生存观念是与古代人的自然意识相对立的历史意识。毋宁说,作为一种生存观念,"现代的世界图像"表征的是一种"主体意识",这种现代人才有的意识恰恰摧毁了西方古人原初本有的历史意识。按海德格尔的辨析,古人的历史意识与现代人的主体意识的根本差异在于:对古人来说,"世界"是"存在者整体的名称",它"不局限于宇宙","就连自然和历史""也没有穷尽了世界"——与此相反,现代人让"世界成为了图像"、让"人成为了主体",从而决定了"近乎荒谬的现代历史的基本进程"(《林中路》,页85,89)。

　　西方的古人所理解的"世界"究竟是什么,海德格尔在演讲中没有细说,仅仅说这个"世界"蕴含着某种不可言说的"大气磅礴"(das Riesenhafte)的东西。重要的是,海德格尔还说:虽然现代形而上学败坏了西方人的世界感觉,但属于"世界"的这种"大气磅礴"在现代历史中——尤其是在眼下的"历史性的时代之际"——并没有消失,只不过"以最不相同的形态和乔装显现出来","同时也在愈来愈细微的方向上呈示出来"(《林中路》,页91)。为了激发德意志民族把握住这种"大气磅礴"的东西,海德格尔在演讲结束时强调,他的新形而上学不是要人们复古,而是要把握眼下的"历史性瞬间"(der geschichtliche Augenblick)走向未来:

　　　　只要人在对时代的一味否定中游游荡荡,那么,他就绝不能去经验和思考这种拒绝让人知道的［大气磅礴的］东西。那种出于低三下四和骄傲自大的混杂而向传统的逃遁，本身不能带来什么东西，无非是对历史性瞬间视而不见和蒙昧无知而已。(《林中路》,页92)

什么是海德格尔心目中的 1938 年的"历史性瞬间",我们不得而知,但这个"瞬间"总之与德意志民族的历史命运息息相关。因为,讲演以荷尔德林的诗《致德意志人》(An die Deutschen)结尾,这再次让笔者想起马基雅维利的《君主论》结尾。我们完全有理由说,海德格尔在信中写给雅斯贝尔斯的那句话,无异于在善意地提醒久违的友人别匆忙写书,先搞清楚什么是真正的关于"历史"的哲学以及应该怎样思考德意志民族的命运与世界历史的关系再说。

3 海德格尔的诗人与世界历史

为了让德意志民族把握住自己的"历史性瞬间"走向未来,海德格尔致力勘寻现代西方形而上学的根源。因为,在海德格尔看来,"现代的世界图像"是西方现代主体主义形而上学的结果。海德格尔在演讲中告诉听众,他已经找到这个"世界图像"的形而上学祸根:"在希腊,世界不可能成为图像",但柏拉图的哲学却"是世界必然成为图像的前提条件"(《林中路》,页 86 - 87)。《林中路》所收文章显然出自精心挑选,经过精心编排:海德格尔希望让人们可以看到,他如何为西方人的世界感觉重新觅路。文集以《阿那克西曼德之箴言》一文收尾,其用意明显是要展示:通过重新翻译并解释前苏格拉底哲人,如何彻底动摇西方人普遍具有的"直到今天都没有动摇过的信念"或"标准尺度",即把柏拉图和亚里士多德"视为具有继往开来之决定性作用的希腊哲学家"(《林中路》,页329)。

我们曾简扼讨论过韩潮教授对海德格尔这篇文章的析读。从眼下的问题视域来看,这篇文章还有三个值得注意的亮点。首先,文章作于第二次欧洲大战结束后的第二年(1946),当时的德国满目战争苍夷。就在同一年,海德格尔"曾在一个极小圈子里"做过一次纪念诗人里尔克去世二十周年的演讲,题为《诗人何为?》,也收在《林中路》中。海德格尔在演讲中暗示:德国在夺取地缘空间战场虽然输给美国,但在形而上学战场,输家是谁还难说,因为"就欧洲而论,至少在尼采完成形而上学之际","美国的东西已经只是欧洲的东西的被意求的现代本质对欧洲的集中反击而已"(《林中路》,页296-297)。这样的说法让我们看到,海德格尔的形而上学与德意志民族的历史机运乃至"世界历史"的机运有着非常即时的现实关联。毕竟,正是在1946年,美国一方面开始从经济上实施"拯救德国"的计划,一方面也着手在思想上对德国人施行"再教育"。

1953年,海德格尔出版了"经充分润色"的1935年夏季学期讲课稿《形而上学导论》,其中有一段说法与这里的说法完全一样,而且说得更为清楚。在说到尼采对西方形而上学"存在"问题的批判时,海德格尔突然把这个问题与"西方历史的一种经历"乃至世界历史的巨大"变动"联系起来。[1] 对海德格尔来说,西方哲人在"存在"问题上"一团迷误",而整个欧洲在世界

---

[1] 海德格尔,《形而上学导论》,王庆节译,北京:商务印书馆,2015,页37(以下简称《形而上学》,并随文注页码)。

历史处境中同样如此:

> 这个欧罗巴还蒙在鼓里,全然不知它总是处在千钧一
> 发、岌岌可危的境地。如今,它遭遇来自俄国与美国的巨大
> 的两面夹击,就形而上的方面来看,俄国与美国两者其实是
> 相同的,即相同的发了狂一般的运作技术和相同的肆无忌
> 惮的民众组织。如果有一天技术和经济开发征服了地球上
> 最后一个角落……如果作为历史的时间已经从所有民族的
> 所有此在那里消失……,那么就像阎王高居于小鬼之上一
> 样,这个问题仍会凸现出来,即为了什么? 走向哪里? 还干
> 什么? (《形而上学》,页 38)

这话涉及到德国在战后被美苏两国瓜分和钳制的地缘政治
处境,很可能并非是海德格尔在 1935 年的课堂上讲的,而是战
后"充分润色"时加上去的。情形是否如此无关紧要,重要的是
我们应该意识到:如果业界有谁自称海德格尔的忠实信徒,同时
自己又是个爱"美国主义"者,那么,人们就有理由怀疑他对海
德格尔的忠实程度。

海德格尔接下来还说,"处在夹击之中"的欧洲民族不仅在
地缘上"拥有最多邻人",而且精神上也"最受损害",更重要的
是,"我们"欧洲民族"是个形而上的民族"。但是,要名副其实
地成为这样的民族,欧洲还必须"创造性地理解其传统",这意
味着从"我们已经确知的处境出发,赋予自身以一种机运",即
"这个民族要作为历史性的民族,将自身以及将西方历史从其
将来的历程的中心处,拽回到生发存在之伟力的源头处"(《形
而上学》,页 39)。这些说法让我们清楚看到,海德格尔的存在

论形而上学与欧洲历史有着怎样的世界历史哲学式的关联。

　　《阿那克西曼德之箴言》的第二个值得注意的亮点是:在解读阿那克西曼德之前,海德格尔首先抨击了德意志的历史哲学和"历史主义"传统——不仅指名道姓抨击斯宾格勒,也不点名地攻击了黑格尔的"历史终结"论(《林中路》,页332)。这让我们应该意识到,海德格尔返回前苏格拉底哲学的思想行动的意图,与彻底更新德意志的历史哲学有关。

　　在海德格尔看来,斯宾格勒的历史哲学不过是一种现代式的"关于历史的种种史学观念"之一,它"从对尼采哲学极为粗糙的理解出发",不断摧毁"未来"、"摧毁那种与机运之到达(Ankunft des Geschickes)的历史性关联(des geschichtlichen Bezuges)"。以斯宾格勒为例,海德格尔横扫了迄今为止的所有历史哲学。对海德格尔来说,这些历史哲学本质上不过是"史学"(die Historie)或者现代形而上学式的历史哲学:它们要么是"史学式的计算",炫耀"史学材料",要么用一堆"史学观念"来解释历史,总之是按当代所规定的"关于过去的图景来计算未来"。说到底,现代哲学的根本痼疾是主体主义,历史主义或以往的历史哲学不过是现代形而上学的变种。海德格尔有理由深为忧虑:直到今天,形形色色的"历史主义不仅没有被克服",反倒"正在进入其扩张和稳固的阶段"(《林中路》,页333-334)。后来,阿伦特写了一篇题为《历史的概念》的长文,将海德格尔对历史哲学的简扼批判做了颇为具体的发挥。①

　　海德格尔言辞激烈地抨击既有的历史哲学,不等于他拒绝

---

① 见阿伦特,《过去与未来之间》,王寅丽、张立立译,南京:译林出版社,2011,页36-85。

关于"历史"的哲学或拒绝让哲学承担起欧洲的历史机运。海德格尔明确说:关于"历史"的哲学应该"从历史的本质出发"来解释史料,"从存在自身出发"来解释"历史的本质"。从德语原文可以看到,在这里,海德格尔巧妙地让"历史的本质"(dem Wesen der Geschichte)与"存在自身"(dem Sein selbst)在语序上并联在一起(《林中路》,页333)。言下之意,"历史的本质"即是"存在自身"。接下来他就力图通过解释阿那克西曼德让我们看到,"存在"的哲学如何是一种"历史"的哲学。

第三个亮点最值得注意:在横扫所有作为"史学"的历史哲学的同时,海德格尔以抒情诗笔调展示了自己的世界历史感觉,尤其展示了"西方"与世界历史的关系——他称之为"历史性的趋近"(eine geschichtliche Nähe):

> 从根本上讲,我们处于整个地球最巨大的变化的前夜,处于地球悬挂于其中的那个历史空间(Geschichtsraum)之时代的前夜之中吗?我们正面临着那个走向另一个拂晓的黑夜之傍晚吗?为了进入地球的这个傍晚的历史土地(das Geschichtsland),我们才刚刚启程?这一傍晚的土地才刚刚兴起?这一傍晚的土地越过西方和东方,并且径直穿过欧洲属性的东西(durch das Europäische hindurch),才成为即将到来的更具开端性地馈赠的历史的处所?在一种通过我们向世界之夜的过渡才出现的意义上,我们今人已然是西方属性的吗?(《林中路》,页333)①

---

① 译文凡有改动,依据 Martin Heidegger,*Holzwege*,Frankfurt am Main,1994,不一一注明。

"我们今人(wir Heutigen)已然是西方属性的(abendländisch)吗"一问,无异于直接质疑斯宾格勒的"我们西欧文化的人"这一表达式。言下之意,欧洲人还没有真正进入"傍晚的土地"。以铺排修辞性问句的方式,海德格尔既打击了迄今为止的所有历史哲学,也充分展示了他的新形而上学是一种"历史的"(geschichtliche)哲学,其要义是:真正的"历史"与"存在自身"是一回事,而且与"机运"构成三位一体——在"馈赠的历史"这一表达式中,海德格尔精巧地利用了"馈赠"(geschickten)与"机运"(das Geschick)这两个语词在词形上的偶然相似,让人感受到一种思辨上的绝妙感和愉快感。在随后解释阿那克西曼德的过程中,海德格尔更是施展其超拔的解释本领,让"历史"与"机运"这两个有相同词干的德语词显得真的有相互归属的哲学含义。因此,全文结尾之际,海德格尔召唤德意志人"要学会思索在翻译中可能发生的事情",即"历史性语言的真正的机运性相遇(die eigentliche geschickliche Begegnung)"何以"乃是一个寂静的事件",进而思索"当前的世界机运的纷乱状况",看清世界如何因"历史进程屈服于统治地球的计算和安排"而日渐陷入"这种纷乱状态的深渊"(《林中路》,页382-383)。

关于"历史"如何存在以及与存在性的"机运"之关联的论说,不仅框住了海德格尔对阿那克西曼德的解释,而且也出现在解释过程的中段,以揭示"机运"和"历史"这两个词干相同的德语语词在何种"历史性关联"时刻交织在一起。海德格尔在这里强调,他对世界历史即"希腊、基督教、现代、全球和上述意义上的西方"的思考,乃是基于他对形而上学基本问题的思考(《林中路》,页344)。因此他说,世界历史的根本问题是:"存在以迷途(die Irre)来迷惑存在者","在此迷途中,存在者簇拥

着存在,使存在走投无路,并从而创建着迷误之领地":

> 迷误乃是历史的本质空间。在迷误中,历史性的本质
> 因素迷失于与存在相似的东西中。因此之故,那种历史性
> 地出现的东西必然被曲解。贯穿这种曲解,机运等待着它
> 的种子里生长出来的东西。机运把它所关涉的东西带入机
> 运属性(das Geschickliche)和非机运属性的可能性中。机
> 运着力于机运。人之看错自身,相应于存在之澄明的自身
> 遮蔽。(《林中路》,页345)

这段关于"历史"与"机运"之关系的论说的要义是:"历
史"曾经误入歧途,这固然是"机运",但正因为这"机运"才有了
欧洲"土地"的"傍晚"与"清晨"的历史性时间关系,这种关系
仅仅表面上看起来是古希腊与现代欧洲的年代学关系。与之对
应的是西方哲学本身曾经误入歧途——这就是从柏拉图-亚里
士多德哲学到现代主体主义哲学的形而上学历史。

> 若没有迷途,也就没有任何机运与机运的关系,也就没
> 有历史。年代学的距离和因果排列虽属于史学,却并非历
> 史。如若我们历史地在(geschichtlich sind),那么,我们既
> 不在一种与希腊的东西的大距离中,也不在一种与希腊的
> 东西的小距离中。毋宁说,我们在迷途中走向希腊的东西。
> (《林中路》,页345)

十分清楚,关于世界的"历史"与"机运"之关系的论说,有
如一根红线贯穿《阿那克西曼德之箴言》全文。因此,我们断乎

不能说,这篇文章是古典学的杰作,只能说是世界历史哲学的杰作。毕竟,它所展示的要义是:"真正的世界历史(die eigentliche Weltgeschichte)在存在的机运中"(《林中路》,页346)。

《阿那克西曼德之箴言》的结尾句是:"思必须在存在之谜上去作诗(am Rätsel des Seins dichten)。思才把思想的早先带到有待思的东西的近旁"(《林中路》,页383)。这话让我们应该想起,在解释阿那克西曼德之前,海德格尔还有过一段关于"思乃是作诗"、"存在之思乃是作诗的源初方式"的论述(《林中路》,页336)。这些言辞及其所在的文本位置提示我们,海德格尔的历史哲学的精髓实际上在他的"诗意地栖居"论之中。海德格尔告诉我们,他要致力于把前苏格拉底哲人们(不仅仅是阿那克西曼德)"以希腊语言说出来的东西翻译到我们的德语中去",而所谓"我们的德语"指德意志诗人的德语。因此,当海德格尔召唤德意志人"要学会思索在翻译中可能发生的事情"时,他的意思是说,这种"历史性语言的真正的机运性相遇"发生在德语诗人的言说之中,尤其是荷尔德林的言说中。由此可以理解,对荷尔德林诗的解释,为何伴随了海德格尔思想最为成熟的三十多年,没有任何其他德意志诗人享有这样的地位。

海德格尔把"历史性语言的真正的机运性相遇"称为"寂静的事件",是什么意思呢? 在《世界图像的时代》一文中,海德格尔淋漓尽致地展示了现代世界"图像"的种种主体主义文化形态。对于海德格尔的这一著名论断,我们往往关注的是他对现代性的批判。其实,我们应该同时注意到,海德格尔也修改了古代人的生存观念。在绝大多数西方思想家看来而非仅仅在斯宾格勒看来,古代人的生存观念是一种自然意识,现代人的生存观念是一种历史意识。海德格尔哲学的超拔出奇体现在:他把古希腊人的"存在理解"说成是一种历史意识。

为了达成这一在海德格尔自己看来史无前例的哲学意图，他首先需要把现代历史哲学的历史意识说成现代形而上学的结果，从而是不真实的历史意识。然后，更重要的是，他必须重新解释"自然"观念，以便把古希腊人的自然意识说成真正的历史意识。《阿那克西曼德之箴言》一文结束时，海德格尔特别说到，迄今为止，"种种关于自然(über die Natur)的理论和关于历史(über die Geschichte)的学说"不仅没有澄清"当前的世界机运的纷乱状况"，反倒使得这种状况"混乱不堪"(《林中路》，页383)。"自然"与"历史"的叠合或者说"自然"的历史化，是海德格尔式历史哲学的要核，也就是他要德意志人思索的"在翻译中可能发生的事情"，即那个"寂静的事件"。

在同年作成的《诗人何为?》一文中，海德格尔借解读里尔克的诗句说："自然"既非历史的对立者，也非艺术的对立者，而是"历史、艺术和狭义的自然的基础"。他还说，phusis[自然]这一古希腊语词的早期含义，相当于后来的西方人译作"生命"的古希腊语词 zōē，但"生命"指的不是生物学意义上的东西，而是指 phusis 的"涌现者"(《林中路》，页283)。[1] 这一说法让我们应该想起斯宾格勒，因为他已经致力于用有机生命体概念来重

---

[1] 在1924年的讲解亚里士多德哲学的课堂上，海德格尔已经这样来理解古希腊语词 zōē："人被古希腊人视为'拥有言辞的动物'，不仅在哲学意义上，而且在具体的生命意义上，'人是一种有生命的存在者(ein Lebendes)，他(作为有生命的存在者)拥有语言'。就此定义，人们不会想到生物学或精神科学领域的心理学和诸如此类的学科。此规定先于这些区分。zōē 是一个存在概念(Seinsbegriff)。'生命'涉及一种存在方式，即存在-于-某-世(Sein-in-einer-Welt)。某个有生命的存在者，并不是简单现成在手的存在者，而是存在于某个世间，其存在方式是:它拥有自己的世界。"海德格尔，《亚里士多德哲学的基本概念》，黄瑞成译，北京:华夏出版社，2012，页19-20，亦参79(以下简称《基本概念》，并随文注页码)。

塑历史哲学。如果斯宾格勒的"新哲学"已经在致力于彻底置换西方形而上学的基石，那么，在海德格尔看来，他的努力在哲学上还差得太远，不过方向倒是没错。

第二次欧洲大战刚爆发期间（1939 至 1940 年），海德格尔多次做过关于荷尔德林的长诗《如当节日的时候……》的演讲，其中详细阐述了这番关于"自然"的道理（《荷尔德林》，页 60 - 75）。海德格尔演讲时首先全文朗诵荷尔德林的诗，然后说这首诗作于 1800 年，但直到一百多年后的 1910 年才公诸于世：

> 自那以后，时间又过去了近三十年。在这几十年间，现代世界历史开始了明显的动荡。世界历史的进程，促使人们去决断正在征服地球整体的人类已经变得无条件的统治地位的未来特征。但荷尔德林的诗歌还有待解说。（《荷尔德林》，页 58）

这段开场白让荷尔德林的诗歌进入了"世界历史的进程"中的一个关键时刻，即"决断""地球整体"（den Erdball im ganzen）的"未来特征"的时刻。海德格尔用明显带有自然科学特征的语词"地球"来指称"世界"，想必是为了预示荷尔德林的这首诗有待解说的最为重要的语词"自然"。海德格尔的解说从原诗第十一行开始，因为"自然"这个语词第一次出现在这一行。当解读到第二十行时，海德格尔突然插入荷尔德林的颂歌《在多瑙河之源》中的三行诗句，这涉及到荷尔德林重新把"自然"命名为"神圣者"。海德格尔特别提醒："一切事件中最寂静的事件"出现了（《荷尔德林》，页 67）。这里的形容词"寂静的"用的是最高级，与《阿那克西曼德之箴言》中的原级用法相比，这里的历史性时刻显然严峻得多。果然，接下来我们就看到一段"关于自然"的说法，其要义是将"自然"时间化：

　　　　自然比那些被分配给人、民族和事物的时节（Zeiten）更为古老。但自然并不比 Zeit［时间］更古老。自然怎么也应该比"时间"更老呢？只要自然"比时节更古老"，那么，自然无疑就比大地之子所考虑的"时节""更老"，也即更先，也即更早，恰恰也更有时间性。"自然"是最古老的时间，但绝不是形而上学所说的"超时间"，更不是基督教所认为的"永恒"。自然比"时节"更早，因为作为令人惊叹的无所不在者，自然先就赋予一切现实事物以澄明，而只有进入澄明之敞开域中，万物才能显现，才能显现为现实事物之所是。自然先行于一切现实事物，先行于一切作用，也先行于诸神。因为，自然"比时节更古老"，也"超越东方和西方的诸神"。自然绝不是高于"这些"诸神而成为诸神"之上"的某个特殊的现实领域。自然是超越"这些"诸神。自然，"强大的"自然，比诸神更能胜任别样东西：在作为澄明之自然中，万物才能当前现身。（《荷尔德林》，页 68-69）

　　这就是海德格尔要求德意志人思索的"历史性语言"的"相遇"——海德格尔在晚年最后一次做关于荷尔德林的演讲时还说："我们刚才听到过的'自然'一词，乃是荷尔德林诗中真正幽暗的、既掩蔽着又解蔽着的名称"（《荷尔德林》，页 236）。既然如此，我们就不妨认真体会上面这段言辞。

　　海德格尔让我们看到，他先用一个肯定句说："但自然并不比'时间'更古老"；然后，他马上用一个修辞性疑问句说："自然怎么也应该比'时间'更老呢"（Wie soll auch die Natur älter sein als „die Zeit"）。这个修辞性疑问句显然否定了前面的肯定句，所以他随后就说："'自然'是最古老的时间"。① 紧接着，海德格尔就用这个作为"最古老的时间"的"自然"一笔勾销古希腊形而上学的"超时间"和基督教的"永恒"。这无异于说，希腊形而上学和基督教把"自然"理解为"超时间"和"永恒"，是西方文明的"迷途"。既然如此，现代的欧洲人就需要给"自然"重新命名。晚年最后一次做关于荷尔德林的演讲时，海德格尔还叮嘱我们，荷尔德林诗的核心奥妙就是：他"受神圣迫使"给"自然"重新"命名"（《荷尔德林》，页236）。

于是，海德格尔接下来就让我们看到，他如何用其特有的表现主义风格的语式来表达他的存在哲学。最后，这种语式转换成了世界历史哲学的语式：作为"最古老的时间"的"自然"也"超越东方和西方的诸神"……我们应该马上想起前文引述过的《阿那克西曼德之箴言》中的那段抒情诗般的吟哦：

> 我们正面临着那个走向另一个拂晓的黑夜之傍晚吗？……这一傍晚之土地越过西方和东方，并且径直穿过欧洲属性的东西，才成为即将到来的更具开端性地馈赠的历史的处所？

海德格尔力图表明，作为"最古老的时间"的"自然"是世界历史的本相，或者说，世界历史是这种"自然"的"涌现"。所以，海德格尔随后就说到"世界"以及"世界性的""感觉"（die

---

① 在海德格尔的哲学中，时间性即历史性几乎是业内人士的常识，参见克罗科夫，《决定：云格尔、施米特、海德格尔》，卫茂平译，上海：上海人民出版社，2016，页80-84。

„weltlichen" „Sensationen"),然后就说道,"'自然''微笑着'在原初的泰然任之中泰然容忍了""人类对神圣者的错误认识"(页75-77)。可是,海德格尔并不满足于作为历史时间的"自然"仅仅是诗人的"歌唱",他期待这种"歌唱"像一团火点燃作为"大地之子"的欧洲民族的灵魂:

> 但是,如果只有诗人们才被无所不在的自然轻柔地拥抱,那么,"民族"又如何处于神圣者的当前现身之中呢?如果火只是锁闭在诗人们的"心灵"中,"大地之子"又如何能够经验那"平整一切的伟力"呢?(《荷尔德林》,页77)

海德格尔所揭示的作为历史时间的"自然",究竟是荷尔德林的诗歌中蕴含着的思想,还是出自他的形而上之思,然后再放进荷尔德林的诗中去的呢?

在1953年出版的"经充分润色"的1935年讲课稿《形而上学导论》中,海德格尔首先说到:西方哲学严重误解了"哲学"的源初含义。作为例证,海德格尔花了好几页篇幅来讨论,古希腊的phusis[自然]这个语词被曲解的历史。首先是natura这个"拉丁译名已经减损了phusis这个希腊词的原初内容,毁坏了它本来的哲学的命名力量";其实,"希腊人并非是通过自然过程而获知何谓phusis",而是"基于一种对存在的诗-思的基本经验"来理解phusis。由此出发,海德格尔展开了对phusis这个语词在西方物理学、伦理学乃至史学中被误用的分析,涉及到的关键语词有nomos[礼法]和techne[技艺]。凭靠这套语词拆构式的phusis分析,海德格尔引出了他的"形而上学基本问题"(《形而上学》,页15-20)。

既然希腊人的phusis理解基于其"对存在的诗-思的基本经

验",形而上学要回到正确的轨道就必须回到这种基本经验。这意味着,哲学之思必须从科学转向诗:

> 哲学处于与精神性此在的一种完全不同的领域中和地位上,只有诗享有与哲学和哲学运思同等的地位。但是,诗与思又不相同。对于科学来说,无论什么时候谈论无,都大逆不道和毫无意义。与之相反,除了哲人之外,诗人也谈论无,这不仅仅因为,按照日常理智的看法,诗较少严格性,而且更因为在诗中(这里指的只是那些真正的和伟大的诗)自始至终贯穿着与所有单纯科学思维对立的精神的本质优越性。由于这种优越性,诗人总是像说在者那样说出与说及在者。(《形而上学》,页27)

经过与西方思想史上的形而上学大家的一番艰辛缠斗,海德格尔的《形而上学导论》最终落脚在澄清 phusis 与 logos 的关系问题,并极为扼要但也非常清晰地描述了西方形而上学从柏拉图到尼采如何误入歧途的历史(《形而上学》,页192–204)。最为精彩的是,经过这番正本清源,海德格尔提出,"我们的历史性此在"(geschichtliches Dasein)的"存在"如何"在"起来或如何"敞开来",才是形而上学最为根本的问题:

> 存在是怎么回事这个问题同时还显露出来的是这个问题:我们在历史中的此在是怎么回事,我们是处于历史中呢,还是只在晕头转向? 形而上学地看来,我们是在晕头转向。(《形而上学》,页205)

《形而上学导论》全书结尾时,海德格尔为欧洲人指出了走出这种"历史性此在"的"晕头转向"状态的思路:必须把 ousia[本体/本质]理解为时间。

> 为什么恰好是时间?因为,在西方哲学的开端之时,导引着存在之敞开的思路是这个时间,但[情形]是这样,即此一思路作为这样的思路还仍然隐蔽,而且不能不仍然如此。最后,如果 ousia[本体/本质]变成存在之根本概念,而且意味着这回事:常住的在场,那么,未被揭开地作为常住的本质与在场的本质的基础,不是时间还是什么呢?(《形而上学》,页 208)

在西方语文的用法中,"自然"(nature)往往也被理解为或用作 ousia[本质、本性],这意味着有某种恒定不变的东西在。与《形而上学导论》开头对"自然"一词的拆构性论析相呼应,海德格尔让我们看到,作为"历史的时间"的"自然"的根本含义是:"历史性此在"的"存在"根本没有某种恒定不变的东西。最后,海德格尔用荷尔德林的三行诗句结束了全书。

由此看来,我们可以说,海德格尔所揭示的作为历史时间的"自然",出自他自己的形而上之奇妙玄思,再把它放进荷尔德林的诗中,然后对欧洲人说:应该从荷尔德林的诗中读出他的奇妙玄思。① 为了印证这一点,我们不妨进一步看海德格尔如何

---

① 海德格尔的这一奇妙玄思已见于 1924 年的著名讲座"亚里士多德哲学的基本概念",海德格尔,《基本概念》,前揭,页 44,299-330。正是在这个著名讲座中,海德格尔一开始就提出了"理解此在、在世之人的存在"经验的"原生性(Urwüchsigkeit)"的哲学使命(参见页 16)。

解读荷尔德林的诗。

笔者在前面讨论韩潮教授的书时已经提到过,在海德格尔发表的解释荷尔德林诗的文字中,解读长诗《追忆》的文字篇幅最长(德文本 60 页,中译本 90 页)。这篇杰作是海德格尔为纪念荷尔德林逝世一百周年而作,1943 年出版单行本——那个时候,欧洲大战的战场态势正在发生逆转。在这本小册子中,对我们眼下的问题来说,最值得注意的亮点是海德格尔就德意志人与希腊人的历史性关系的论说。

海德格尔以解释荷尔德林的方式说,希腊人对德意志人"不可或缺"。因为,希腊人凭靠"诗意的、运思的"把握,"迎向在一种命定明亮的在场状态中的诸神",打造了 polis 这一"由神圣者所规定的历史之本质场所"。尽管如此,德意志人在"本己之物即民族性方面"却"不能跟随希腊人",因为,"希腊人在其历史的开端那里并没有很在行","面对机运及其馈赠的过度不能把握自己"。在海德格尔看来,希腊人其实是德意志人的前车之鉴:"德国人必须面对对他们来说异己的东西,以及在异域必须经验的东西",才有可能"去把握不可把握之物,并且由于不可把握之物而把自身带入'状态'"(《荷尔德林》,页 105 - 106)。

这岂不是绝妙地解释了世界历史的必然性吗? 在维科和黑格尔的历史哲学中,世界历史如何从希腊、罗马演进到日耳曼人的欧洲,是一个需要解释而且给出了解释的历史逻辑问题。相比之下,海德格尔的解释的确显得更为哲学或更为形而上学。因为,他预先让"自然"成了"最古老的时间",从而易如反掌地勾销了东方古代帝国背后的自然宇宙论秩序。因此,在海德格尔的世界历史哲学中,根本无需去考虑年代学意义上的西方文明与东方文明的关系问题。

更值得我们注意的是,恰好在这里,海德格尔引出了他的"诗意地栖居"说:

> 一个历史性民族的禀性,惟当它成为民族之历史的历史性因素时,才真正是本性,亦即本质基础。为此,民族的历史必须处于其本己之物中,并且在其中栖居。但是,人如何栖居在这片大地上呢?(《荷尔德林》,页106)

我们应该想起,黑格尔曾经凭靠其"世界历史哲学"宣称,从普遍历史的角度来看,总会有某个"世界历史性的民族"充当"世界精神自行发展的自我意识在[历史]进程中的时刻"。在这样的历史"时刻",这个民族就是"施行统治的民族",因为它的"特殊历史"意味着普遍历史在打造纪元。海德格尔的"诗意地栖居"说与此没有异曲同工之妙?我们至多可以说,海德格尔的说法更为哲学或更为形而上学。因为他说到,人在大地上的劳作、操劳,甚至有了"文化",也并不意味着人在大地上栖居。所谓栖居是"诗意的",意思是栖居乃"创制"活动,因为,诗的本质就是"创制"。

> 把人的栖居建立为一种诗意地栖居的诗意创作的灵魂,本身就必然先行诗意地创作之际居于本质的法则之中。未来诗人们的诗人世界的这一法则,乃是由他们建立的历史的基本法则。历史之历史性的本质在于向本己之物的返回,这种返回惟有作为向异乡的行驶才可能是返回。(《荷尔德林》,页113)

　　如果将海德格尔的"诗意地栖居"说与维科的"诗性智慧"说做一番比较,那么,结论很可能是:维科大费周章地用"史料"来证明"诗意地栖居",未免严重拖累形而上学之思。当然,同样重要的是,作为意大利人,在维科的"诗性智慧"说中,不会出现从黑格尔到海德格尔的历史哲学都摆脱不了的民族性形而上学负担,从而不会有这样的问题:"诗意地栖居"只能是一种在按机运来理解的历史中才可能实现的行为,而且必须是由某个历史性的民族来担当的行为。所以,海德格尔对《追忆》的解释跟随荷尔德林的诗魂"去了印度",而"印度河的河流之魂已经使双亲的祖籍之地变得亲熟,并且奠定了最初的栖居",进而在那里找到了"从异己之物到家乡之物的漫游的转折位置":"那里发生着向'日耳曼尼亚'的转折"(《荷尔德林》,页168-169)。

　　凭靠这种"诗意地栖居"说,海德格尔的世界历史哲学对"世界"和"历史"以及"世界历史"的理解,确实要比此前的任何历史哲学都更有形而上学味道。反过来说,西方传统形而上学在他那里也因此被改造得更为彻底地历史化。尽管如此,"诗意地栖居"说毕竟会让我们想起黑格尔历史哲学的音调,甚至让我们听见维科的历史神学的音调:

> 　　创建着的栖居乃是大地之子的原始栖居;而大地之子同时也是天空之子。大地之子就是诗人们。诗人们的作诗首先只是创建。这些诗人们首先只是划定建筑地基,诸神要光顾的那座房屋必定要在此地基上建造起来。诗人们为地基献祭。(《荷尔德林》,页179)

　　我们应该知道,早在青年时期,年仅29岁的海德格尔就对

18世纪以来"历史意识的觉醒"以及"启蒙首次以原则上的清晰性提出了普遍历史的观念"有清楚的哲学把握。① 由此不难理解,海德格尔会有这样的思想抱负:他的"世界历史"哲学一定要比此前所有西方哲人的历史哲学更为"大气磅礴",更具形而上学的"伟力"。这种"伟力"将体现在彻底更改西方传统形而上学的思辨品质:用"作诗"(dichten)取代"思"(denken)。所以,《阿那克西曼德之箴言》的结尾句是:"思必须在存在之谜上去作诗"。

在晚年所做的题为《荷尔德林的大地和天空》的演讲中,海德格尔用不那么玄思的语言更为明晰地告诉我们,他自1930年代以来反复说明的思想不过是如下见解:荷尔德林看到,"希腊人的真正本质"并非仅仅在于"希腊意义上的最高知性(der höchste Verstand)"即"反思力"(Reflexionskraft)。在希腊人的"本土的本质"中,还有一种基本特征即"柔和"(Zärtlichkeit),也就是"希腊人的'大众性'(popularitas)",它是一种"最高的倾慕能力"(das Vermögen der höchsten Zuneigung),因为它倾慕那种"作为外来的东西机运般地击中了一个在其本土要素中的民族"的东西。荷尔德林的睿见在于,他致力于把作为"科学"的"希腊意义上的最高知性"与作为"大众性"的"柔和"结合起来:"科学与柔和"一道才能"使大地和天空保持敞开"(《荷尔德林》,页196,206)。

海德格尔非常清楚,"科学"或作为"最高知性"的"反思力"表征着"思想者的思"(das Denken der Denker),而且是黑格

---

① 参见海德格尔,《论哲学的规定》,孙周兴、高松译,北京:商务印书馆,2016,页145-152。

尔首要强调的世界历史的动力性要素。鉴于"柔和"是"大众性"的表征,海德格尔当然也非常清楚,所谓"科学与柔和"的结合,无异于少数人与众人的结合。由此看来,海德格尔在《论人道主义的通信》中创作的火炉旁的赫拉克利特故事,其来有自。这样一来,海德格尔就彻底颠覆了黑格尔的世界历史哲学。由于维科所描述的"诗性智慧"带有明显的"大众性",海德格尔借荷尔德林宣称,"科学与柔和"应该结合起来,便显得与维科不谋而合。海德格尔是否读过维科,不是值得关心的问题,问题仅仅在于:这种相隔两个半世纪的相似性让我们看到,形而上学之思的历史化,实质上意味着哲学之思的"大众化"——这难道不令人触目惊心!

　　由此来看,海德格尔强调荷尔德林是"民族的诗人",其含义的要害在于:他是属于"大众"的诗人。从而,作为"反思力"的"思"成为"作诗",其含义的要害在于,哲学之"思"要走向"大众",成为"大众性"的"反思力"或实践性的思。既然如此,海德格尔哲学成了20世纪1950年代以来一连串激进哲学的精神源泉,就没有什么不可思议。海德格尔最后一次做的荷尔德林演讲题为《诗歌》(《荷尔德林》,页227-241),时在1968年8月,也就是著名的"五月风暴"之后。据说,哲学之"思"成为"作诗",需要"通过歌唱被召唤入那种朝向大地的自由(Freie zur Erde)"——不难设想,一旦我们被这种"诗意地栖居"的歌声迷住,就会不知不觉让自己"被召唤"进那具有"柔和"品质的"大众性"的"朝向大地的自由",这种"自由"当然只会是"积极自由"。

　　绝妙的是,说到这里时,海德格尔再次表达了他的"世界历史"感觉:希腊虽然是"正在到来的伟大开端",但它仅仅是"清晨的土地属性"(das Morgenländische),"伟大开端所能达到的

那个东西",只会在"傍晚的土地属性"(das Abendländische)中才会到达。问题在于:

> 傍晚的土地还在吗?它已经成了欧洲。欧洲的技术-
> 工业的统治区域已经覆盖整个大地(Erde)。而整个大地
> 又已然作为行星而被算入星际的宇宙空间,而宇宙空间则
> 被订造为人类有规划的行动空间。诗歌的大地和天空已经
> 消失。谁人胆敢说何去何从?(《荷尔德林》,页218)

这是海德格尔呼吁在"当今的世界年代中的我们"(uns im gegenwärtigen Weltalter)必须"沉思"荷尔德林诗的理由。但紧接着他就提到,第一次世界大战后不久(1919),法语诗人瓦雷里就曾发问:欧洲会变成亚洲大陆的一个小小岬角吗,抑或仍然是"整个大地的宝贵部分"(《荷尔德林》,页219)。从字面上看,由于提到"世界大战",海德格尔无异于为第二次欧洲大战的爆发做了世界历史哲学式的辩护:这场战争的真正起因涉及欧洲在技术时代的机运——所谓"亚洲大陆"当指苏俄。毕竟,自16世纪以来,欧洲土地上战争连绵不绝,黑格尔敬佩的拿破仑已经勇敢地远征过俄罗斯,踏上过亚洲大陆的土地,为什么第二次欧洲大战就不同了呢?

借用斯宾格勒的话来说,海德格尔向德意志人表明:他的哲学才是"从西方已然枯竭的形而上学土壤中所能生长出来的未来的唯一哲学,这种唯一的哲学至少属于西欧精神在其最近阶段的诸可能性"——而且是地道的"德意志哲学"(《没落》,页4)。因此,我们若以为海德格尔的"诗意地栖居"说能让中国文明在世界历史的进程中获得新生,恐怕会事与愿违。

4　什么是哲人心性的生存性根基

让我们再次回味海德格尔在 1949 年给雅斯贝尔斯写下的那句话:"对德意志的灾难及其与世界历史、现代历史相互交织的争论,这将成为贯穿我们余生的事件!"雅斯贝尔斯能够理解,这句话其实是海德格尔给自己的历史哲学所下的最好脚注吗? 真是碰巧得很:就在这一年,施特劳斯在《观念史》学刊上发表了长文《政治哲学与历史》,①从而与海德格尔随之问世的《林中路》不期而遇,甚至应该说是迎头相撞。

施特劳斯的文章对 16 世纪以来的西方历史主义及其历史哲学传统发出了挑战书,拉开了"政治哲学"与"历史哲学"之间世纪性决斗的序幕。更为精彩的是,没过几年,施特劳斯与海德格尔再次不期而遇,在决斗场上迎面厮杀:《自然正确与历史》与《形而上学导论》同在 1953 年出版,有如"政治哲学"与"历史哲学"正式面对面交锋展开精神搏斗。海德格尔把"主体主义"视为现代哲学乃至现代文化的基本品质,并致力用敞开"历史性亲在"的"生存哲学"克服主体主义——在施特劳斯眼里,海德格尔的"生存哲学"是地地道道甚至"更为极端"的历史主义,而历史主义恰恰是现代哲学乃至现代文化的品质——"历史主义就是我们时代的精神"(《政治哲学》,页 48)。

极富激发性的问题来了:海德格尔如此旗帜鲜明地坚定反现代主义甚至反历史主义,而且具有罕见的深邃哲思和迷人诗

---

①　中译见施特劳斯,《什么是政治哲学》,李世祥等译,北京:华夏出版社,2014,页 47-65(以下简称《政治哲学》,并随文注页码)。

情,难道他不知道自己的"生存哲学"恰恰是一种地地道道的现代主义,而他的反历史主义恰恰是一种地地道道甚至"更为极端"的历史主义? 尤其具有激发性的是:施特劳斯和海德格尔都首要关切什么是哲学——而且,出于这种关切,两人都以令人敬佩的精神毅力和旷世罕见的智性劳作检审西方文明精神的源流,追查西方哲学的历史失误,重新探究西方文明的"真精神"。

对自 20 世纪初才开始致力认识西方"形上之道"的中国智识界来说,施特劳斯与海德格尔的精神搏斗,堪称西方思想史上最重要也最值得我们深思的哲学事件。毕竟,我们首先关切的问题同样是:什么是哲学。否则,着迷于海德格尔哲学干什么? 何况,对我们来说,同样富有激发性的是:这两位在现代处境中殚思竭虑的大哲的精神关切,明显都与世界历史的灾难性进程有生存性关系。我们难道不可以说,20 世纪的中国所经受的种种磨难,及其与西方人意义上的世界历史的交织而引发的困惑和争论,将成为贯穿我们余生的精神承负?

施特劳斯与海德格尔都竭尽平生之思挽救西方哲学的危机,两人却有根本差异:施特劳斯致力于救护西方古典传统意义上的哲学,海德格尔则致力于彻底更改这种意义上的哲学,返回希腊人的亦即源初的"存在理解",进而要求哲学之"思必须在存在之谜上去作诗"。1951 年,海德格尔出版了《荷尔德林诗的阐释》增订第二版,1963 年又出版了第三版。1957 年,施特劳斯在芝加哥大学讲疏柏拉图的《会饮》,重启诗与哲学之争,哲学之"思必须在存在之谜上去作诗"的召唤遭到强有力的阻击——政治哲学与历史哲学面对面交锋的精神搏斗陡然升级。① 可以设

---

① 施特劳斯,《柏拉图〈会饮〉讲疏》,邱立波译,北京:华夏出版社,2007。

想,如果我们在"思想解放"的 1980 年代就对这一自 1950 年代以来不断升级的哲学交锋有清楚的了解,那么,我们的思想视野乃至思考问题的起点都会大为不同。

我们的作者的这部出色著作虽然晚到,但好饭不怕晚,它促使我们思考一个早前很难提出的根本问题:中国的哲学传统是"在存在之谜上去作诗"吗? 或者我们应该学会这样去"作诗"吗? 除非未经审视就接纳海德格尔对苏格拉底-柏拉图的西方古典哲学传统的"批判",我们才会毫不犹豫地给出肯定回答。随着施特劳斯的哲学之思进入我们的视野和思考,中国智识界不得不面临新的精神历练,即便一些过来人心里一百个不情愿,而那些已经在海德格尔之家安家落户者甚至对此心怀愤恨。

施特劳斯的《政治哲学与历史》一文开篇就说:政治哲学关切人类政治生活的"哲学问题",而非"史学问题",无论个人还是民族乃至某个"文明"的功业,以及"从开端到现在的人类文明'进程'"之类,都不是真正的"哲学问题"。这绝非意味着政治哲学与"历史"无关,毋宁说,没有像奥德修斯那样游历过各种城郭、体察过不同族类的心思,就不可能思考人类政治生活的"本质",以及何谓"最好的或正确的政治秩序"之类的问题(《政治哲学》,页47)。施特劳斯挑战历史哲学及其历史主义时提出的尖锐问题是:"哲学本身及其普遍问题本身"是否受到"历史性地制约",是否与某个特定的历史时刻或历史的文明形式相关,"例如,与西方人或希腊人及其精神后裔有关"(《政治哲学》,页 50)。

《政治哲学与历史》发表后的第二年,施特劳斯在给沃格林的信中把这篇文章的要义表达得更为简洁明晰:哲学从出生之日起就"无关乎历史"(ahistorical),因为,哲学追寻"永在",而"'永在'绝非通过历史来敞开"。哲学的"历史化(Historicizing)意味着忘记永恒",这种遗忘来自"拒绝哲学的古典概念(the classical concept of philosophy)"。施特劳斯甚至说,黑格尔的体系哲学在"一开始不是'历史的'",即便"有那么一点儿萌芽"(《通信集》,页107-108)。这话让我们应该想到,海德格尔哲学在一开始就是"历史的":三十岁那年(1919年)走上讲台时,海德格尔就相信"历史意识"对哲学活动的重要性。尽管他知道何谓"作为原初科学的哲学观念",懂得"哲学在其历史进程中总是处于与科学观念的特定联系之中",但他愿意承认,"如若没有一种本身在真正的哲学中存活的历史意识,则根本就没有什么真正的哲学史"。① 在1921-1922年冬季学期讲授的名为"亚里士多德的现象学解释"的课程中,海德格尔在一开始就提出,必须从历史出发来理解哲学——"哲学活动"首先意味着把握"哲学的史学属性":

> 哲学的史学属性(Historische)只有在哲学活动(Philosophieren)本身中才能得到把握。就像生存一样,只有通过纯粹实际生活即借助或通过历史才可以把握和通达。但这里就要求原则性地澄清:1. 哲学活动的践行意义,2. 哲学活动与史学属性以及与历史之间的践行或存在关系。②

如果我们以为海德格尔在这里说的仅仅是"哲学史"研究,而非哲学活动本身,那么,海德格尔紧接着的说法就会告诉我们,他说的不是哲学史与历史的关系,而是哲学活动本身与历史

---

① 海德格尔,《论哲学的规定》,前揭,页21-27。
② 海德格尔,《亚里士多德的现象学解释》,赵卫国译,北京:华夏出版社,2010,页2-3(以下简称《现象学解释》,随文注页码)。

的关系：

> 在每一个时代或那些时代之延续中，都会确立通达历
> 史本身的某种可能性，确立对全部历史的某些基本看法，对
> 各个时代的某种价值评判，以及对于个别哲学的某种"偏
> 爱"。(《现象学解释》，页4)

我们记得，黑格尔在《法哲学原理》"序言"中说过，如果"就
个体而言，每个人本来都是自己时代的产儿，那么，哲学也就是
被把握在思想中的自己的时代"——海德格尔的说法与这句名
言有什么差别！

凭靠哲学的名义，施特劳斯有理由认为，海德格尔哲学捣毁
了西方原生的哲学，因为，原生的哲学依附于"自然"，而非依附
于"历史"。一旦哲学屈从于"历史意识"，哲学必然脱离与自然
的缘生关系，与历史结合为一，成为"历史哲学"。因此，施特劳
斯在给沃格林的信中写道：

> "历史"在严格意义上从属于实践维度，而这个维度从
> 属于理论[静观]维度。……人们可以说，历史主义是对一
> 种体系-哲学的反动，这种反动尚未从体系-哲学的那些最
> 根本的前提中解脱出来——混淆理论[静观]与实践之间
> 的根本差异，乃是现代思维的两种形式(引按：指历史主义
> 和实证主义)的基础。(《通信集》，页107-108)

"混淆理论[静观]与实践之间的根本差异"，热爱智慧的热
情难免变成对实践性技艺知识的热情，不再是对理论[静观]的

科学知识的热情。这意味着哲人心性的质变,喜欢哲学活动的人从此以为,哲学活动面向未来才算是真正的哲学活动:"20世纪典型的历史主义要求,每一代人应基于自身的体验并着眼于自己的未来,重新阐释过去"(《政治哲学》,页49)。这样一来,我们中的不少人就会变成哲学上的激进"未来狂",除非他们还保有理智上的诚实,勇于面对我们的作者在他的著作中提出的核心问题——理论与实践或知与行的关系问题,进而思考施特劳斯看似相互矛盾的两种宣称:对于苏格拉底-柏拉图来说,"生存性"和"理论性"是一回事——同样对于苏格拉底-柏拉图来说,"理论与实践之间的根本差异"不可混淆。

　　为了搞清哲学与历史的关系,值得再次审视这个所谓的知行问题。我们应该提出一个问题:《政治哲学与历史》一文是在为哲学的源初品质即静观或沉思品质辩护,为什么标题是"政治哲学与历史"而非"哲学与历史"? 换言之,针对"历史主义"这一"我们时代的精神",为什么施特劳斯提出回归政治哲学(即古典哲学),而非干脆说回归哲学? 为什么施特劳斯在《政治哲学与历史》发表那年给沃格林的信中说,这篇论文是他"论古典的政治诸原则(on classic principles of politics)的著作的导言性章节之一"(《通信集》,页83),而非是论古典的哲学诸原则的导言性章节? 四年前(1945年),施特劳斯在《社会研究》学刊上发表过《论古典政治哲学》一文,但这篇文章收入《什么是政治哲学》时,却被安排在《政治哲学与历史》一文之后。① 我们值得问:古典的政治诸原则与古典的哲学诸原则究竟是什么关系?

---

① 见施特劳斯,《什么是政治哲学》,前揭,页66-82,两文值得对观。

答案至少在表面上不难理解：因为，要求哲学成为历史哲学的决定性理由是，任何哲学的土壤都是历史的处境，或生存性的现实，或干脆说政治的处境——这个决定性理由，恰恰也是哲学成为政治哲学的决定性理由。

> 大多数历史主义者认为，如下事实具有决定性意义：政治哲学与其所在的历史处境之间存在的紧密关系，可以通过历史研究来确立。他们认为，政治哲学的多样性最主要是历史处境的多样性作用的结果。（《政治哲学》，页 52）

显然，这里的问题涉及到"理论与实践之间的根本差异"。不过，施特劳斯对这个问题的回答并不容易理解。首先，他反驳说，某个古典哲人的政治言辞绝不能用来证明这位哲人"受他于其中思考的历史处境左右"。因为，他的说法及其表述方式很可能仅仅是为了"适应于"自己所处的历史处境，以便"让自己的思想从根本上为人倾听"。即便是如今看来属于时论的政论性小册子，古典哲人也"并不局限于阐明他们所思考的政治真理"或者说符合自然正确的政治真理，而是"阐述涉及他们视为现实处境中可欲的或可行的东西，或按普遍接受的意见可理解的东西"。这意味着，古典哲人"传达自己观点的方式"不仅是"哲学的"，同时也是"公民的"即政治的（《政治哲学》，页53）。在《论古典政治哲学》一文中，施特劳斯告诉我们，古典哲人之所以如此，原因在于他们对人世有极为透彻的认识，懂得个人与个人、群体与群体、民族与民族、国家与国家的相争、倾轧、拼搏是人世的自然，而个人或群体也好，民族或国家也罢，也都有天生的自然品质差异。古典哲人清楚地懂得，"达到政治生活的终极目的不可能通过政治生活,而只能通过一种献身于深思的和热爱智慧[哲学]的生活"(《政治哲学》,页78)。可以说,正是因为海德格尔遗忘了这一古典的政治原则,他才会发展出一种走向政治未来的哲学,让哲学成为政治未来的工具。

施特劳斯的第二个反驳要点是,从哲学上讲不可能有理由断言:"与某种特定学说相关的处境,可能特别有利于唯一真理的发现,而其他一切处境则多少不利于它的发现"。因为,唯一真理必定都超逾了一切历史处境的特殊性,否则就不会是唯一真理。某个哲人在某个特殊处境中宣称的真理未必是真正的唯一真理,不等于不存在唯一真理,或哲人不必再追求唯一真理,否则根本就不会有热爱智慧[哲学]这回事(《政治哲学》,页53-54)。这一反驳不仅击中黑格尔-海德格尔的历史哲学的要害——所谓"历史性民族"的哲学"禀性",也击中了沃格林的历史哲学的要害。毕竟,如果哲学的彻底历史化以生存性的"存在理由"为理由,或者基于不同文明的历史形式,那么,这样的理由恰恰是取消哲学本身的理由。所以,施特劳斯在给沃格林的信中写道:真正热爱智慧的灵魂不会认可任何生存性的"存在理由"拥有最终决定何谓"唯一真理"的权利。历史至多是"认识唯一真理的条件",而"不是唯一真理的源泉"(《通信集》,页92)。无论沃格林会提出什么样的生存经验来为历史哲学辩护,施特劳斯都会质疑:古典哲人难道没有经历过同样的生存经验? 比如,针对沃格林说莫尔在《乌托邦》中首次提出了"文明化的战争"观念,施特劳斯在回信中说:古典时期已经有"文明化的战争"观念,莫尔的提法并"没有什么创新之处"(《通信集》,页141-142)。换言之,战争就是人世间的残酷厮杀,无论人们给它什么再新鲜不过的理由。

　　沃格林在给施特劳斯的回信中仍然坚持认为，"文明战争在前基督教的文化中有着与基督教文化（或后基督教文化）完全不同的精神状态"（《通信集》，页143）。这样的坚持表明，沃格林没有看到政治哲学与政治哲学史的区分——施特劳斯则特别强调："政治哲学根本不同于政治哲学本身的历史"（《政治哲学》，页47）。我们值得问：沃格林为什么认识不到这一区分？在笔者看来，原因恐怕在于，他与海德格尔一样，陷于历史主义却没有意识到自己是历史主义，还以为自己是在反历史主义。

　　事实上，我们应该感到奇怪：沃格林在归纳18世纪以来至1950年代的历史哲学问题时，为何没有把海德格尔的历史哲学纳入视野。凭其卓越的智识资质，沃格林不难看到海德格尔哲学本质上是一种历史哲学——何况，已经有同时代的学人看到这一点。[1] 如果沃格林看清了海德格尔哲学的底蕴，那么，他理应看到，海德格尔哲学已经釜底抽薪式地勾销了他在《人与历史》中提出的历史哲学问题。因为，如果历史哲学的根本问题在沃格林看来是各大文明的"存在理解"的高下之争，那么，要裁决不同的"存在理解"的高下，就得凭靠理智思辨，而这种思辨在沃格林看来仅仅是希腊人的特产。换言之，沃格林的历史哲学中仍然包含着哲学，或者说仍然得凭靠西方源初意义上的哲学。因此，他为古希腊哲人能发明分析性逻辑思辨而感到自豪：亚里士多德的《后分析篇》这样的著作"在中国或印度"根本搞不出来（《城邦的世界》，页91）。可是，如果沃格林看到海德格尔说分析性逻辑思辨是西方哲学误入歧途的表现，源初的希

---

[1]　参见克罗科夫，《决定：云格尔、施米特、海德格尔》，前揭，页137-141。

腊哲学是思"在存在之谜上去作诗",那他还觉得自己的历史哲学问题成立吗? 如果各大文明的"存在理解"都不过是"在存在之谜上去作诗",那么,也就根本不会有什么高下之争的问题。

沃格林认识到,"历史反思是现代哲学所独有的要求",并"把这个动机视为"自己的哲学研究的"存在理由"(《通信集》,页82)。然而,沃格林以政治观念史探究的方式来处理历史哲学问题,没有意识到自己的政治观念史其实与海德格尔的"存在"哲学史有着根本性的一致:让本来具有静观品质的哲学成为历史性思维。直到1950年,沃格林还在给施特劳斯的信中这样写道:

> 本体论的真理(包含在个别的哲学人类学之中)并不是一个可以被任何人在任何时候承认的事实依据(datum)。本体论知识出现在历史的过程中,从传记角度而言,出现在个体的人的生活过程中,而个体的人的生活处在特定的教育、社会语境、个体倾向和精神训练的条件下。认知(epistēmē)的作用不只是理解,在亚里士多德看来,它也是一种理智德性。我用"生存性的"这一术语来表示认知的这个非认知的方面。
>
> 在一部观念史中,我不得不经常用到这个术语。一部观念史不应该是哲学主张汇编,也不应该是古典意义上的教条史,而应该是一部生存性转变(existential transformations)的历史,"真理"在其中显现出来,变得含混,被人遗忘,然后再被发现。一部政治观念史尤其应该研究"真理"变得具有社会效力或这种效力受到阻碍的过程。您知道,这无关乎否定本体论或使本体论相对化,而是关乎认知意

义上的感知与生存意义上的感知之间的关联。在我看来，这种关联就是"史学"的主题。(《通信集》,页91)

这段话是沃格林对施特劳斯此前来信中的一段话的回复，听起来颇有海德格尔味道。施特劳斯在前信中曾批评沃格林，说他不应该在解读柏拉图的《高尔吉亚》时用 existential[生存性的]这个带海德格尔哲学色彩的语词：

> "生存的"与"客观的"、"理论的"相对，从而透露出了其反柏拉图的起源。海德格尔最为透彻地思考过"生存"问题，因此他认为，柏拉图尤其应该为这个实际的(actual)"疏忽[生存问题]"负责。基尔克果对苏格拉底的抵制也表达了相同的想法，他诉诸苏格拉底对付黑格尔，毕竟只是权宜之举。在对柏拉图的批判中，海德格尔试图通过抛弃这样的哲学和形而上学以找到一条出路。如果谁想用基尔克果的表述方式，他就必须说，对于苏格拉底-柏拉图来说，"生存性"和"理论[静观]性"是一回事：只要我严肃认真，而且只要有问题存在，我就要找寻唯一"客观的"真理。(《通信集》,页88)

当沃格林强调哲学的"生存性"和"理论[静观]性"的区分时，施特劳斯则强调两者的一致，而且提到苏格拉底对理解这个问题的重要性。反过来说，沃格林不能恰切地理解，对于苏格拉底-柏拉图来说，"生存性"和"理论性"既是一回事，"理论与实践之间的根本差异"又不可混淆，关键在于没有认真看待苏格拉底这个哲人的生存事实。1940 年代初，沃格林就在写给施特劳斯的信中说过：

> 柏拉图-亚里士多德的问题，在我看来也是不可回避的
> 出发点。我是这样来看问题的：处于柏拉图政治思想的核
> 心之处的乃是一种根本体验，这种体验与苏格拉底这个人
> 及其死亡联系在一起——经由死亡意识而到达的精神净
> 化、陶冶与爱欲的激情，共同铺设了给正义（Dike）正确安
> 排秩序的道路。政治-伦理的理论性成就，似乎从属于这些
> 根本体验。只有当灵魂的根本秩序得到界定，那个充满着
> 各种尤其绝对的社会关系的领域，才能够全面地秩序化。
> （《通信集》，页8-9）

这段说法听起来蛮有道理，而且不乏睿见。但沃格林接下
来又说，柏拉图引人注目地"用神话来传达"苏格拉底的这些
"根本体验"，而柏拉图自己的"科学观则指向了逻辑、数学和辩
证法这些非神话的、并非人之本质的领域"。与此不同，亚里士
多德哲学的"核心不再是苏格拉底神话，而是智识上的神秘主
义式的静观者生活方式"。无论哪种情形，对沃格林来说，柏拉
图-亚里士多德的哲学都有其历史局限，因为它们都还不具有真
正的"历史意识"（《通信集》，页9-10）。

在施特劳斯看来，沃格林完全没有理解，"柏拉图的努力乃
是旨在重新奠定科学的基础，特别是有关灵魂与国家的这门科
学"。尤其会让今天的我们感到诧异的是，施特劳斯还对沃格
林说："只有着眼于在柏拉图-亚里士多德式科学中完全展现出
来的巨大难题，即灵魂问题，我们才能领会胡塞尔的工作"（《通
信集》，页6,46）。施特劳斯的意思是，真正的哲人德性恰恰且

首先体现在其灵魂的特殊性上，即把"理论［静观］性"的生活方式视为最好的生活方式：这种 vita contempaltiva［沉思的生活］必然要求"整个灵魂的转向"。从而，对于苏格拉底-柏拉图来说，"理论与实践之间的根本差异"不可混淆。因此，施特劳斯后来在信中批评沃格林没有看到，"生存性"这个概念"要求彻底批判 vita contempaltiva［沉思生活］，在此基础上，人们就只能拒斥柏拉图，而非理解柏拉图"（《通信集》，页 93）。然而，"灵魂转向"之后，哲人的在世生活就是过沉思生活，因此，对于苏格拉底-柏拉图来说，"生存性"与"理论［静观］性"是一回事。

　　我们也许可以说，沃格林还没有把何谓哲人德性的问题想透彻，没有首先看清热爱智慧者的灵魂在"世界历史"中应该如何生活，才会不把柏拉图"用神话来传达的根本体验"视为一种"科学"。由此我们可以来理解施特劳斯在《论古典政治哲学》中就政治哲学所说的一段话：

　　　　哲人为了能够履行其职责，不得不提出一个在政治舞台上从未被提出的隐秘问题。这个问题如此简单、基本和低调，以致一开始它甚至得不到理解，这种情况在柏拉图对话中频频出现。这个明显具有哲学性的问题就是："什么是德性？"什么是人一旦拥有便具有最高的统治正当性的德性——什么是人人心悦诚服，或因无可辩驳的理据而默认的那种德性？（《政治哲学》，页 78）

　　注意施特劳斯说的是：德性的自然差异明显是个"哲学性的问题"——但这个问题不也是最为政治性的问题吗？是否可以说，施特劳斯以政治哲学的名义抵制历史哲学和历史主义，根本理由就在于:哲学从出生之日起"无关乎历史",而是关乎政治。进一步说,现代哲学被历史牵着鼻子走,以至于遗忘了哲学生活本身赖以获得正当性的根本问题:何谓最好的生活以及何谓最佳的政制。由此才能够理解,为讨回哲学的源初含义,施特劳斯为何要提出古典哲学与现代哲学的区分:在柏拉图的《王制》所勾勒的研究计划中,"历史连影子都没有"(《政治哲学》,页48)。

施特劳斯在《政治哲学与历史》中已经把道理讲得相当清楚、透彻,沃格林为何仍然理解不了施特劳斯提出的问题? 也许,既然德性的自然差异明显是个"哲学性的问题",那么,这个问题并非仅仅存在与哲人与非哲人之间,也存在于哲人之间:毕竟,哲人也有不同的心性类型或德性的自然差异。比如说,一类哲人的心性系于自然,一类哲人的心性系于历史。从柏拉图笔下的普罗塔戈拉所讲的那个著名神话来看,普罗塔戈拉的哲学明显信靠的是历史而非自然。尽管如此,哲人心性类型的区分当然不是历史的,而是政治的。因为,无论在哪个时代或世界历史的地域,总会有不同心性的人,哲人同样如此。如果要把系于自然的哲人心性说成古典心性,把系于历史的哲人心性说成现代心性,那也不过是因为,现代世界历史让更多未必愿意或能够经历"整个灵魂的转向"的人以为自己是哲人。

倘若如此,即便我们没有能力判定海德格尔与施特劳斯或施特劳斯与沃格林在哲学观点上谁对谁错,我们也值得辨识各自的心性类型,并反己照察自己属于或偏好哪种心性类型。毕竟,辨识哲人心性是学习哲学时的首要问题,而且是政治哲学问题:认识到什么才是真正的哲人德性,是成为哲人的前提。何况,从辨识哲人心性类型入手,好些哲学论争或分歧会变得容易理解。没有先学会辨识哲人心性，就在从古至今的各种哲学论说中游走，难免会在各种哲学论说中迷失自己——辨识哲人心性比着迷于哲学言辞更为重要。可是，要学会辨识哲人心性，首先得辨识自己的心性，或者说，若不是自己先追求德性，也就不可能学会辨识德性——施特劳斯的政治哲学首先强调苏格拉底问题，道理就在于此。至于如果有谁还没有先搞清楚自己的心性，便进入哲学话语场域去直逞才性，那么，这倒是受启蒙后的历史条件制约所致。

　　现在我们应该想到：如果中国古代哲人相信"道法自然"，那么，海德格尔将"自然"彻底历史化，就不仅会毁掉西方的系于自然的哲人心性，也会毁坏中国传统哲学的品质。既然如此，海德格尔的存在哲学绝不可能会是我们在现代处境中的一条"充满诗意的返乡之路"。

七　苏格拉底问题与中国

　　作者的结语让笔者感到的最大困惑是：他以"文质之辨"平章尼采和海德格尔时，为何没有把苏格拉底纳入思考框架，以至于西方的古今之辨以及中西之辨中隐含的古今之辨的问题视域全然消失。

　　笔者深感困惑是因为，作者心目中绝非没有苏格拉底。在考察海德格尔哲学时，我们的作者曾对观柏拉图和色诺芬笔下的苏格拉底的道德经验（页46-50;54-58），甚至让海德格尔与苏格拉底在理解 epimeleia［勤勉/勤奋］以及理解"善"的理式问题上对质（页136-148,169-176）。虽然没有让苏格拉底占有更为重要的位置，但苏格拉底的视域在这部论著中毕竟不时成了作者得以超逾进而克制海德格尔视域的支撑点。就海德格尔要恢复哲学的实践性质的首要性而言，真正的试金石是苏格拉底。作者颇富睿见地说过：我们"必须也只能够从与行动的关联中去理解苏格拉底的智性"（页50）。既然如此，作者就没可能相

信海德格尔凭靠亚里士多德对苏格拉底的批评大做文章所展开
的实践哲学。笔者不禁想起施特劳斯在那篇宣示"再次从头开
始"的书评文中说过的一句话：

> 柏拉图著作中以专题方式处理的所有主题，都是从一
> 种实践的视角来讨论的——换言之，柏拉图在讨论这些主
> 题时从未忽略苏格拉底关于人应该如何生活的基本问
> 题——而亚里士多德的辨析则将这一问题远远抛诸脑后。
> （《新说一种》，页156）

海德格尔凭靠亚里士多德的"明智/实践智慧"大做文章，
本身就基于对古希腊哲学传统的整体性误解。悖论的是，这种
误解与尼采相关。要超逾尼采—海德格尔的哲学视域，首先得
恢复被现代西方哲学弄得面目不清的古典哲学视域，亦即赓续
西方哲学自近代以来尚未了结的古今之争——或者说西方的文
质之辨：古典为"质"，现代为"文"。由于中国传统思想并无古
今之别，现代中国思想要彻底澄清哲学上的中西之辨，就得让中
国古典哲学与西方古典哲学结为伙伴。这样一来，中西之辨就
会成为中国和西方的古典哲学为一方与现代哲学为一方的文质
之辨：改文从质之例由此得以成立。

倘若如此，当作者说"海德格尔的良苦用心"庶几接近"鄙
薄仁义的老子"，无异于让老子以及孔子站到了不应该也不可
能站立的位置。为什么会出现这样的失误？情形是否有可能
是，作者以为可以而且应该以不偏不倚的立场或方法来审查现
代哲学原则？无论如何，这种观点在西方学界相当普遍，否则，
施特劳斯不会不止一次通过写同时代人的书评苦口婆心地告诉

我们:以为可以而且应该在古典与现代之争中保持"中立",这个看法本身就是现代哲学原则的体现。现代哲学原则毕竟是在与古典哲学原则的对立中并通过改造这一原则逐渐发展而来:"直到今天,现代原则的追随者们之能够确立现代原则的地位,无不是凭靠明确甚或激昂地抨击古典原则"。因此,要重审现代哲学原则,就必须自觉以古今哲学原则的对峙为基础(《新说一种》,页138)。如果缺乏这种对峙的自觉意识,如果不是自觉地决断自己的 ethos 归属哪一方,无论我们在考察现代哲人时如何参照古典哲人的道德经验或者引征施特劳斯的观点,都无济于事。

1　海德格尔与苏格拉底问题

1970 年,已经年逾古稀的施特劳斯在圣约翰学院给本科生做了一次题为"苏格拉底问题"的讲座。施特劳斯一生以此为题做讲座不止一次,①1970 年的这次尤其值得注意。因为,当时美国校园闹激进民主运动已经多年,当今已成为西方学界显学的剑桥学派正初露锋芒,而这次讲座通过比较尼采和海德格尔来引出苏格拉底问题,似乎别有深意。这次讲座论及海德格尔的部分占全文一半篇幅,以至于讲题其实应该叫做"海德格尔与苏格拉底问题"。讲座最后以马基雅维利问题结束,似乎是在告诉我们:唯有重新回到苏格拉底问题,我们才有可能彻底看清从马基雅维利到海德格尔的整个现代历史主义传统不断在培

---

① 除 1958 年的题为"政治学问的起源与苏格拉底问题"的六次公开讲座外,施特劳斯在 1968 年还做过一次题为"苏格拉底问题"的讲座,并在一开始梳理了近代以来从伊拉斯谟到基尔克果的"苏格拉底问题"(仅存录音记录稿)。

植的激进民主情绪的底色。反过来说,如果不仅具有激进民主情绪的"剑桥学派"史学与海德格尔哲学有内在的思想亲缘,而且其他各色面目的激进思想也大多如此,如果我们愿意爱惜自己身上最为珍爱的东西,如果我们因此希望学会辨识种种激进哲学的面目,以便保护自己的灵魂心性,那么,施特劳斯的这篇讲演文就对我们具有现实意义。

施特劳斯的讲演从尼采如何批判苏格拉底开始,但他同时强调:尽管尼采一生都在批判苏格拉底-柏拉图,并用"权力意志"论取代苏格拉底的"爱欲"论,但他"终其一生都受苏格拉底吸引"。① 与此不同,在海德格尔那里,很少能看到苏格拉底的身影。尼采哲学的复杂性在于,它呈现为两种相反的取向。一种取向是《扎拉图斯特拉如是说》中的"复仇精神":尼采认为永恒或永恒的存在者离弃了时间,他的哲学要替时间复仇——这显然属于历史主义取向。但另一方面,尼采也教导永恒回归,从而保留了古希腊的形而上学视域。海德格尔仅仅传承了尼采的复仇精神,在他那里"不再有任何意义上的永恒,甚至也不再有任何相对意义上的恒在"。尼采的"复仇精神"具体指向柏拉图主义,并把苏格拉底视为这种"主义"的始作俑者,海德格尔在继承和发扬这种"复仇精神"时,让"苏格拉底几乎完全消失"(《问题》,页454)。

海德格尔在《世界图像的时代》中曾提示我们,该文还有一个"附录",他在其中演示了如何让"苏格拉底几乎完全消失"。这篇"附录"专门讨论现代形而上学与希腊形而上学的关系,篇

① 施特劳斯,《苏格拉底问题》,见施特劳斯,《苏格拉底问题与现代性》,前揭,页453(以下简称《问题》,随文注页码)。

幅不长,简明扼要。对我们的业内人士来说,海德格尔的基本观点耳熟能详:现代形而上学是一种主体主义,这种主体主义的根子在柏拉图-亚里士多德的形而上学,因为这种形而上学扭转了前苏格拉底的存在之思。让今天的我们应该感到惊讶的是,为了论证这一观点,海德格尔竟然让苏格拉底与之作过不懈斗争的著名智术师普罗塔戈拉出面为自己作证。他说:如今人们把主张"人是万物的尺度"的普罗塔戈拉视为现代式"主体主义者"的先驱,实在大错特错。因为,这位智术师的"形而上学基本立场"其实是对自然哲人赫拉克利特和帕默尼德的基本立场的"一种保持":

> 在希腊智术师派哲学中,不可能有任何一种主体主义,因为在那里,人不可能是一般主体。人之所以不能成为一般主体,乃因为在那里,存在乃是在场,真理乃是无蔽状态。(《林中路》,页103)

这让笔者想起海德格尔早年(1924年)在讲授亚里士多德哲学时的一个奇妙说法:"智术师与哲人既有联系又有争执,哲人是真正的智术师——柏拉图在《智术师》中想要指出的就是这一点"(《基本问题》,页149)。看来,海德格尔在这里为普罗塔戈拉正名,其来有自。说过上面那段话之后,海德格尔就施展他的超拔解读本领,解读《泰阿泰德》中的苏格拉底对普罗塔戈拉命题的反驳(152a-b),然后引出下面这段结论:

> 通过柏拉图的思想和亚里士多德的追问,实现了一个决定性的、但始终还保持在希腊的关于存在者的基本经验

范围内的对存在者和人的解释的转变。恰恰是作为对智术师哲学的斗争因而处于与智术师哲学的依赖关系中,这种转变了的解释才成为如此决定性的,以至于它成了希腊思想的终结,而这种终结同时也间接地为现代准备了可能性。因此之故,后来,不只在中世纪,而且贯穿现代直至今天,柏拉图和亚里士多德的思想能够被看作地地道道的希腊思想,而所有前柏拉图的思想只是被看作对柏拉图的一个准备。由于人们长期以来习惯于认为希腊精神贯穿于现代的人本主义解释中,所以,我们始终未曾以让存在保持其独一性和歧异性的方式,去沉思向古代希腊开启自身的存在。(《林中路》,页100)

　　即便是如今博雅学院的本科生,只要他/她亲自读过或者哪怕眼下就读一下柏拉图的《泰阿泰德》,他/她也不难看到,海德格尔对柏拉图文本的解释实在粗糙,难免会想到沃格林对波普尔的柏拉图解读的评价(《通信集》,页96)。不过,鉴于海德格尔的巨大声望以及出于对这位后现代哲学之父的景仰,他/她不会说海德格尔的解释粗暴无理,反倒会说奇妙无比。

　　海德格尔让我们看到,柏拉图笔下的苏格拉底与普罗塔戈拉的斗争,在他笔下如何成了柏拉图和亚里士多德乃至后来的整个西方哲学"遗忘存在"误入歧途的决定性起点。海德格尔以普罗塔戈拉为例,算得上抓住了要害,因为,从柏拉图笔下的普罗塔戈拉所讲的普罗米修斯神话中的确可以看到,对普罗塔戈拉来说,"思想绝不可能超越时间,超越历史"。因此,历史理应取代永恒的自然秩序成为哲学的首要思考对象,哲学意识理应成为历史意识。既然海德格尔以普罗塔戈拉为师,他当然有道理指责苏格拉底—柏拉图缺少对历史的意识。因此,施特劳斯提出,"如果我们不假思索地接受[所谓]历史意识",就难免会觉得海德格尔深刻无比。然而,施特劳斯提醒我们,只要我们没有被海德格尔的"诗意地栖居"的迷人歌声蒙住,我们就应该看到:苏格拉底—柏拉图没有历史意识,不等于他们无视如今被称为"历史"的东西。毋宁说,苏格拉底及其学生柏拉图和色诺芬不过是用另一种方式来看待如今所谓的"历史"(《问题》,页456)。这让我们理应想到:无论老子或孔子乃至几乎所有的中国古代大哲,没谁有马基雅维利—海德格尔意义上的历史意识,但我们显然不能说,他们无视如今被称为"历史"的东西。

　　施特劳斯举了一个例子来说明这个问题。比如,现代史学所处理的"历史"也被统称为所谓"文化",古希腊思想中则没有"文化"这个概念。但是,现代人如今所谓的"文化",其实不过就是苏格拉底—柏拉图—亚里士多德所面对的各种技艺和意见,"尤其是关于最高事物(诸神)的意见"。可以设想,这些"意见"因民族而异,甚至在同一个民族的生长过程中,这些"意见"还会因时而变。尽管如此,"从知识性质上看",它们仍不过是"被相信的东西(nomizomena)"。施特劳斯借用柏拉图的比喻说,"它们是洞穴之顶":如今所谓的"历史",在柏拉图看来"就是连续或同时存在的诸多洞穴",洞顶是源于习惯的 nomōi[习俗],从而"习俗"会被看作"源于自然的自然的对立面"。哲人的职责是根据"自然"来调校"习俗",使之合符永恒的自然秩序。现代哲人带来的决定性改变是:让这个"自然"成了"消极的标准:一个人们应该脱离的东西"。施特劳斯尤其提到,"霍布斯的自然状态是最著名的例子"。可是,当现代哲人以此为基础重新设立"理性法或道德法"时,自然的"自然"就不再成为标准。现代初期的哲人大谈的"自然法",实际上根本"不再是自然法"(《问题》,页458)。由此可以说,在思考中西之辨时,我们断无可能让老子或孔子站在现代的"自然法"一边,并让他们拥有历史意识。

历史意识把历史视为一系列习俗,这是维科对霍布斯的"自然状态"论以及普芬多夫的新"自然法"论作出反应时得出的哲学结果;自然"被看作众多习俗之一",或者说习俗将自然并入其中。施特劳斯用这个例子表明,从人为设立的作为"消极标准"的自然到历史化的"自然",经历了诸多反对霍布斯这个现代起点的环节。因此,某个现代哲人反对其现代前辈,不等于他超逾了现代原则的前提。恰恰相反,现代式地反现代原则的前提,反倒不断地在把这个前提往更为极端推进。施特劳斯在1953年给沃格林的信中还在提醒自己的这位老朋友:

> 德国唯心论是在一个"英国的"、因而不充分的基础上返回前现代……德国唯心论的自由概念乃是前现代的美德概念与霍布斯-洛克式的作为道德的根本事实的主体权利(subjective right)概念的一个综合体。(《通信集》,页138)

最终,历史意识会给哲人带来一个极大麻烦:人类的族群是自然构成的,这里的所谓"自然"既指某个种族自身及其所在的地缘位置,也指某个种族的生活方式即nomos[习俗](习惯和语言)。"每个哲人本质上都属于这个或那个族群,但是作为[一个]哲人,他必须超越族群"才能思考永恒的问题,而不思考永恒的问题,他就算不上哲人。现代启蒙哲人指望靠征服自然和确立普遍承认的纯粹的理性法来克服这种自然差异,结果使得人的生活丧失了深度。为了反抗这种普世理想带来的人世生活的扁平化,德意志的浪漫派哲人们便宣称"宁要特殊的东西,不要任何普遍的东西"——这种"特殊的东西"只会是各个民族自身的特殊历史(《问题》,页459)。从此,历史主义历史地成为一个历史问题。

在这一历史的思想背景下,为了克服历史主义,海德格尔从哲学上把历史主义发展成一种精致的形而上学:

> 人们不能谈论任何在时间上先于人存在的东西;因为时间只有在人存在之时才存在或发生;本真的或原初的时间只在人身上存在或出现。(《问题》,页463)

海德格尔异常勇敢地把问题思考到底,进而提出这样的哲学主张:语言是存在之家,哲人之"思"受语言限制,而语言总是特殊的某个民族的语言,从而不能设想有普遍的"思"。可是,哲人之"思"本质上又必须追寻"某种普遍的东西",否则就算不上哲学之"思"(《问题》,页465)。海德格尔作为哲人毕竟不可能放弃哲学,这迫使他不得不面对哲学活动的超历史性质。既然不可能回到超时间或永恒的东西,海德格尔最终只能让哲学活动彻底凭靠历史的东西。这意味着:由于任何哲人都属于某个族群及其所属的语言,因此,属于某个族群的哲人要超越自己所属的存在地域的拘限思考哲学问题,只有期待与大地上其他文明族群的哲人就"存在"理解展开对话——这被称之为"东方与西方的相遇"(《问题》,页465)。①

---

① 详参施特劳斯,《海德格尔式存在主义导言》,前揭,页90-93。

于是我们看到,中西之辨在这里全然化解为一个历史主义的哲学问题:历史"洞穴"之中的"对话"哲学。我们若以为,海德格尔的这种关于"存在"理解的对话哲学为我们提供了中国思想的历史转机,我们就难免在历史主义的泥沼中越陷越深。但如何才能从这种泥沼中自拔呢?施特劳斯经过艰苦的思索得出的结论是:用政治哲学式的史学研究来对付历史主义的"历史意识"及其史学意识。因此,他提醒我们:在西方中古时期,哲学被等同于亚里士多德主义,在现代则被等同于康德—黑格尔主义,但"黑格尔哲学只是一种形式非常特殊的哲学:它并非原初的、必然形式的哲学"。① 在我们的时代,海德格尔哲学明显已经取代黑格尔哲学。但同样明显的是:海德格尔哲学也"只是一种形式非常特殊的哲学",它当然"并非原初的、必然形式的哲学"。如果热爱智慧者必须跟随某个具有非凡的智性天赋和特殊的个体性情的热爱智慧者学习思考,那么,选择谁做老师就是性命攸关的事情。因此,施特劳斯针对历史主义提出了哲学的现象学还原的彻底要求:回到苏格拉底问题。这首先意味着,

> 最关键的一点是,哲学不应是一套命题、一种教诲或一个体系,而应是一种生活方式,支撑这样的生活的是某一种激情,亦即热爱智慧[哲学]的欲望,或者说爱欲。(《回归》,页334)

---

① 施特劳斯,《进步还是回归?》,见施特劳斯,《古典政治理性主义的重生》,前揭,页333(以下简称《回归》,并随文注页码)。

其次,针对历史主义的哲学观,施特劳斯强调:

> 哲学[热爱智慧]就是探究关于整全的知识。因为哲学从本质上讲是一种探究,因为哲学永远不可能变成智慧(智慧与热爱智慧当然不一样),哲学觉得问题总是比解决方案更显而易见。所有解决方案都可以质疑。……但是,正是所有解决方案的不确定性,正是对于最重要事物的一无所知,才使求知成为最重要的事情,因而也使一种致力于求知的生活成为正确的生活方式。(《回归》,页335)

就此而言,亚里士多德的知识三分法毁不得,这种区分绝不等于如今的学科划分。柏拉图和亚里士多德共同的地基在于:区分科学(沉思/求知)与意见或感知或信仰。取消亚里士多德的知识三分法,无异于取消理论[静观]直观与实践直观的差异,其结果是很难避免用实践之思取代理论[静观]之思,把意见当作知识——这与从意见上升到知识是两码子事。

2　青年海德格尔与当代激进民主

施特劳斯在给老朋友沃格林的信中写道:

> 最接近"生存性的"[这个词]的古典对应词是"实践性的",只要人们懂得,"实践性的"与"理论[静观]性的"相对。生存论哲学(Existentialist philosophy)是特定的背谬努力,在我看来,它将把这种实践性的实践(the praxis of the practical)的思想引向其荒谬的最后结局,这也许就会在未

来的某个时候出现。在这些条件下,实践的确不再是实际的实践,而是把自己转化为"生存"。如果我没有完全搞错的话,出自 17 世纪的整个现代的黑暗,其根源在于混淆理论与实践的差异,这种混淆首先导致的是把实践归约为理论(这就是所谓的理性主义的含义),随后,作为报复,理论会在一种实践的名义之下被弃绝,而这种实践不再被理解为实践。(《通信集》,页 93)

施特劳斯写下这段预言时在 1950 年 3 月,不到 10 年光景,阿伦特就用她的《人的条件》(1958)一书证实了施特劳斯所言不虚。[①] 在阿伦特的实践哲学启发下,剑桥学派的"领军人物"波考克在 1975 年出版的《马基雅维利时刻》中说,文艺复兴时期的修辞学家把"人类过去的某些时刻孤立出来,致力于建立这些时刻与当下时刻之间的联系",这种方法可以称为"历史意识",即"意识到他表达思想的时间、社会和历史环境,这种环境通过塑造语言及其内容,也塑造着思想本身"。由于这种意识"关心的是社会和世俗事务",它会"把认知的生活转化为时间中的人性之间的交谈"。[②] 按亚里士多德的知识三分法,修辞术属于"创制"类知识,而波考克推崇文艺复兴时期的修辞学家的这些说法,不仅意在打通实践知识与创制知识,而且意在取消静观知识。这样一来,哲学的根本品质便荡然无存。

让笔者难免好奇的是:波考克何以能够堂而皇之地把文艺复兴时期修辞学家的观点说成真正的哲学,这不与海德格尔说

---

① 阿伦特,《人的条件》,竺乾威译,上海:上海人民出版社,1999(以下随文注页码)。

② 波考克,《马基雅维利时刻》,前揭,页 66。

"哲人是真正的智术师"完全同调吗？由于在波考克的履历中见不到他曾经对海德格尔哲学用功的记录，笔者只能推断，他的这种智术师式的哲学观来自阿伦特。

　　如果要追踪阿伦特的实践哲学思想的来源，那么，恐怕得追查到海德格尔在1924年开设的亚里士多德研读课——这就难免引出一桩哲学公案。业内人士都知道，海德格尔在1924年讲授的"亚里士多德哲学的基本概念"课非常著名，因为，人们从中可以清楚看到《存在与时间》的雏形。不过，海德格尔的这个课程成为一桩哲学公案首先是因为，随着讲课记录稿在2002年整理出版，人们看到，海德格尔的哲学起点其实主要是亚里士多德的《修辞学》，而非《尼各马可伦理学》卷六。于是，有人兴奋地认为，凭此讲稿有可能彻底刷新对海德格尔的理解。

　　这个课程成为公案的第二个原因是，施特劳斯和克莱因在晚年的一次公开对谈中提到，海德格尔的亚里士多德解读超拔绝伦，指的就是这个1924年的课程。于是，业界不断有人津津乐道海德格尔对克莱因和施特劳斯的影响，甚至认为施特劳斯是海德格尔的学生，从而生发出所谓施特劳斯与海德格尔的思想关系问题。

　　其实，克莱因和施特劳斯在圣约翰学院与本科生座谈的这个时刻（1970年元月）提到海德格尔，并非是在忆旧，而是带有实际政治意涵。因为，1960年代末，美国学界的极左思潮泛滥，大学校园出现了"直接民主"激进运动，其精神领袖马尔库塞和阿伦特都是海德格尔的亲炙弟子。不难设想，克莱因和施特劳斯在这样的时刻与本科生座谈提到海德格尔，很可能与当时大学校园中的激进民主气氛有关，甚至有可能是事先商量好的。应该注意到，克莱因在简要提到海德格尔的课堂魅力后马上就说：“我认为，人们必须区分古典思维方式与现代思维方式”。
如果为了缅怀海德格尔的早期课程，克莱因断乎不会跟着来这
么一句。毋宁说，在克莱因看来，眼下抵制激进民主思潮的唯一
可行之道，唯有“复苏古典哲学”。施特劳斯则告诉学生，虽然
海德格尔给克莱因“留下深刻印象，但克莱因没有成为海德格
尔主义者”，相反，他“转向了研究柏拉图”（《剖白》，页 491，
495）。这话显而易见地澄清了克莱因与海德格尔的所谓“师生
关系”：海德格尔对克莱因的哲学启发是与海德格尔反其道而
行之。

　　至于所谓施特劳斯与海德格尔的师生关系问题，更纯属子
乌虚有。[①] 在海德格尔讲授那个课程那年，施特劳斯已经写下
《柯亨对斯宾诺莎圣经学的分析》，这篇论文因显示了施特劳斯
终身关切的哲学问题而被公认为施特劳斯学术的开端。两年后
（1926 年），施特劳斯又发表了《论斯宾诺莎及其先驱们的圣经
学》。[②] 这两篇极富个性色彩的论文预示了施特劳斯的成名作
《斯宾诺莎的宗教批判》，而这部专著的出版仅比《存在与时间》
晚三年。

　　如果要说施特劳斯与海德格尔有什么思想关系，那么，我们

---

　　① 沃林在其《海德格尔的孩子们》一书 2015 年“新版序”中，用了五页篇幅讨
论施特劳斯与海德格尔的关系。为了反驳施特劳斯的弟子们“痛苦地缩小”施特劳
斯早年在弗莱堡所受到的海德格尔的影响，沃林引证了施特劳斯在这个场合的说
法，但他不可思议地粗心到把克莱因的话放进了施特劳斯口里（参见 Richard Wolin,
Heidegger's Children，前揭，页 XXX）。沃林关心海德格尔与政治的关系，却完全没有
看明白克莱因和施特劳斯在这个场合谈到海德格尔的实际用意是抵制当时大学校
园中的激进思潮。
　　② 这两篇早年论文的中译（彭磊译）见施特劳斯，《斯宾诺莎的宗教批判》，李
永晶等译，北京：华夏出版社，2013，页 394－438，451－483（以下简称《宗教批判》，随
文注页码）。

应该说,海德格尔在施特劳斯所思考的哲学与宗教或理性与启示这一根本问题中占有一个同时代的特定位置。施特劳斯写于1962年的《斯宾诺莎的宗教批判》"英译本导言",被他自己称为"思想自传",从中我们可以清楚看到海德格尔出场的语境:施特劳斯从罗森茨威格与海德格尔的思想关系出发,引出对海德格尔的评说。在施特劳斯看来,罗森茨威格试图凭靠海德格尔的新哲学让传统犹太教思想获得新生,只会事与愿违。因为,海德格尔的哲学意图是用"一种新思维"取代"依赖希腊根基的传统哲学",要实现这一目的首先得"拥有对希腊哲学的一种恰切理解"(《宗教批判》,页17)。言下之意,如果海德格尔真的深入希腊哲学的根基,那么,他就应该会发现理性与启示势不两立。接下来,施特劳斯花了好几页篇幅让海德格尔出面反驳另一位犹太教思想家布伯,以此证明想凭借新哲学复兴犹太教思想的企图只会落空。为了获得真正的哲学活动,"海德格尔希望将基督教神学的最后遗物——诸如'种种永恒真理'和'观念化的绝对主体'这样的概念——从哲学中清除出去"。既然如此,犹太教思想何以可能凭靠海德格尔的新哲学来挽救其现代厄运呢。

说到这里,施特劳斯话头一转说:但是,海德格尔"反对希腊人将人理解为理性动物",他对人的在世情状的本体论式描绘"远比尼采更接近基督教"。言下之意,从哲学上讲,海德格尔的基本本体论其实并非那么纯粹地哲学。虽然海德格尔致力于获得真正的哲学活动,但他并未成功,因为他的努力方向是用"一种新思维"取代基于苏格拉底的哲学传统。这种"取代"能否成功,取决于能否对苏格拉底问题有"恰切理解":没有事先恰切理解一种传统,也就谈不上"取代"这种传统。海德格尔不仅没有理解苏格拉底奠立的希腊哲学传统,而且使得"对[这种]传统的传统理解也成了问题"(《宗教批判》,页 23-24)。施特劳斯的表述非常清楚,海德格尔的亚里士多德解读对他来说根本不可能具有正面意义。对我们来说,既然海德格尔对亚里士多德的解读无异于摧毁苏格拉底奠立的希腊哲学传统,那么,我们就没可能说,我们能凭靠海德格尔理解自己的中国哲学传统。

　　为了切实看清这一点,我们还是亲自看看海德格尔的 1924年"亚里士多德哲学的基本概念"课的记录稿。如今收在《海德格尔全集》第十八卷中的记录稿由两部分组成:根据学生笔记(含克莱因、马尔库塞等人的笔记)复原的讲课记录和海德格尔的手稿(提纲),前者可以让我们领略整个课程的原貌。显而易见,海德格尔并非是按亚里士多德的文本文脉讲解其哲学的基本概念,如德文版编者所说,海德格尔"并未执着于[亚里士多德文本的]某一部分内容,甚至根本没有专注于某一确定的文本"(《基本概念》,页 474),而是借助解析亚里士多德的概念来展开他自己对作为"在-此-世-存在"的人的此在的形而上学思考,也就是人们可以在《存在与时间》中看到的"基本本体论"。我们甚至应该说,海德格尔几乎把亚里士多德的文本剁成了碎片,以完成他对人的此在的形而上学思辨——海德格尔在提纲手稿中把这称之为"解释运动":

　　　　所谓解释古希腊本体论的任务,意指摆出存在的含义(Herausstellung des Sinnes von Sein),此含义在古希腊的本体论中、在亚里士多德真正完成此本体论过程中,都具有支配性,之所以具有支配性,是因为在不明确地经验到世界的

和生命的此在的过程中,此含义已然被经验到了——摆出存在的含义,以解释运动为中心!(《基本概念》,页461)

很清楚,海德格尔要揭示的是"古希腊本体论"的存在理解,这并不等于亚里士多德的哲学本身,毋宁说,亚里士多德的哲学活动也受这种希腊人的存在理解支配。因此,如果要通过亚里士多德哲学来揭示希腊人的存在理解,那么,就需要一番哲学的"解释"活动——所谓"摆出存在的含义"。"解释"亚里士多德文本首先需要翻译希腊语原文,按海德格尔对"翻译方法"的说明,"翻译"就是"转义",即让"本真含义变得明白可见"(《基本概念》,页90-91)。这里的所谓"本真含义"指海德格尔自己要揭示的希腊人的存在理解,也就是"古希腊的概念性之原生性看上去是怎么个样子",而非亚里士多德在完成"希腊本体论"过程中自己对存在的理解(《基本概念》,页16)。既然海德格尔在整个课程中与其说是在理解亚里士多德还不如说是在肢解亚里士多德,如果要说克莱因由此学到了什么,那么,他学到的恰好是截然相反的东西:要恰切理解古人,必须基于对文本的完整释读:必须如亚里士多德理解自己那样理解亚里士多德。1935年,克莱因的柏拉图《美诺》疏解已经杀青,虽然该书直到1965年才出版。克莱因在书中不仅详细阐述了细读柏拉图的解读原则,而且展示了如何逐段解读《美诺》,让人们看到这篇看似枯燥抽象的对话的戏剧场景。①

海德格尔解释古代经典的方式被他自己称为"现象学的解释学",但我们必须清楚,这种解释学首先是一种哲学,或者说

---

① 见《柏拉图〈美诺疏证〉》,郭振华译,北京:华夏出版社,2011。

彻底更改传统哲学的新哲学。在 1921 至 1922 年的"亚里士多德的现象学解释"课上，海德格尔已经充分展示了他的作为现象学解释学的哲学观的基本原则：如何穿透到人的此在的生存根基深处，由此出发重建哲学。因此，如果要看清海德格尔在1924 年的讲课中如何肢解亚里士多德，那么，我们必须首先看看：在 1921 至 1922 年的课上，海德格尔如何通过他所理解的现象学还原来重新获得哲学。

按照现象学"回到实事本身"的要求，传统上所有关于哲学的说法或定义统统都得悬置起来，因此，海德格尔说：

> 作为一种对象，哲学像任何对象一样，拥有其真正被给予的方式；任何一种对象都对应着一种特定的通达方式，保持自身或迷失自身的方式。（《现象学解释》，页 18）

这就产生了重新寻求哲学得以源初性地产生的正当诉求。海德格尔的现象学还原的直观所看到的源初现象是：

> 在每一种拥有本身之中，无论如何都会"有""针对对象的话语"，任何真正的拥有本身都可能要求某种明确的话语：于是就可能产生这样的任务，通过"如何"拥有对象的方式，将"话语"明确地带到或导向对象的"是什么"，这项任务本身就发源或存在于拥有对象的处境（Situation）之中，存在于实际的经验活动或此在的某种处境之中。[从生存论上根本地理解：现象学的范畴研究之源头！]（《现象学解释》，页 19）

可以看到,海德格尔把人世中的言谈视为哲学赖以产生的最为根本性的源初现象,并将它定义为基本生存现象——这就是海德格尔通过现象学还原所获得的源初经验,而且是具有形而上学意义的经验。

> 所以,定义形式上的意义就是:从有待获得的基本经验出发,去把握那些适合于处境或前理解的东西,呼求着对象而规定其是什么—如何存在。(《现象学解释》,页 19)

由此引出的原则性结论是:现象学最终会成为一种生存现象学——或者说,胡塞尔的科学的现象学将被扭转为生存世界的现象学。

> 现象学的定义就是那样一种特殊的生存论结果;鉴于此,在决定性的意义上,领会活动之践行就会出现这样的情况,即,从基本的经验出发,道路,只有当它被指出时,才"返过来"形成,也就是说,其实直到现在,呼求才变得明确起来,任务(范畴研究)、处境和先行把握的概念,才作为问题被提上日程,而生存论的基本经验作为实际的决定性的东西,才可能在担心(Bekümmerung)中被具体地获得。(《现象学解释》,页 19-20)

通过这番现象学还原,海德格尔获得了对何谓哲学这一原生性问题的全新解答:哲学是一种生存性的"解释"活动:

> 没有一种有关哲学是什么和应该是什么的启示。哲学

是"杜撰"的吗？可以挑明，"可能"有这样的东西。在哪
里？为何？为了实际(faktisches)生活。这意味着什么呢？
必须有哲学吗？如果本该有生活或生存这种事情，无论如
何确实如此。"本该"？——实际就"有"。这里是有意在
移除吗？毁灭性地逃避到世界中；远离对象；胡塞尔的"还
原"的积极意义。(《现象学解释》，页35)

这一系列提问都不是修辞性的，而是现象学的"回到实事
本身"的行动。海德格尔让我们看到，他如何毅然决然让哲学
回到人的在世生存这个地基。接下来，海德格尔就极为透辟地
阐述了他所理解的"解释"活动。

只还剩下一条路：冷静的目光和严格地查看；"查看"
(nachsehen)：解释问题——哲学在解释中存在！不允许教
条地在方法的纯粹性方面提出问题，这种纯粹性是梦想而
不是考察的基地(实际性)；不要可疑地传唤证人，而是要
根本性地领会！应该去查看的是，以这种名义存在于此的
历史性的东西是什么(人们如今所领会的哲学的意义是什
么，即人们如何被捕获到哲学中，这些都和含糊、懒散以及
无法控制的传统和口味相关)，这样做不是为了接受历史，
而是为了获得一种明确的可能性或一种明显的阻碍，即拥
有一个真正的思考方向。不是我们要预先准备或无聊地探
究定义，而是说，哲学本身就关涉我们。(《现象学解释》，
页35-36)

海德格尔在前面已经让生存性的基本经验成为哲学赖以产

生的源初条件,在这里,海德格尔又给这种经验加入了历史属性。这段话让我们清楚看到,为了获得"真正的"哲学,人的生存在世还不是海德格尔的现象学还原要最终回到的地方,他还要求我们"应该去查看","以这种名义存在于此的历史性的东西是什么",以便"拥有一个真正的思考方向"。这意味着,"真正的"哲学不仅应该归属于人的在世生存,而且应该归属于在世生存的具体历史时刻。

> 历史作为客观的过去的事物,作为现实的过去本身,具有某种可能性和某种规定目标和标准的资格。这种可能性以及由此获得的资格根据何在呢?客观的历史的过去,那些作为典范最光彩夺目的,在古老和持久性上最令人敬畏的,在继续发挥着作用和精神史影响力方面最经久不衰的东西,对于那些当前所是或应该所是,以及当前如何存在或应该如何存在的东西来说,能够成为决定性的规定尺度吗?(《现象学解释》,页64-65)

这岂不是说:衡量哲学的"决定性的规定尺度"不是传统,而是"当前如何存在或应该如何存在"的诉求吗?这种诉求在海德格尔看来就是"历史意识",它对于支配哲学活动具有无可辩驳的正当法权。由此看来,海德格尔哲学成为当代种种激进哲学的教父,没有什么不好理解,因为,任何激进哲学都与人的"当前如何存在或应该如何存在"的诉求相关。反之,我们以为可以凭靠海德格尔哲学让中国古代哲学重新获得生命力,倒是让人匪夷所思。

　　我们今天的此在不同于任何以前时代的此在,这还暂时撇开所有原则性的东西不谈,我们是前无古人的后来者,就我们在自己那里拥有对此所表达出来的**历史意识**(还有相应方法上的践行可能)而言,我们在一种对于我们来说完全本己的意义上是那样的后来者,我们生活在这种意识中,在这种意识中审视自己,借助或通过这种意识展望或期待将来。这种特殊的科学、历史科学意识,通过进入到时代意识中而导致了特有的历史意识,这种历史意识就存在于此,或者说,恰恰存在于它转而反对熟练的历史考察的时候。(《现象学解释》,页65)

　　海德格尔在这里把道理说得非常清楚,我们不得不说,如果有谁寄望海德格尔领路带我们回到儒家或道家之家,那么,他被斥责为"复辟狂"就没被冤枉。如果有人在文化上是保守主义者,同时他又是海德格尔的坚定信徒,那么,我们只能说:要么他并不真的懂海德格尔,要么他干脆不顾基本的逻辑毛病。

　　当然,尤其值得今天的我们思考的其实是另一个问题:如果哲学从"源生性"上讲归属"当前如何存在或应该如何存在"的历史时刻,那么,哲学除了是我们的历史性此在的生存情绪表达,还会是什么呢? 笔者在1980年代初接触到海德格尔哲学的时候,马上就感领到其巨大的感召力,原因不外乎我们的时代有太过厚重的历史性生存情绪需要表达。现在回想起来,如果我们自己始终没有面对历史性的生存情绪与哲学究竟应该是什么关系,那么,严格来讲,我们其实还没有与海德格尔一起思考。毕竟,海德格尔哲学的根本出发点是:何谓真正的哲学。如果我们带着自己的历史性生存情绪与海德格尔一道探问这个问题,那么,我们其实也应该问:海德格尔的生存现象学是真正的哲学吗?

由此我们应该注意到,海德格尔在这一语境中说到了斯宾格勒。当时,《西方的没落》第二版(1922)尚未面世,我们可以看到海德格尔在课堂上怎样谈及他对《西方的没落》第一版的源生性感受。

> 斯宾格勒对此有坚定而明确的表述,他践行着当时的时代精神,或者说在当时的"时代精神"中践行着。这就意味着,暂时完全撇开那些在丰功伟业中必然会出现的偶然差错、副产品或诸如此类的东西不谈,历史意识是人们要严肃对待的东西。……
>
> 在嘈嘈杂杂的关于历史的诸多难题面前,所有的历史哲学都没有看到历史属性(Historische)的难题,更何况理解。斯宾格勒的基本缺陷在于:无历史属性的历史哲学,locus a non lucendo[不发光物发出的光]。斯宾格勒没有理解他所想要的,这表明,他在其特有的立场面前感到了畏惧,他打起了退堂鼓,并使一切都得到缓和,使那些——尽管只是"似乎"——熟悉没落观点的人得到了抚慰:一切真的没有说的那么严重,照旧可以平静地继续运转(时代精神的表达)。(《现象学解释》,页65)

海德格尔在1946年的《阿那克西曼德之箴言》中抨击德意志的历史哲学,并指名道姓抨击斯宾格勒。现在我们可以清楚地看到,在海德格尔看来,斯宾格勒的历史哲学以及此前和同时代"所有的历史哲学",其实"拥有一个真正的思考方向"。海德格尔批评斯宾格勒乃至黑格尔的历史哲学，仅仅因为他们缺乏足够的哲学勇气，以至于其历史哲学还不够哲学。海德格尔让我们看到，他的哲学抱负是，以前所未有的勇气把历史哲学推进到底——用他自己的话来说，这意味着："哲学活动就是根本性地践行历史"。按照海德格尔这一教诲，我们的哲学应该归属于什么样的"时代精神"呢？显然，这取决于我们如何理解自己的"时代精神"。如果你是自由民主的斗士，那么，你可以从海德格尔的生存哲学获得能量，如果你是个所谓"左派"或文化保守派，你同样可以从这种哲学中获得能量。这样看来，海德格尔式的"未来派"斥责海德格尔式的新儒家是"复辟狂"完全没有道理。

施特劳斯博士毕业后去弗莱堡听胡塞尔的课，因缘巧合也听了海德格尔的这门课。如果说他获得了什么启发，那么，从他与友人的书信中可以看到，最为基本的启发有两点。首先，他敏锐地看到，海德格尔当时才三十岁出头，他的哲学方向却是走向"极端"的历史主义。第二，海德格尔背离了胡塞尔现象学挽救作为严格科学的哲学这一初衷：以挽救哲学为名，海德格尔彻底摧毁了西方传统的作为科学的哲学。因此，海德格尔为了实现自己的哲学抱负对亚里士多德哲学施展的现象学解释学式的拆构，给施特劳斯留下了极为深刻的印象。

海德格尔的1921-1922年讲课记录稿虽然如今名为《亚里士多德的现象学解释》，但我们读起来会觉得与亚里士多德没什么关系。与1924年的讲课记录稿相比，这部讲课记录稿更为清晰地以论题方式展示了海德格尔的新哲学构想，以至于堪称海德格尔的生存论历史哲学的最佳入门性读本。至少对笔者来说，它比《存在与时间》容易理解，读起来也收获更大。相比之下,1924 年的讲课以拆构亚里士多德哲学的方式来展示他的新哲学,从而更多与亚里士多德的哲学言辞交缠在一起,我们反倒不容易看出海德格尔的哲学意图,总以为他是在解说亚里士多德。反过来说,当我们觉得海德格尔解读亚里士多德的功夫实在了不起时,其实仅仅表明我们还没有真正理解他的现象学解释学的意图。

不妨来看一个例子:在解释亚里士多德《形而上学》中的"已然存在的存在"这个概念时,海德格尔在 1924 年的课堂上说:

> "已然存在的存在"本身具有对"已然存在"规定:某个存在者的此在,并且看到了其已然之所是,看到了它的来源。如果将人规定为"拥有言辞的生物",那么,言说就源于他的 zōon -存在,即"生物"-存在,后者就是人的"属"。我着眼于其存在而看到某个此在者,就是看到它在此好像来源于……。如果我按照其历史(Geschichte)看到了某个存在者,那么,我就是本真地按照其存在看到了某个存在者,此在者如此便由其历史进入了存在。如此一来,这个此在者在此便完全了,它抵达了其终点(Ende),抵达了其完全性,就像房子终于按照其 eidos[型式]"建成"了。这个"向来在此"已然完全了,不需要我来建立它。(《基本概念》,页 38 -39)

这样的解说很容易让人沉迷,即沉迷于一种形而上学的玄思,但这种沉迷让我们意识不到,自己在玄思的其实并不是亚里士多德的所思,而是海德格尔的所思。如果亚里士多德与海德格尔的所思有高低之别或超历史的视界与历史的视界之分,那么,当我们沉迷于海德格尔的所思时,我们的所思也随之被海德格尔带离亚里士多德的超历史视界,不知不觉地进到海德格尔的历史视界,却没有意识到,海德格尔的说法无异于让形而上学历史化。

又比如,海德格尔接下来在解释亚里士多德《尼各马可伦理学》卷六章 10 中的"深思熟虑"这一概念时,把这个语词解释成"我在筹划中所关注的、有利于操持之终点的举措",以此揭示 praxeis[行事/实践]的本质特性。他说,所谓"深思熟虑"的意思是"操持","操持"的意思是将"'有益之物'付-诸-语言(Zur-Sprache-Bringen)",或者说付诸"彻底谈论"(Durchsprechen)。接下来我们就读到海德格尔的"基本本体论":

> 在将"有益之物"付-诸-谈论的过程中,就世界而言,正如它确实在此,世界才被本真地引入了在此(Da)。人的存在的此时此地(Jetzt und Hier)将通过一种确定的筹划而变得显而易见,通过这种筹划,用现代的说法,人就处于在确实的处境之中,处在本真的 kairos[关键时刻]。人的存在就在这种 logos[言辞]之中,legein[言说]作为 logizetai[推论]是对世界的在此拥有(Dahaben),所以,我在世,就是处在此时此地确定的情况(Lage)之中。(《基本概念》,页 63)

这类说法对读过《存在与时间》的业内人士来说,都耳熟能详。问题是,这种"基本本体论"要引出怎样的哲学目光呢? 当谈到亚里士多德在《尼各马可伦理学》开头提出的三种生活方

式的著名区分时,海德格尔说,亚里士多德列举了这些生活方式
的不同"目的"之后,"他也提出了批评性的问题:这些目的是否
满足作为共在的'目的'的'为了其本身'之含义。必须搞清楚
这些'目的'应当满足的'标准'"(《基本概念》,页80)。亚里士
多德明明关切的是三类灵魂类型的人的生活目的的差异,海德
格尔则说,亚里士多德关心的是不同灵魂类型的人的"共在"基
础——其实是海德格尔自己关心这个基础,即所谓的"共同言
说"或"共同交谈"。可见,海德格尔关心的并非是亚里士多德
的哲学意图,而是关心他自己的哲学意图:"摆出"他所理解的
希腊人的存在理解。与此相关,海德格尔认为,有人津津乐道亚
里士多德的"内传言辞"与"公开言辞"的区分,其实没什么意
义,把亚里士多德的那些公开的对话作品称为"公开言辞","这
种意见站不住脚"(《基本概念》,页116-117)。显然,对于把
"共同言说"或"共同交谈"视为形而上学地基的海德格尔来说,
这种区分没有意义。

　　海德格尔在讲课中五次提到苏格拉底,更确切地说,五次碰
到(而非主动提到)亚里士多德文本中的苏格拉底,仅有一次并
非一带而过,但即便这一次并非一带而过,也几乎等于一带而
过。亚里士多德在《论动物的部分》中说,"到了苏格拉底的时
候","搞哲学的人转向[研究]有用的德性和政治",对自然的探
究停滞不前了。这里的文脉是在说,当时出现了从自然哲人的
自然研究到智术师的政治研究的转变,未必涉及柏拉图的《斐
多》中苏格拉底自述的"转向",因为,亚里士多德说的是哲学时
风的转变。海德格尔随后轻描淡写地说,"苏格拉底推进了致
力于实事本身的事业",也就是关于"有用的德性和政治术"的
研究,似乎他注意到苏格拉底的"再次起航"。但是,海德格尔

并没有进一步具体说,苏格拉底如何致力于研究"有用的德性和政治",而是马上转入他自己对人的在世"情状"的分析(《基本概念》,页270-271)。据说,这一部分的分析是他这门课中最出彩的地方。

与黑格尔在最后一次讲"世界历史哲学"课程开始时提到苏格拉底的"转向"相比,海德格尔显得有所不同:黑格尔指责苏格拉底没有贯彻宇宙论式的"理智"论,海德格尔则似乎肯定了苏格拉底转向研究政治生活。毕竟,黑格尔的形而上学之思关切"理智"本身,海德格尔的形而上学之思则关切人的在世"情状"本身,方向刚好相反。形而上的本体对黑格尔来说是"理智",对海德格尔来说是人的在世"情状"。如果马克思已经致力让头足倒立的黑格尔哲学颠倒身子,那么,海德格尔更为彻底地让黑格尔哲学颠倒了身子。因此,有人会觉得自己有理由认为:海德格尔的基本本体论是一种政治哲学。

的确,在第九篇讲课提纲"手稿"中我们看到,海德格尔首先提出,哲学应该追究何谓"人的存在"。然后,他记下这样的要点:人是"政治[城邦]的动物"乃人的存在特质,这一特质的关键要义在于:人是"依赖言辞的实践性生存"。换言之,在海德格尔看来,人的存在的"政治[城邦]"性质必须被理解为"依赖言辞的实践性"。他特别强调,所谓"实践性"指的"不是与'理论性'相对的'实践性'",因为,作为人的生存本身的"实践性"并没有相对应的"理论性"。海德格尔在这篇讲课提纲最后写道:"永远要紧紧抓住politikon[政治]!"——这个惊叹号的含义是:永远要紧紧抓住"依赖言辞的实践"这个概念(《基本概念》,页402-403)。

由于必须依赖言辞来把握作为人的生存本身的实践性生

存,海德格尔把"实践性"具体规定为"共同言说":只有在共同言说的在-此-世-存在的意义上,人的此在才是全部概念性的基础。反过来说,如果要彻底把握人的此在,那就必须把握共同言说的在-此-世-存在。于是,从城邦生活入手,海德格尔把形而上学的起点锚定在城邦生活的"意见"之上,据说由此才能理解亚里士多德所谓"人是拥有 logos[言辞]的动物"的含义。因此,海德格尔的生存论分析是城邦的政治生活分析,从而是一种政治论的分析,尽管这种政治论同时是一种形而上学的存在论。这意味着,存在论应该从"共同言说"的 logos[言辞]开始,而这种 logos[言辞]就意味着城邦的共同生活,存在之真首先体现在城邦中的"意见"。海德格尔说,亚里士多德看到,"存在-于-此-polis[城邦]"之中的概念的基础就在"自然"概念之中,因此,他的哲学劳作的重点首先是"作为政治存在的 phusis[自然]",并由此出发为其存在研究本身获得了基础。显然,与其说是亚里士多德看到这种"作为政治存在的 phusis[自然]",不如说是海德格尔自己看到的。

　　由此可以理解,海德格尔的整个课程的核心部分是:"着眼于以修辞学为指导线索的交谈的基本可能性",即凭靠亚里士多德的《修辞术》来展开对作为人的生存的实践性生存的形而上学沉思。由于这个部分占整个讲课记录近半篇幅,目录家曾给这份讲课记录定名为"亚里士多德的《修辞术》"(《基本概念》,页 474)。这就是为什么有人会认为,海德格尔哲学的真正起点并非是他对《尼各马可伦理学》卷六的解释,而是他对亚里士多德的《修辞术》别开生面甚至堪称革命性的解释:海德格尔看到,"修辞学"不是单纯的制作言辞的学问,而是"政治学"。

　　其实,对古人也好、对现代的古典文史家来说也罢,"修辞学"就是一种"政治学"纯属常识。① 把海德格尔的人的此在现象学看作是一种政治哲学，也算不上什么了不起的发现，正如人们可以说，马克思的经济哲学或韦伯的宗教社会学是一种政治哲学。问题在于：它是怎样的政治-哲学？ 显然，要问答这个问题，首先得回答一个更为在先的问题：什么是哲学？ 因此，我们必须搞清楚：海德格尔把"共同言说"或"共同交谈"的言辞现象视为基本的存在现象究竟是什么意思，尤其是这对哲学来说意味着什么。

我们知道，修辞术是智术师炒热的，而智术师把修辞术等同于"智术"（Sophistik）——海德格尔在课堂上说：

> 我们必须将古希腊人生活在交谈之中这一实情完全呈现出来，与此同时，我们必须注意到：如果交谈是此在的本真可能性，在交谈中，此在具体并且最大程度地表现出了自身，那么，这种言说也恰恰是此在沉入其中的可能性，是此在使自己完全献身于某种特殊的取向、献身于最切近的事物、献身于模范、献身于废话闲言，并按此类事物行事的可能性。这种生命过程，即献身于世界、寻常之物，堕入他生活于其中的世界，对于古希腊人自身而言，成了由语言所导致的其此在的基本危险。这一实情的证据便是智术的存在。智术将言说的这一主要的可能性变成了现实。（《基本概念》，页 117-118）

---

① 参见尼采，《古修辞学描述》，屠友祥译，上海：上海人民出版社，2008，第一章"修辞的观念"；亦参施特劳斯，《修辞术与城邦：亚里士多德〈修辞术〉讲疏》，何博超译，上海：华东师范大学出版社，2016。

很清楚,在海德格尔看来,"此在的本真可能性"是"共同言说",也就是城邦"意见"。这无异于彻底颠覆哲学含义的"本真"概念,因为在这里,哲学并不意味着从"意见"的上升,反倒是要求哲学沉入城邦意见或"共同言说"本身。随后海德格尔就提到普罗塔戈拉的原理:"把较差的言辞变成更好的言辞"——这意味着打磨城邦"意见",让城邦"意见"透显出"此在的本真"。这就是海德格尔要"摆出"的希腊人的存在理解,因为他紧接着就说:由于"智术是古希腊人沉溺于语言本身这一实情的证据",日常闲谈是"古希腊的本质"(Griechentum)。海德格尔在这里要求我们必须注意,"从古希腊人的此在的这种肤浅化之中、从交谈和流言蜚语中找回 Logos 意味着什么"。接下来,海德格尔还说了一段甚至堪称带世界历史感觉的话:

> 到了柏拉图和亚里士多德的时代,此在背负着废话闲言,以至于需要他们俩竭尽全力方能将科学的可能性变成现实。具有决定性意义的是,他们并未从其他某个地方,譬如,从印度,即从外邦采纳一种新的生存可能性,相反,他们**从古希腊人的生命本身出发**:将 Logos 的可能性变成了现实。这就是逻辑学的起源,逻辑学是关于 Logos[言辞]的学说。(《基本概念》,页 119)

海德格尔在这里让我们看到的是他的决定性的扭转:扭转西方古典哲学传统对 Logos 的理解。这意味着,在柏拉图和亚里士多德之前,Logos[理性]意味着"日常闲谈",在他们之后,Logos 成了"逻辑学",因为他们要挽救陷于"日常闲谈"中的 Logos[理性]。对海德格尔来说,作为"日常闲谈"的 Logos 即

"共同言说"或"共同交谈",才是真正源初的希腊人的存在理解,因此,"从古希腊人的此在的这种肤浅化之中、从交谈和流言蜚语中",才能"找回Logos意味着什么"。由于亚里士多德的修辞学讨论的是城邦共在的"共同言说"或各种"日常闲谈",因此,专注于修辞学才有可能克服柏拉图和亚里士多德把Logos变成"逻辑学"或理性科学所导致的后果。让我们大开眼界的是:原来这就是海德格尔反对所谓"柏拉图主义"的理式论的根本理据。难怪海德格尔现在告诉我们:"修辞学无非是具体的此在的解释,是此在本身的解释学"(《基本概念》,页119)。

我们不禁要问:作为"日常闲谈"的Logos究竟意味着怎样的人的共在?笔者想起海德格尔后来在解释荷尔德林诗时提到的希腊经验中的"大众性"(所谓"柔和"),当时海德格尔没有具体解释何谓"大众性"。在这里我们可以清楚看到,"大众性"就是人的共在,其形而上学的含义是日常性和平均性(Durch-schnittlichkeit)。他在讲课一开始不久就曾说过,日常性和平均性即ousia[本体]这个措辞的"常用含义"(《基本概念》,页26)。对于"大众性"即日常性和平均性为何堪称"基本本体论"的要核,最为清楚的表述莫过于海德格尔在课堂上的下面这段说法:

　　　　人不仅存在,而且与更多的人共在。相反,这种共在意指一种存在之如何(Wie des Seins):人按共在方式而存在。这个基本陈述,我本人作为活人在我的世间将此基本陈述摆在我面前,这个完全原初的陈述"我在"(ich bin)是根本错误的。人必须说"我作为某人而在"(ich bin man)。"作为常人"(Man)而在,就是"作为某人"(man)而担当某某事情,就是"作为人"看到事物如此这般。这个人就是日常性的本真的如何,就是平均、切实的共在的本真的如何。由这个常人(dieses Man)之中生发出的方式和方法,就是人最初并且最常看到世界的方式和方法,就是世界关涉人的方式和方法,就是人言及世界的方式和方法。常人就是人的日常之在的本真的如何,这个人的本真的承载者就是语言。常人停留在语言之中,在语言之中拥有其本真的统治地位。通过更精确地把握常人,您看到,常人正是一种可能性,本真的共在就按确定方式由此可能性中生发出来。人作为"政治的动物"的基本规定必须坚持,在随后的阐述中也必须坚持:随后的阐述关注对世界的"观望"(Hinsehen)即"静观",关注在此观望中在此的事物,关注 eidos[型]即世界的"外观"(Aussehen),就像人们通常看到世界那样。在eidos[型]之中具有一种所谓的普遍性(Allgemeinheit)、普遍有效性、一种对某种确定的平均性的要求。这就是普遍之物的基本规定的根源之所在,人们乐于将基本规定理解为古希腊的科学概念的基本规定。因此,我们必须从一开始并且一直将这个常人作为人的存在的基本规定来看待。(《基本概念》,页68)

我们不是可以把这段话看作"常人现象学"的经典表述吗?1980年代初,笔者研习海德格尔时始终搞不懂一件事情:在《存在与时间》中,海德格尔的哲学视界如此之低,直抵人的"闲谈""无聊",何谓后来又大谈"诗人"的语言——常人的"闲谈"与诗人的吟哦怎么能够在同一种哲学中协调一致呢? 如今读到1924年的讲课记录稿,笔者才终于想明白:通过解释诗人尤其

荷尔德林的言说,海德格尔要揭示的希腊人的存在理解是,常人
现象才是世界的真正本相。

> 世界首先并且主要在实践中在此,它具有"其他为人
> 们所接受的情形"之特质,具有"或多或少"之规定。世界
> 作为"好的东西"或"有利的东西"在此,而这样的东西具有
> "或多或少"的特点。所以,我们对待它们的态度也具有
> "或多或少"的特点,我们的态度之偏转或多或少采取了平
> 均方式,以便我们在世界中活动。世界之透显的方式方法
> 就是或多或少。由此出发我们方能明白,"进入本真的心
> 境"意指进入中间(in die Mitte kommen),由偏转进入中间。
> 中间无非就是 kairos[关键时刻],就是方式、时间、为何和
> 关于何物等情况之整体。(《基本概念》,页171)

由于心仪大众民主的剑桥学派不仅特别钟爱"共同言说"
或"共同交谈",并视之为政治思想史的基础,也特别钟爱"关键
时刻"这个语词,笔者在阅读海德格尔的讲课记录稿时碰见这
个语词自然会很敏感,难免会注意到海德格尔说,亚里士多德把
"实践"的"目的"规定为一种"取决于关键时刻的目的",还说
"亚里士多德深入和澄清这些现象要比柏拉图更胜一筹。这为
研究柏拉图所未见之物开启了视角,这一视角对于理解柏拉图
哲学的一个基础部分具有一种基础性意义"(《基本概念》,页
153)。笔者自然会感兴趣:柏拉图没有看到什么? 所谓亚里士
多德的"关键时刻"概念对理解柏拉图哲学的哪个基础部分有
基础性意义? 让笔者感到惊讶的是:海德格尔指关于"美德/德
性"的部分,因为他后来说:"aretē[美德/德性]指向关键时刻"

（《基本概念》，页 188）。这无异于说，何谓德性或美德取决于历史性的此在的某个"关键时刻"。换言之，德性或美德的实质及其差异统统被这个生存的"关键时刻"一笔勾销。如若不信，就看看海德格尔自己怎么说：

> 照此说来，"好"本身作为"实践"的"界限"，将世界的存在刻画为总是如此这般的存在者，所以，关于某个"一般而言的好"，以及关于某个"一般而言的好"的论说，都没有意义。"好"不仅并不意指"价值"这样的某物——如果人们理解了它的本真含义，那么，它就不可能意指价值和价值关联的某种观念化的（ideales）存在——，相反，它意指下述存在者的一种特殊的此在方式：我们在"实践"中就与这种存在者打交道，并以"关键时刻"为定向。因是之故，下面这一点完全是自明的：亚里士多德在《尼各马可伦理学》中讨论"一般而言的好"（批判柏拉图）时要诉诸范畴。（《基本概念》，页 343）

海德格尔的意思是，亚里士多德在深入和澄清人的存在的"大众性"方面要比柏拉图更胜一筹，所谓柏拉图哲学的所未见之物说到底就是：大众对"好"的理解与"观念化的存在"无关——而我们知道，柏拉图哲学的基础部分之一恰恰是"观念化的存在"。亚里士多德的意思是否如此，无关紧要，重要的是海德格尔的意思如此。他让我们看到，他的形而上学目光锁定的是作为"大众性"的人的此在，并要求删除柏拉图要求哲人应该看到的"观念化的存在"。难怪海德格尔会把"智术师"与"大众"摆着一起，对他们受到苏格拉底讽刺感到念念不平（《基本概念》,页 204-205)。

我们当然有理由问:柏拉图真的无视希腊人生存的"大众性"或人世的"大众性"?难道柏拉图没有写过关于修辞学的作品?即便如今博雅学院的本科生也知道,怎么可能啊!柏拉图的《高尔吉亚》就摆在那里,如施特劳斯在《高尔吉亚》研读课上所强调的:苏格拉底与卡利克勒斯和高尔吉亚谈话的语境就是"大众"场合,我们根本不知道当时有多少人在场。[①] 柏拉图在《高尔吉亚》中记叙的苏格拉底,恰恰讨论的是作为"共同言说"修辞与人世政治生活的关系,而苏格拉底始终没有放弃的是:世间杂众对"好"的理解无论怎样纷然杂陈、怎样随历史的"关键时刻"而变,他仍然相信有"一般而言的好"。我们不能设想海德格尔没读过《高尔吉亚》,只能设想他的灵魂类型放弃了对"观念化的存在"和"一般而言的好"的关切。典型的例证是,海德格尔后来讲授柏拉图的《智术师》时,曾解读过柏拉图《斐德若》的片段,他对其中非常著名甚至极富诗意的灵魂神话视而不见,只字未提。[②]

海德格尔看重"关键时刻"这个概念,显然因为它与"永在""恒在""永恒""永远"之类的概念绝然相对。讲课刚开始不久,海德格尔就要求"理论研究"(即哲学活动)不要与"永恒"或"无限"之类扯上关系:

> 可以推断,对于亚里士多德和古希腊人而言,理论研
> 究的内在原理是:"不走向无限"。"走向无限"是走向根

---

① 参见施特劳斯,《修辞、政治与哲学:柏拉图〈高尔吉亚〉讲疏》,前揭。
② 参见海德格尔,《柏拉图的〈智者〉》,溥林译,北京:商务印书馆,2015,页410-419(以下随文注页码)。

本不存在的某物,因为,如此便失去了界限。这种避免
"追溯至无限"的原理,对于古希腊人而言,具有完全确定
的含义和完全确定的重要性,此原理也根本无法套用于当
前的研究之中,因为,它具有某种完全不同的此在之含义。
若要更为宽泛地运用此原理,则必须就何谓存在(Sein)提
出理由。存在特质本身带有"界限"的在此之时刻(Da-
Moment)。一个存在者的当前性,就其完全性而言,按照
它的在此(Da)对一个存在者作出规定,也就是说,不折不
扣地刻画了这个存在者的特质。这种存在含义,不是古希
腊人从哪里发明出来的,而是由完全确定的关于存在的经
验中生发出来的,因为,人就生活在某个世间,也因为,有
"天"为世界穹顶,还因为,世界就是封闭于自身之中并且
完成于自身之中的"天"。古希腊人由此在出发来解释存
在——这是唯一可能的方式。一种确定的世界经验,就是
古希腊人阐明存在的指导线索。(《基本概念》,页 43 -
44)

　　海德格尔让我们看到,他把"天"的视界拉下来,成为此世
中的"封闭于自身之中并且完成于自身之中"的视界。尤其值
得注意的是,他在这里把他认为属于希腊民族的存在理解推之
为普遍的具有形而上意义的存在理解,因为,这种存在理解"不
是古希腊人从哪里发明出来的,而是由完全确定的关于存在的
经验中生发出来的"。海德格尔由此确立了自己的形而上学根
基,但绝妙的是,他把这个"根基"说成是亚里士多德哲学的"根
基":他说,"亚里士多德说,我的脚下必须有根基,这个根基必
须以其直接的自明性在此,以便我致力于存在"——同时还说,

亚里士多德所确立的这个根基"其实是对柏拉图式的哲学的反击"(《基本概念》,页41)。

亚里士多德哲学真的是海德格尔所说的那样吗?笔者禁不住会推想:海德格尔当然既熟悉亚里士多德也熟悉柏拉图,但他更讨厌柏拉图,因为柏拉图笔下的苏格拉底过于喜欢谈论"观念化的存在",谈论纯美的东西。对决意走向"大众性"的"柔和"的海德格尔而言,柏拉图笔下的苏格拉底是个活生生的绊脚石,毕竟,亚里士多德的文本并非以展示苏格拉底的生活为主。海德格尔当然知道亚里士多德与柏拉图甚至苏格拉底的师生关系,知道亚里士多德与柏拉图在哲学的根本立场上一致,但他发现,抓住亚里士多德与柏拉图的分歧大做文章,可以事半功倍地从哲学上删除苏格拉底-柏拉图对"好"的理解(《基本概念》,页98-99)。因此,海德格尔在讲课中凭靠人的此在与"历史性"(Geschichtlichkeit)的同一关系否弃哲学的"永恒"观念时,他告诉听课的学生,应该这样来理解亚里士多德在《尼各马可伦理学》中所谓"由经常的行事出发":

> 所谓经常的行事与作为"抉择"的"实践"有关:它指"抉择"的不断-重复。经常(Öfter)恰恰刻画了此在的时间性。亚里士多德不能说"永恒",因为,人的此在本身不可能永久不断地如此持存。人的此在恰恰能够不断地以另外的方式存在。像此在这样一类存在者的不断(Immer),乃是重复之经常。正是在由历史性所决定的人的此在中,可以看到完全不同的时间关联,与这些时间关联相对的其余的时间规定都不起作用。(《基本概念》,页213)

现在我们可以最终确定,海德格尔在解释荷尔德林时声称他从荷尔德林的诗中识读出来的所有东西,其实都是他自己放进荷尔德林诗中去的。尤其重要的是,他笔下的自然哲人赫拉克利特邀请众人一同取暖,是非常认真的说法——这意味着:哲学应该成为实践政治,与"大众"结合,成为"大众"的心声。因此,如果有人凭此断言,与青年苏格拉底从探究自然转向探究人世一样,青年海德格尔早在 1922 年就从思辨形而上学转向了政治哲学,那么,这仅仅表明他的眼睛高度近视,而且散光度数甚高。因为,苏格拉底奠立的柏拉图-色诺芬式的政治哲学用热爱纯粹智慧的眼光或静观[沉思]的眼光看待人世的政治生活,瞳孔后面的眼底是永恒完美的自然秩序;现代式的政治哲学用实践智慧的眼光看待人世的政治生活,瞳孔后面的眼底不是人的历史性此在,就是沃格林所说的"历史中的秩序",甚至干脆是历史中的"关键时刻"本身——苏格拉底-柏拉图式的政治哲学与海德格尔式的政治哲学岂可同日而语?

1924 年讲课记录稿让我们得以最终确认,海德格尔哲学在一开始就包孕着激进哲学效素。记录稿不仅没有推翻、反倒证实了我们的作者从海德格尔与《尼各马可伦理学》卷六的思想关系出发得出的"图穷匕见"结论。作者没有读到讲课稿从而没有看到海德格尔的思想开端与古希腊修辞学的关系,不仅没有妨碍他得出我们可以从讲课记录稿得出的结论,反倒让他有可能直奔问题要害。国朝学界的海德格尔研究成果很多,唯有我们的作者没有被海德格尔的盖世魅力彻底迷惑,敏锐地触及到海德格尔哲学与当今激进政治哲学的亲缘关系——笔者不能不说,作者慧眼独具。

3　阿伦特如何传承海德格尔

在 1970 年的《苏格拉底问题》讲演最后,施特劳斯提到马基雅维利与苏格拉底问题的关系时说:马基雅维利"延续、修改、败坏了苏格拉底传统"。① 施特劳斯首先说的是"延续",然后才是"修改",进而"败坏"。这话用在尼采身上庶几适当,用在海德格尔身上则未必。尼采毕竟还在延续苏格拉底问题,在海德格尔那里则已经没有"延续",仅有"修改"进而"败坏"。更重要的是,他教会自己的杰出学生阿伦特不再"延续",而是仅仅"修改"进而"败坏"苏格拉底传统,并由此发展出一种在美国乃至国朝学界都广有影响的公民哲学。在《传统与现代》一文开篇,阿伦特就说:

> 我们的政治思想传统有一个明确的开端和终结,它开始于柏拉图和亚里士多德的教导,我相信,这个传统在马克思的理论中差不多到了一个明确的终点。当柏拉图在《理想国》的洞穴喻中将人类事务领域,即所有属于生活在共同世界中之人的事务,描述为黑暗、混乱和欺骗的时候,我们的传统就此发端。人类事务领域是如此混乱不堪,以至于那些渴求真正存在的人如果想发现永恒理念的澄澈天空,就必须远离并弃置这一领域。②

---

①　伯林对维科的"知识观"的论析是出色的旁证,参见伯林,《反潮流》,前揭,页 133 - 143。如伯林的追随者里拉的解释所说,在维科那里,"发现真正的苏格拉底"的结果是"哲学的终结"。参见里拉,《维科:反现代的创生》,前揭,页 265 - 282。

②　阿伦特,《过去与未来之间》,前揭,页 13。

　　对古典哲学有基本修养的人会觉得,这话说得实在离谱。我们是否也应该成为这样的海德格尔学生? 或者更应该问:"苏格拉底问题"与我们中国哲学的过去和未来有关系吗? 毋庸置疑,只要海德格尔与我们有关系,"苏格拉底问题"就与我们有关系——不! 应该说:即便海德格尔与我们没关系,"苏格拉底问题"也与我们有关系,甚至与我们的"关键时刻"有关系!

　　让我们来看一个难得的例子。1954 年,海德格尔出版了《讲演与论文集》,其中有一篇文章题为《什么叫思》,①非常著名,后来还出版了扩写后的单行本。1980 年代初,"思想解放"正举步维艰地缓缓前行,笔者满怀热情与北大外哲所的相好同学合作将这篇文章译成中文,题为《什么召唤思》。当时的笔者多么渴望海德格尔能"召唤"起我们的"思"! 笔者并不知道,自己的脑子其实一片浆糊,根本没能力辨识海德格尔言辞的虚实。比如,海德格尔在文中难得一见地夸赞了苏格拉底一番,笔者当时译得稀里糊涂,②现在重新译过:

　　　　在直到死之前的生命时间中,苏格拉底所做的无非是把自己摆进这种[思的]运行的风行(den Zugwind dieses Zuges)。这就是为什么他是西方最纯粹的思者。所以,他什么都没写。因为,谁一旦出离这种思(aus dem Denken)开始书写,他不得不注定如同那些在极强的风行面前逃入避风处的人们一样。苏格拉底之后的所有西方的思者,无论多么伟大,都不得不是这样的避风者,这依然是一个尚且

　　①　海德格尔,《讲演与论文集》,孙周兴译,北京:生活·读书·新知三联书店,2005,页 135-151。
　　②　孙周兴选编,《海德格尔选集》(下),上海:上海三联书店,1996,页 1219。

隐匿着的历史的秘密。

这段赞词颇有诗意,但也实在费解:最为纯粹的哲思是"把自己摆进这种[思的]运行的风行"究竟什么意思？思想"运行的风行"或哲人之思应该成为"风行"怎么理解？幸好,1970年代初,激进民主运动无论在中国还是美国都还处于疾风骤雨的时刻,阿伦特应邀成为著名的吉福德讲座的主讲嘉宾。在回答"什么东西使我们思"(与海德格尔的文章标题近似)这一哲学问题时,阿伦特为我们解答了这一疑难。她说,"苏格拉底本人清楚地知道,他在自己的事业中讨论的是不可见的东西",苏格拉底自己把"不可见的东西"比喻为"风"——她还告诉我们,典出色诺芬的《回忆苏格拉底》(卷四第三章14)。①

笔者翻开《回忆苏格拉底》的那个地方就看到,原来,这个"典故"出自苏格拉底与欧蒂德谟一起讨论到诸"神"的场合。苏格拉底说,"惟有那位安排和维系着整个宇宙的神"最为重要,因为"所有美且好的东西都在这个宇宙里头",正是这位宇宙之神"使得宇宙永远保持完整无损、纯洁无瑕、永不衰老、适于为世人服务"(楷体着重号为笔者所加,下同)。反过来,"宇宙服从这个神比思想还快,而且毫无减损"。笔者不禁想到,如果要用我们中国古代哲人的说法,那么,这位"宇宙神"也许可以被称为"玄"。我们四川的古代先贤杨雄说过,"玄者,自然之始祖也,而万殊之大宗也"。《抱朴子内篇》开篇就用幽美的言辞如此"畅玄":

---

① 阿伦特,《精神生活·思维》(1971),姜志辉译,南京:江苏教育出版社,2006,页195。

眇眛乎其深也,故称微焉。绵邈乎其远也,故称妙焉。
其高则冠盖乎九霄,其旷则笼罩乎八隅。光乎日月,迅乎电
驰。或倏烁而景逝,或飘潭而星流,或浤漾于渊澄,或雾霏
而云浮。因兆类而为有,托潜寂而为无。沦大幽而下沈,凌
辰极而上游。金石不能比其刚,湛露不能等其柔。方而不
矩,圆而不规。来焉莫见,往焉莫追。乾以之高,坤以之卑,
云以之行,雨以之施。

"来焉莫见,往焉莫追"就是苏格拉底在这里说的主题——
他说道,这位宇宙神所"管理的宇宙的形象"对我们来说是看不
见的,"即便对于众人都极其明显的太阳",也不会让人精确地
窥视它本身,谁要是"轻率地凝视它",就会"丧失视力"。接下
来说的更为要害:这位宇宙神的仆役们对我们来说也是看不见
的,比如,闪电作为神对人的打击虽然可见,但"打击和离去都
是看不见的"——

　　风本身是看不见的,但它的作为对我们却是显然的,它
的来临,我们也觉察得出来。尤其是人的灵魂,比人的其他
一切更具有神性,灵魂在我们里面统治着一切是显然的,但
它本身却看不见。①

阿伦特在演讲中说到这个"典故"时,本来是这样开头
的——她说:"如果西方思想中有一种苏格拉底的传统",那么,

---

① 色诺芬,《回忆苏格拉底》,吴永泉译,北京:商务印书馆,1984,页 159-160,
译文略有改动。

我们没法从哲学史中找到这种"传统",因为苏格拉底本人的思考关注"不可见的东西",并把"不可见的东西"比喻为"风"。言下之意,"风"怎么能看得见呢? 阿伦特说,这个比喻来自苏格拉底的学生色诺芬的记叙,这等于说来自苏格拉底本人。但她接下来没有说,色诺芬笔下的苏格拉底所说的"风"具体隐喻什么"不可见的东西",而是随即提到索福克勒斯的《安提戈涅》第一肃立歌中的比喻:人的思维如"风一般快"。这无异于用索福克勒斯的诗句来证明,苏格拉底所说的"不可见的东西"是"风",而"风"隐喻人的哲学性"思维"。可见,阿伦特不动声色地用索福克勒斯的比喻替换了色诺芬的记叙。我们知道——阿伦特当然更清楚,海德格尔在《形而上学导论》中对这首肃立歌有过超拔绝伦的"解释"。[1] 可以推断,阿伦特在这里用索福克勒斯的诗句取代色诺芬的记叙,是在模仿自己的老师。

　　果然,阿伦特接下来就说,"在我们的时代,海德格尔偶尔也提到'思想的风行'"——随之她就全文引用了笔者在上面重新翻译的那段出自《什么叫思》中的言辞。阿伦特让我们看到,她如何先用索福克勒斯的诗句修改色诺芬,然后再用海德格尔败坏"苏格拉底的传统"。引用过海德格尔之后,她甚至还说了色诺芬一番坏话:"在色诺芬的回忆录中,他焦急地用自己的庸俗论证为其导师受到的庸俗指控辩护(with his own vulgar arguments against vulgar accusations),他提到这个隐喻,但它没有表示更多的意义。"[2]如果我们没有亲自阅读过色诺芬,那么,我们难免会觉得阿伦特学识渊博、旁征博引、引人入胜。

————————

　　① 参见拙文,《海德格尔与索福克勒斯》,刘小枫,《重启古典诗学》,北京:华夏出版社,2009/2013,页63-188。
　　② 阿伦特,《精神生活·思维》,前揭,页195-196。

色诺芬的记叙真的像阿伦特说的那样,"没有表示更多的意义"? 色诺芬笔下的苏格拉底并没有把思维比喻作"风",反倒说自然宇宙服从自己的神"比思想还快"。如今博雅学院的本科生也能够一眼看到,苏格拉底用"风"比喻"人的灵魂",因为它"比人的其他一切更具有神性",而且受宇宙秩序的派遣,在无形中支配着每个个体的在世生命——这与柏拉图的《斐德若》中苏格拉底讲述的那个著名的"灵魂神话"若合符节:不同的人有不同的灵魂。我们难道不应该说,阿伦特通过"修改"色诺芬"败坏"了西方思想中的"苏格拉底传统",而且是彻底败坏? 海德格尔的那段话看似在赞美苏格拉底,其实无异于让苏格拉底像"风"一样消失得无踪无影,借此召唤哲思成为实践性的雷厉风行。阿伦特模仿自己的老师,让海德格尔取代色诺芬,最终让苏格拉底心系着的拥有"所有美且好的东西"的自然秩序消失得无踪无影。在她的教育下,剑桥学派的波考克和斯金纳的哲学视界既没有"永远保持完整无损、纯洁无瑕、永不衰老、适于为世人服务"的自然秩序,也没有像"风"一样在世的"人的灵魂",只有历史中的"关键时刻"——对此我们还用感到诧异吗?

阿伦特在成为这样的哲学教师之前,她首先得让自己的灵魂视界只有历史中的"关键时刻",不在乎"比人的其他一切更具有神性"的灵魂本身。① 否则,她会注意到,色诺芬记叙的苏

---

① Chacón 平行比较青年海德格尔(1922-1924)、青年阿伦特(1928-1929)和青年施特劳斯(1929-1931)的政治哲学思考,虽然有趣,却没有用典型的苏格拉底问题即"灵魂问题"为尺度来展开比较:热爱智慧者[哲人]首先应该关心的是自己的灵魂,然后才是关心政治。参见 Rodrigo Chacón, *German Sokrates:Heidegger,Arendt, Strauss*,Ann Arbor:ProQuest LLC,2010,页 38-218。

格拉底与欧蒂德谟的交谈还真与她对"思"的理解有关。这位
欧蒂德谟自以为在智慧方面比别人强,苏格拉底教育他要学会
自知,亦即认识自己的灵魂,并记住镌刻在德尔菲神庙上的名言
"认识你自己"。在柏拉图的《斐德若》开场我们可以看到,苏格
拉底首先这样要求自己,即便在斐德若这样的常人面前也非常
节制地不好为人师。① 在阿伦特那里,由于没有把认识自己的
灵魂视为首要问题,哲学之思很容易就成了实践性的雷厉风行。

　　1954 年,阿伦特在美国的圣母大学做过题为"法国大革命
之后的行动和思想问题"的系列讲座,最后一讲题为"哲学与政
治"。这篇讲稿后来刊于《社会研究》学刊(1990 年春季号),
2005 年收入 Jerome Kohn 选编的阿伦特文集 *The Promise of Politics*(《政治的承诺》)时,经略为修订,改题为"苏格拉底"。我们
可以读到,阿伦特在演讲中说:

　　　　在苏格拉底的理解中,德尔菲的"认识你自己"意味
　　着:只有通过认识向自我显现且仅仅向自我显现之物,进而
　　我们的认识总是与我们的具体存在相关,我们才能认识真
　　理。绝对真理,对所有人都一样,是独立于个人存在的无关
　　之物。因此,绝对真理对于凡人而言是不存在的。对凡人
　　来说,重要的是提出真诚的意见,在每个 doxa[意见]中看
　　到真理,并且在这个意义上可以说,个人意见中的真理向自
　　己和他人显现。在这个层面上,苏格拉底的"知道自己不
　　知道"就意味着:我知道自己无法为每个人提供真理,除非

---

　　①　参见柏拉图,《斐德若》229d1-230a7,刘小枫编/译,《柏拉图四书》,前揭,
页 285-286。

我去询问和了解他人的意见——仅仅展现给个人、不同于
其他所有人的意见，否则，我无法知道他人的真理。①

　　幸好我们现在能够读到海德格尔在 1920 年代的讲课记录
稿，否则真还看不出来，这段对"苏格拉底的理解中"的"认识你
自己"的妙解明显来自青年海德格尔的革命性思想。1924 年
至 1925 年冬季学期，紧接着"亚里士多德哲学的基本概念"课，
海德格尔又开设了柏拉图的《智术师》研读课程，重点是前一学
期的亚里士多德课程已经展现出来的对希腊修辞学的关注。
由于柏拉图的《斐德若》也涉及到修辞学，而且显得不那么断然
排斥，海德格尔花了几节课时间讲解《斐德若》。业内人士都知
道，《斐德若》在结构上明显分为两部分，第一部分是三篇关于
爱欲的讲辞，第二部分讨论修辞术。海德格尔说他仅仅关注第
二部分，但他仍对第一部分作了"一般刻画"。他说，《斐德若》
的"核心主题"是 Logos［言辞］的优先性，这体现为苏格拉底对
言辞的爱欲就是他"朝向自我认识的激情"。可是，海德格尔并
不在意苏格拉底这个热爱"自我认识"的人首先看重认识自己
的灵魂，而是在意"言辞现象在同人之生存的联系中多么强有
力"这个形而上学基本问题（《柏拉图的〈智者〉》，页 412）。
　　尤其让今天的我们值得好奇的是，海德格尔在课堂上念了
《斐德若》开场 229e5 以下那段苏格拉底的著名言辞的希腊语
原文："我还不能按德尔菲铭文做到认识我自己。连我自己都
还不认识就去探究［与自己］不相干的东西，对我来说显得可

---

　　①　阿伦特，《政治的应许》，张琳译，上海：上海人民出版社，2016，页 34-35（以
下简称《承诺》，随文注页码）。

笑"——把这段原文译成德语说了一遍之后未作任何解释,海德格尔马上跳到这个场景最后一段,那里也有一句苏格拉底的著名言辞:"毕竟,我热爱学习。田园和树木不愿意教我任何东西,倒是城里的世人愿意教。"凭靠这句话,海德格尔就把苏格拉底"认识自己"的"激情"修改成"热爱听人们所说的"言辞——因为"他自然不是在意指演说家的种种坏习气,而是在意指真正的、实事性的言说"。这里的所谓"真正的、实事性的言说"指"城里人"的言说,也就是后来阿伦特所谓政治共同体公民们的言说(《柏拉图的〈智者〉》,页 414)。海德格尔接下来还说,这"足够清楚"地表明,"苏格拉底对于言辞的真正爱欲有多强烈"。我们则有理由说,海德格尔让我们"足够清楚"地看到,他如何让苏格拉底认识自己灵魂的热望像"风"一样消失得无踪无影,把苏格拉底的认识自己的灵魂的爱欲"修改"成认识城邦的共同言说的爱欲,由此引出他在上个学期已经展开的命题:如果修辞学基于"被理解为真的言谈",那么,就应该把它视为通向真正的形而上学本体论的唯一途径。

　　只有当给予修辞学以这种奠基,即它就它那方来说被理解为真的言谈,而且真的言谈不仅仅限于在法庭、在群众集会前的言谈,而且关乎每时每刻的言谈,因而也关乎"私下的"(261a9)言谈,我们方才能够赋予"修辞技艺"以某种程度的权利。于是,我们能够说,修辞学或许是如"通过言辞来打动某人的技艺"(261a7 以下)一样的东西,即"在通过与之交谈引领他人之生存方面的一种精通"。(《柏拉图的〈智者〉》,页 416)

除非我们自己亲自读过《斐德若》，否则我们没可能知道，海德格尔完全无视这样一个基本的文本事实：《斐德若》展现的是苏格拉底与斐德若的"私下"交谈，这一交谈的真正主题是认知自己的灵魂以及辨识各种人的灵魂。由于这两种认识相互关联，苏格拉底才说，"毕竟，我热爱学习。田园和树木不愿意教我任何东西，倒是城里的世人愿意教。"换言之，苏格拉底"热爱听人们所说的"，仅仅为的是认识自己的灵魂与城里其他人的灵魂差异。海德格尔研读柏拉图为的是夯实他自己的常人现象学，而非思考柏拉图的苏格拉底为何非常看重人世间的灵魂差异，这种差异对哲学以及对政治生活来说，究竟意味着什么。因此，他随之就明确把柏拉图笔下的苏格拉底关切的问题修改成他自己关切的问题：

> 我们将自己限定在由之能让下面这点变得清楚的那些问题上，那就是：对于苏格拉底-柏拉图来说，他们的研究之基本关切，如何事实上围绕着"言辞"进行，只要他们追问对某一他人或与之一道关于某种东西真实地说出-自己之可能性的条件。（《柏拉图的〈智者〉》，页419）

将这段海德格尔对《斐德若》开场的扼要解说与刚才所引的那段阿伦特对"苏格拉底的理解中"的"认识你自己"的妙解对比，可以看到，阿伦特对海德格尔亦步亦趋。由于没有把认识自己的灵魂视为首要的问题，在阿伦特笔下，苏格拉底乃至柏拉图本人，都成了"着眼于以修辞学为指导线索的交谈的基本可能性"这个核心问题的佐证。"绝对真理"是热爱智慧者才会要追求的真理，但阿伦特在海德格尔的教育下懂得，"绝对真理"

只会显现在人的共在的"意见"中,因此,哲人若要追求"绝对真理",就得平等地甚至民主地走向每个常人以为的"真理"。阿伦特的确算得上当代最出色的女性哲学家和哲学教授,但柏拉图《会饮》中的第俄提玛也是女性教师,她教给苏格拉底的是什么目光和感觉? 她教会苏格拉底用"灵魂飞马"故事来教育斐德若这种的属众之人:灵魂有如"风"一样"是看不见的",但它受"宇宙之神"支配,并统领着每一个在世众人的灵魂。

　　阿伦特的这篇原题为《哲学与政治》的文章可以视为她论述"苏格拉底问题"的专文,它以"黑格尔对哲学的一般表述"起头:"密涅瓦的猫头鹰要等黄昏到来时,才会起飞"——她说,这个表述"只适用于历史哲学",从而适用于柏拉图和亚里士多德(《承诺》,页 25)。但既然她说这是"黑格尔对哲学的一般表述",那么,她的意思就是,应该历史地来看待哲学活动。不过,要历史地看待哲学活动,仍然需要有一个形而上学的生存论基础。海德格尔已经揭示了这个基础,即人的共同在世的"交谈"。因此,对阿伦特来说,"苏格拉底问题"的实质是:哲人与民众或哲人作为公民与其他公民的共在如何可能。用理论性的表述来讲便是:如何消除"哲学与政治之间的鸿沟",或者说,如何彻底改变"所有思考活动扮演的是某种'事后之思'的角色"这一传统的哲学习惯(《承诺》,页26)。阿伦特从这一问题意识出发来探讨"苏格拉底问题",因此她说,柏拉图对"意见"的"强烈谴责""不仅是贯穿柏拉图政治著作的一条红线,而且成为其真理概念的一块基石"。这样一来,柏拉图就让哲学的真理与日常共在的"意见"彻底隔绝。阿伦特告诉我们,这是由于柏拉图因自己的老师被雅典民主法庭判处死刑受到刺激所致:"这件事在政治思想史上作为转折点的意义,就相当于对耶稣的审判和定罪在宗教史上的意义"(《承诺》,页26-27)。

阿伦特随后花了好几页篇幅来说明,柏拉图如何让哲学与政治或人的共同存在分离,让哲学高居于城邦生活之上。鉴于前面她用色诺芬的例子教给我们的阅读经验,我们有理由认为,她在这里说的是海德格尔对柏拉图的看法,而非柏拉图自己的看法,毕竟,柏拉图在自己的作品中并没有直接展示自己的看法。不过,引人兴味的是,阿伦特接下来把苏格拉底本人与柏拉图区别开来:苏格拉底可没有像柏拉图那样,仅仅把日常共在的"意见"当作"说服的对立面或对应物"。紧接着她就让我们读到一段典型海德格尔语式的论说:

> 苏格拉底所说的意见不是主观的想象和武断,也不是对所有人都有效的绝对之物。我们假设,由于每个人在世界中的位置不同,因而世界向其展现的也有所不同,世界的"同一性"即它的共通性(koinon,如古希腊人所说"是所有人共有的")或"客观性"(从现代哲学主观性观点来说)基于这样一个事实:同一个世界向每个人敞开,尽管人与人之间存在差异,每个人因位置不同而产生了各自的意见,但"你我同样都是人"。(《承诺》,页31)

读到这里,笔者难免感到疑惑:对苏格拉底或柏拉图来说,热爱智慧的起点是"你我同样都是人"吗?没有疑惑的是,随后阿伦特为何会花更多篇幅来说明,苏格拉底如何与日常的"意见"共在。阿伦特的公民共和主义如今在国朝学界已经成为学术常识,我们不难看到,与其说阿伦特是在谈论苏格拉底如何如何,不如说是在谈论她自己的公民哲学如何如何。

不过,阿伦特笔锋一转,又说"苏格拉底以另一种不那么明显的方式卷入了与城邦的冲突"——她甚至说,苏格拉底"本人似乎并未意识到这一方面"。笔者不得不击节赞叹:了不起的阿伦特,她的智性天赋和灵魂类型能够意识到连苏格拉底也"似乎并未意识"到的事情! 这件事情真还非同小可:苏格拉底没有能够意识到,"在意见中寻求真理会导致灾难性后果,即把意见也一并摧毁掉"——"这正是在俄狄甫斯王身上所发生的"事情! 阿伦特趁机告诉我们,"真理因此可以摧毁意见,可以摧毁公民具体的政治现实"(《承诺》,页39)。哲人即便通过"意见"寻求到真理也会毁掉公民的"意见",显然因为他是哲人。那该怎么办? 除了让哲人心性改弦更张,革除自己追求"绝对真理"的怪癖,认同公民"意见",可能有别的出路?

阿伦特再次趁机发挥她的公民哲学,然后再回到柏拉图,进一步追究他如何"把人一分为二","从而遮蔽了我们的源初经验,即思考本身是合二为一的交谈"这回事(《承诺》,页41)。通过解读柏拉图的"洞穴喻",阿伦特揭示了哲人执着于"绝对真理"从而有可能毁掉日常共在的"意见"或"公民具体的政治现实"的最终根源:哲人这号人天生有"对事物之所是的惊奇"。正是这种"惊奇的热情"(the pathos of wonder)使得哲人与大众隔绝,因为"多数人拒绝领受这种热情"。毕竟,对于大众来说,"意见"才是"共有之物以及共同接受的常识标准"。阿伦特在这里甚至凸显了哲人的个别性或单数性与"常人的复数性"(the plurality of man)和平均性的对立。

哲学的惊愕凸显的是人的单数性(singularity),既非与他人的平等性,亦非区别于他人的绝对差异性。在这种惊愕中,单数形式的人一瞬即逝地直面整个宇宙(confronted with the whole of the universe),这一幕只有在他死亡的那一刻才会再次面对。哲人在一定程度上疏离世人的城邦,而城邦也只能以怀疑的态度来审视一切与单数形式的人的相关之事。(《承诺》,页46)

说得真好! 问题是,既然哲人与城邦的这种疏离是生存性的,哲人该怎么办? 阿伦特的建议如下:

　　尽管哲学家必然与人类事务的日常生活相疏离,如果要成就一种真正的政治哲学,就不得不把人的复数性作为他们"对事物之所是的惊奇"的对象。整个人类事务领域,无论其伟大还是悲苦,正是产生于人类的这种复数性。(《承诺》,页49)

注意阿伦特说的是"一种真正的政治哲学"! 这岂不说,哲人的目光必须彻底改变自身的所向,才会有"真正的政治哲学"? 倘若如此,哲学本身到哪里去了? 难怪阿伦特的"政治哲学"被称为"公民哲学",因为这的确不是作为"单数形式的"哲人的政治哲学,而是作为多数人的"大众"意见哲学。

笔者本来以为,阿伦特最终会面对色诺芬笔下的苏格拉底心系的那个"所有美且好的东西都在里头"的宇宙秩序,没想到她用上面这段话就结束了她的论"苏格拉底"演讲。在整个演讲中,阿伦特从未提到苏格拉底对纯美和绝善的东西的"惊奇"。当她要求哲学成为政治哲学、更明确地说成为"公民哲学"时,"人的复数性"即海德格尔所谓的"大众性"成了"对事

物之所是的惊奇"的对象,纯美和绝善的东西不再是"惊奇"的
对象。我们不能说阿伦特不知道,对古典哲人来说,"惊奇"的
对象只会是纯美和绝善的东西,毕竟,"大众性"的东西有什么
值得"惊奇"呢。我们只能说,阿伦特这样天资优异的女孩子进
入哲学之门后有幸遇到海德格尔这样的哲学教师,她才幸运地
学会了不再对纯美和绝善的东西感到惊奇。

　　让我们来看一个例子。在《人的条件》一开始不久我们就
读到,阿伦特说,亚里士多德区分了三种生活方式,它们有一个
"共同之处"(in common),即追求"美的东西"(the"beautiful"),
也就是"那些既不必要又不仅仅是有用的事物":要么追求"享
受肉体快乐中的美"(enjoying bodily pleasures in which the beau-
tiful),要么献身城邦事务践行"美的行止"(beautiful deeds),要
么"寻求和沉思永恒事物",这些事物的"美天长地久"(everlast-
ing beauty)(《人的条件》,页5)——我的老天! 这三种"美"的
味道有"共同之处"? 阿伦特肯定因为对灵魂的不同味道有感
觉才会去念哲学,她万万没想到,自己获得哲学博士学位后,她
对灵魂的不同味道完全丧失了感觉。我们能说这是苏格拉底-
柏拉图的错? 柏拉图在《斐德若》中明明白白记下苏格拉底对
斐德若这样的属众之人说:

　　　　灵魂的形相林林总总,有这样的和那样的品质——所
　　以,一些人有这样和那样品质的灵魂,另一些人有这样和那
　　样品质的灵魂。灵魂的形相如此划分开来后,转过来,言辞
　　的形相也林林总总,各有各的品质。所以,这样和那样品质
　　的人们容易被这样和那样品质的说法说服,[然后]出于这
　　样和那样的原因去做这样和那样品质的事情——另一些这

样和那样品质的人就很难被这样和那样品质的理由说服。
(《斐德若》271d1-8)①

如果我们熟悉海德格尔的1920年代讲课记录稿,那么,我们可以肯定,阿伦特的说法虽然出奇,不过是照搬海德格尔老师。② 阿伦特说到三种生活方式的区分,为的是说明 vita activa
[积极生活]与 vita contemplativa[沉思生活]的差异甚至对立:
"积极生活"等于"政治生活",但古典传统非把"沉思生活"视为"积极生活","政治生活"反倒不是"积极生活"。据说,柏拉图和亚里士多德以及后来的基督教才会干这种事情。阿伦特知道,亚里士多德的三种生活方式的区分凭靠的是"与生俱来的固有的等级序列",然而,现代哲学传统否定了古典传统,或者说否定了这种出于自然的灵魂"等级序列",让"政治生活"才是真正的"积极生活"。为了调和现代和古典这两种截然不同的传统,阿伦特提议,让 vita activa[积极生活]这个语词的用法基于这样一个前提:"即对一切活动的强调关注,不同于、不优于、也不次于对沉思的核心关注"(《人的条件》,页7-9)。这无异于说,对"享受肉体快乐中的美"的关注和献身城邦事务践行"美的行止""不优于、也不次于"对永恒事物的"美天长地久"的关注,至于它们的"不同",那是显而易见的。一旦阿伦特让自己的哲学关注挪到"政治生活",她自然就不会再关注还有永恒事物的"美天长地久"这回事情,更不知道这种关注是懂得何谓献身城邦事务践行"美的行止"的前提。

---

① 刘小枫编/译,《柏拉图四书》,前揭,页383。

② 比较海德格尔,《基本概念》,前揭,页53,80;尤其比较海德格尔如何抹去人的灵魂的差异,见《基本概念》,页110-111。

　　由于海德格尔教会了阿伦特不是首先思考何谓"美好生活",因此,在激进民主运动日益走向高潮的 1967 年,阿伦特适时地发表了《真理与政治》一文,提出应该区分"哲学真理"与"事实真理":

> 　　事实真理涉及到事件和状况,而许多人卷入了这些事件和状况;所以,事实真理建立在许多人的见证基础上,依赖于多数人的证实;事实真理的存在取决于它被人们谈论的程度,即使人们只是在私人场合谈论它。[①]

　　这话让笔者不得不再次想起色诺芬,他的《回忆苏格拉底》记录了苏格拉底与许多人的私人交谈,但被阿伦特指责为"用自己的庸俗论证为其导师受到的庸俗指控辩护"。色诺芬的"庸俗论证"是怎样的呢? 按照色诺芬的记叙,苏格拉底与"众人"交谈,但他总是以不同方式对待不同灵魂类型的人。换言之,在苏格拉底眼里没有含混的"多数人",仅有天性优良之人或天性低劣之人。即便对朋友,苏格拉底也悉心区分好友与一般混混而已的朋友,而非稀里糊涂地以为玩得好就是好朋友——毕竟,这种区分与天性的优劣相关,从而是必要的。施特劳斯注意到,色诺芬尤其提到,苏格拉底与人打交道总是与追求或学习美德的事情相关。因此,苏格拉底首先区分了两类人:一类人以为自己天生资质好或出生高贵,于是轻视学习美德,一类人天生喜欢追求财富,当然也就谈不上追求或学习美德。对于后一种人,苏格拉底没有多少耐心,仅仅指出他们其实很愚蠢,然后懒得理睬。对于

---

　　① 　阿伦特,《过去与未来之间》,前揭,页 221。

前一类人,苏格拉底则会与他们交谈,启发他们:如果他们觉得自己出身好或天资好,那么,他们恰恰特别需要学习美德。毕竟,追求美德才是真正意义上的天性优良,出身好或天资好都不能保证自己的天性优良。色诺芬要说的是,在苏格拉底看来,这类人其实并非真的天性优良,因为他对于学习美德缺乏天生的热情,即便读了圣贤书也不会模仿圣贤,改变自己身上偶然得来的某些低劣习性,从而与天生喜欢追求财富之人没有本质差别。①

在苏格拉底眼里还有第三类人,这类人自认为受过最好的教育,对自己的才智也自视颇高,还渴望自己在说话和做事的能力上比其他所有人都强。阿伦特肯定会看重这类人,因为他们有追求"积极生活"的热望。苏格拉底却看到,这类人往往也缺乏学习美德的热望,同时对学习怀有某种固执的欲求,但又并不清楚自己应该学习什么——色诺芬笔下的欧蒂德谟就是这类人。《回忆苏格拉底》共四卷,前三卷让我们看到,苏格拉底的交谈对象有各色人,唯有卷四的交谈对象几乎主要是欧蒂德谟。这位欧蒂德谟与柏拉图的《欧蒂德谟》中的主角同名,却并非同一个人,他是苏格拉底的追随者,而柏拉图笔下的欧蒂德谟是个智术师。巧合的是,这两位同名人有一个共同的心性品质:自以为"在所有方面聪慧过人"(柏拉图,《欧蒂德谟》271c)。由于卷四几乎主要是与欧蒂德谟交谈,我们可以说,色诺芬笔下的苏格拉底特看重教育这类人。毕竟,这类人对"政治生活"有热望,如果他们都不关心自己的德性,那么,谁能保证城邦的共同生活有美德呢。因此,施特劳斯告诉我们,第四卷与前三卷的明

① 参见施特劳斯,《色诺芬的苏格拉底》,高诺英译,北京:华夏出版社,2011,页85(以下简称《言辞》,随文注页码)。

显差别是:第四卷没有讨论"亲人们"、"友人们"和"渴望高贵事物的人们",只讨论"这人自己"(《言辞》,页86)。

我们记得,苏格拉底关于"风"的隐喻的说法,就出现在与欧蒂德谟的交谈过程中。这时我们应该想起:苏格拉底当时首先说的"看不见的"东西是宇宙神对人世中的某类人的惩罚——"打击和离去都是看不见的"闪电。这无异于告诫喜欢搞公民政治的人:首先得小心宇宙神对乱搞公民政治的惩罚。阿伦特指责色诺芬的论证"庸俗",是否因为苏格拉底非要把追求美德的问题纳入"政治人"的视野,笔者不得而知。笔者仅仅知道,经阿伦特的启发,波考克在《马基雅维利时刻》中理直气壮地让"积极生活"与"天长地久"的"永恒事物的美"彻底断绝关系,并把历史中公民直接参政决策的"积极生活"视为唯一高尚的生活。

4 我们的时代与苏格拉底问题

阿伦特对"人的复数性"感到"惊奇",因此她不会看到人的灵魂差异。带着这样的"惊奇"目光进入政治生活,阿伦特才成了当代颇有影响力的公民哲学旗手。在激进民主运动时期,她频频参与政治性学术活动,比如,1967年冬天作为哲学界名家应邀出席"暴力的正当性"学术研讨会,与学生运动领袖以及学界激进知名人士一起,探讨如何反抗既有的国家制度。[1] 1960

---

① 对学界激进知名人士这个称呼下的具体个人,应该有所区分。著名的乔姆斯基也参加了这次研讨会,但他与阿伦特并非同一类型的知识人。乔姆斯基从道德政治常识出发,质疑美国的自由民主意识形态的虚假。比如,1949年中国"独立"以后,为了抑制中国,自由民主的美国解放日本战犯,扶植法西斯分子的政权。乔姆斯基并没有一种"大众性"的哲学理论,反倒是在提醒知识人警惕自由民主政体的不道德行径。参见乔姆斯基/弗尔切克,《以自由的名义:民主帝国的战争、谎言与杀戮》,宣栋彪译,北京:中信出版社,2016。

年代末,激进思潮的"公民不服从"主张已经从口号变成现实行动,出现违法行为甚至暴力抗法,主张"公民不服从"的阿伦特颇为尴尬。1970 年,她适时地发表了《公民不服从》一文,试图解决这一现实政治难题:学生造反具有正当性,即便违法行为也有正当性,但合法秩序也是必要的——怎么办?

聪明的阿伦特认为,如果按"自愿结社"原则来建立政府,这个难题就迎刃而解,因为"公民不服从"会成为"自愿结社"式政府的一项法律,从而不再是"违法"行为。显然,这样的政府只能是造反者自己组成的直接民主的自治政府——沃格林看到的那个黑格尔的自由哲学与无政府主义的政治自由的历史关联,被阿伦特的公民哲学干脆融为一体。阿伦特提醒美国知识人,美利坚共和国的立国原则实质上就是"自愿结社","公民不服从不过是自愿联盟的最晚近形式,它与这个国家最古老的传统协调一致"。① 现实问题仅仅是,"尽管公民不服从与美国法律的精神相一致,但是,要将它纳入到美国[现存]法律制度之中,并且遵从纯粹的法律依据来为其证明,这里的困难着实令人生畏"(《危机》,页73)。阿伦特用自己的哲学才智积极为解决这一现实难题出谋划策,她提出这样的设想:首先得让"公民不服从的少数派获得承认",然后"还需要一个非常时刻":

> 当一个国家既有的制度不能正常有效地运作,它的权威已完全丧失时,非常时刻当然就出现了。而在当今美国,正是这一非常时刻将自愿结社转变为公民不服从,

---

① 阿伦特,《共和的危机》,郑辟瑞译,上海:上海人民出版社,2013,页71(以下简称《危机》,随文注页码)。

将异议变成抵抗。众所周知,这种或潜在或公开的非常
时刻实际上已经有很长一段时间了,如今已遍及世界上
大部分地区。这个国家已不再是个例外,这一点倒是顶
新鲜。我们的政府形式能不能维持到这个世纪末,这仍
然未有定数,但是否不能[维持],也无法确定。(《危
机》,页75)

终身热爱哲学沉思的海德格尔看到自己的学生成了这样的
哲学-预言家,他会感到自豪还是沮丧,我们不得而知。可以确
知的仅仅是,阿伦特在这里说到的"非常时刻",正是海德格尔
在1924年的亚里士多德哲学课上所阐发的"关键时刻",即"大
众性"的历史性此在自然"涌生"的时刻。① 也许正因为如此,海
德格尔才会说,"没有第二个人能像阿伦特那样理解我"。

如果人们能够切实把握这类历史性此在的时机,那么,据说
人们就能把握住一种"新的国家概念"。阿伦特在1970年的
"非常时刻"接受访谈时说,这种国家概念的"优势在于,权力既
非来自上面,也非来自下面,而是水平指向,以至于被联合起来
的单位[能够]相互审查和控制权力"。② 她还告诉我们,这是她
在1963年出版的《论革命》一书已经详加阐发的道理:

　　自18世纪的革命以来,每一场大的动乱实际上都产生

---

① 贝纳尔对阿伦特的"关键时刻"的理解恰恰没有看到这一点。参见贝纳
尔,《阿伦特论判断》,见阿伦特,《康德政治哲学讲稿》,曹明、苏婉儿译,上海:上海
人民出版社,2013,页207-225。

② 阿伦特,《关于政治与革命的思考:一篇评论》,见阿伦特,《共和的危机》,
前揭,页177(以下简称《危机》,并随文注页码)。

出全新的政府形式的雏形,它的出现独立于所有先前的革命理论,直接来自革命本身,也就是说来自行动经验,来自行动者参与公共事务进一步发展的意志。(《危机》,页177)

"行动经验"也好,"行动者参与公共事务进一步发展的意志"也罢,不都是"实践性的生存"吗?海德格尔在《形而上学导论》中说:美国和俄国正从地缘政治方面夹击德意志,但德意志人应该看到,他们与俄国和美国的冲突是形而上的冲突。乍看起来,阿伦特的革命论与海德格尔的哲学观点相违,其实不然。因为,海德格尔指出的哲学方向从根本上讲是走向"大众性"的"柔和"。① 阿伦特恰恰从18世纪以来的一系列"革命"事件、尤其是美国革命中看到了哲学成为"大众性"的伟大历史契机。② 因此,我们不能说阿伦特的公民哲学有违海德格尔的"实践论"哲学,只能说这是对海德格尔的实践论形而上学的天才发展。

由此可以理解,阿伦特的公民哲学为何会把"人民的乌托邦"这个未来比作天上的北斗,让在黑暗中摸索的人可以找到未来前进的方向。她知道,"自愿结社"式的国家来之于民用之于民,很容易被视为乌托邦,在现实政治中"随时随地都可能被毁掉":要么被"民族国家的官僚政治"毁掉,要么被"党派机器"毁掉。尽管如此,阿伦特仍然认为:

---

① 上个世纪七十年代末,有位法国的古典学家适时地写了一本专著来证明,"柔和"即"大众性"这一概念"在古希腊的重要性越来越清晰",尽管她知道,当时的"哲人们很少论及古希腊人的柔和"。罗米伊,《古希腊思想中的柔和》,陈元译,上海:华东师范大学出版社,2016,页3-8。

② 详见阿伦特,《论革命》,陈周旺译,南京:译林出版社,2007,页124-164。

这一制度是不是纯粹的乌托邦,我还说不准,无论如何,它会是人民的乌托邦,而非理论家和意识形态的乌托邦。不过,对我来说,这一选项曾经出现在历史之中,并且一再重现。议事会制度的自发组织出现在每一场革命之中:在法国大革命之中,在杰斐逊的美国革命之中,在巴黎公社之中,在俄国革命中,在"一战"末德国和奥地利革命的觉醒之中,最后,在匈牙利革命中。此外,它们从来不会表现为有意识的革命传统或理论的结果,而是完全自发的,每一次都好像以前从来没有过这么回事。所以,议事会制度看起来对应于并源于政治行动的经验。(《危机》,页178)

阿伦特没有提到当时我们已经进行多年并正在走向胜利的"文化大革命",也许在她看来,我们的"革命委员会"不是"完全自发的",而是"表现为有意识的革命传统或理论的结果"。① 但是,阿伦特的说法在逻辑上并不周全:她的这套"革命论"难道不是一种"有意识的革命传统"? 毕竟,我们对这种革命的传统意识相当熟悉。何况,阿伦特没有考虑到这样的可能性:我们的"文化大革命"之所以不是"完全自发的",恰恰因为发起者洞若观火的眼光看到,美国的立国原则是"自愿结社"。倘若我们在1970年代就认识了阿伦特,那么,我们肯定会像今天一样认定她与我们"是一派的"。毕竟,当时的美国和俄国正从地缘政治

---

① 阿伦特与"新左派"并非一路人,1967年7月,马尔库塞在西柏林自由大学所作的演讲中明确说,新左派与老左派有"根本区别",新左派"受到所谓毛主义的强烈影响,也受到第三世界革命运动的强烈影响"。马尔库塞,《暴力与激进的反对派问题》,涂纪亮编,《当代美国哲学论著选译》,第四集,北京:商务印书馆,1991,页244。

方面夹击中国,但中国与俄国的冲突是形而上的冲突,与美国的冲突则仅仅表面看起来是这样的冲突——不然的话,怎么尼克松没过两年就访华了呢?

　　无论如何,一旦我们熟悉海德格尔的 1920 年代讲课记录稿,那么,我们就有理由认为,阿伦特的"人民的乌托邦"论是海德格尔的实践论形而上学的"理论结果"。不过,在为"公民不服从"辩护时,阿伦特遇到了苏格拉底这个绊脚石:苏格拉底不认可但又自愿服从雅典法庭的判决,能成为当代激进哲学家鉴照自己的镜子吗? 柏拉图的《高尔吉亚》《欧蒂德谟》《苏格拉底的申辩》《克力同》等一系列与审判苏格拉底有关的政治哲学经典还合时宜吗? 阿伦特认为当然不合时宜,因为,"比起法学和哲学教科书来",柏拉图的《克力同》中"为自愿接受惩罚所提出的论据要含混得多,当然也更没有什么用"(《危机》,页37)。

　　尽管如此,阿伦特在为"公民不服从"辩护时一开始就说到苏格拉底,这恰好表明,为了证成"公民不服从"的正当性,她必须先拔掉苏格拉底这根芒刺。作为公民哲学家,她根本不屑于思考:作为公民的苏格拉底为何会服从不义的判决。对阿伦特来说,这不是一个涉及哲人的政治德性的问题,或者更应该说,对她来讲,根本不存在何谓哲人的政治德性这样的哲学问题。因此,"苏格拉底问题"完全是一个过时的问题。何况,如今的公民是大众,而非哲人,即便搞哲学的也应该成为大众式的公民。经阿伦特指点,"公民不服从"论在 21 世纪初传入中国时,《西方公民不服从的传统》一书编者在题为"公民义务与公民不服从"的"引言"中也说,《克力同》中的"苏格拉底所给出的理由不是'公民不服从'的理由,而是即便在遭受到来自法律的不公正判决时仍然要服从法律的理由"。因此,"苏格拉底的处境看来是一个根本就无法尝试公民不服从的处境"。① 反过来说，唯有先删除"苏格拉底问题"，我们的哲学家才能把"公民不服从"规定为一种"公民义务"。

在"新左派"领袖人物马尔库塞眼里，苏格拉底同样是绊脚石。他在1975发表的《哲学与现实的关联》一文一开始，就把攻击矛头指向柏拉图和亚里士多德所追求的"静观生活"：

> 作为一门知识的哲学，要求人们不关心这个丰富多彩而又苦恼的、日常经验的世界，最好是闭上一个人的眼睛，不去看世界上形形色色的特殊现象，以保持思想的"纯洁"。真理和纯洁结成了不解之缘，生活是肮脏的，思想却必须是纯洁的——纯洁的知识。苏格拉底有个骇人听闻的说法，就是对于哲学家来说，死亡是生命的开始，这个说法至少在比喻的意义上，已经成为哲学史中的一根标杆。苏格拉底本人的死，是自愿地、井井有序地、按照哲学家方式加以辩解地服从国家的命令，而他一生却又有力地论证这个国家彰明较著的不合理性。这个哲学家的伟大典范也是自由主义者的典范吗？当这些自由主义者与权力机构最终发生对抗时，他们对国家的过激批评就会以公民应有的服从而宣告结束。②

马尔库塞要求彻底改造哲学的古典传统，否则，如今的哲学

---

① 何怀宏编，《西方公民不服从的传统》，长春：吉林人民出版社，2001，页15-16。
② 马尔库塞，《哲学与现实的关联》，江天骥主编，《法兰克福学派：批判的社会理论》，上海：上海人民出版社，1981，页139-140。

学生就不方便成为"自由主义者"。马尔库塞接下来说,苏格拉底自愿顺从城邦的法律,那是他自己的事情,不能要求公民以他为榜样,否则,城邦的"政治权威就变成了哲学权威",这样一来,哲学家就没可能把自己"从分析中得出的确定结论"应用到国家身上。如果我们是马尔库塞的学生而非苏格拉底的学生,那么,我们当然会以为,搞"自由主义"或街头抗议才是真正的搞"哲学"。

即便到了21世纪,剑桥学派三剑客之一邓恩在鼓吹激进民主时,也还得面对苏格拉底这块绊脚石。他在普及性(或称煽动性)的小册子《让人民自由:民主的历史》中这样来描述苏格拉底作为雅典公民的特异表现:

> 早在雅典人最终敌视他并杀死他之前,苏格拉底一直是个出现在雅典人面前故意扰乱人心神的人物。他通过质疑其公民同胞的思考方式来让他们心神不宁,他思考的问题中首要的就是怎样生活和不要怎样生活。①

这无异于说,哲人苏格拉底的毛病是喜欢与公民们作对,非要他们去思考人应该如何生活的问题。可是,邓恩接下来说,"雅典人选择了处死苏格拉底,就我们能够讲出来的,有一大堆不同的理由"。实际上,他提到的主要理由是,苏格拉底与"好高骛远而又残酷无情的修辞家"阿尔喀比亚德以及"最残酷无情而又盛气凌人"的寡头领袖克里提阿有"可不是轻易能推脱

① 邓恩,《让人民自由:民主的历史》,尹钛译,北京:新星出版社,2010,页36-37(以下随文注页码)。

掉的友谊"。言下之意,在雅典公民眼里,苏格拉底喜欢结交坏人。邓恩没有意识到,这话表明他要么没读懂柏拉图的《普罗塔戈拉》,要么自愿与苏格拉底为敌。苏格拉底明明说,"我们刚进去,阿尔喀比亚德就紧跟着我们进来……还有克里提阿"。① 施特劳斯在带读《普罗塔戈》时特别提请注意:当时已经在卡利阿斯院子里的众人看见阿尔喀比亚德和克里提阿跟着苏格拉底进来,必定以为他们是一伙的。但苏格拉底现在是在集市上对众人讲述事情经过,"跟着我们进来"这一说法明显是在向众人澄清,自己这次去会普罗塔戈拉并非与阿尔喀比亚德和克里提阿有约。邓恩的说法表明,要么他不信任苏格拉底的说法,要么他让自己成了当时在院子里围着智术师普罗塔戈拉打转的众多年轻人之一。

　　紧接着,邓恩就直面柏拉图从苏格拉底的生与死中"得出的教训",对于任何一个亲自读过柏拉图《理想国》的大学本科生来说,邓恩的如下高论都值得奇文共赏:

　　　　透过《理想国》的艰涩和强大说服力,柏拉图的建议侧重在捍卫规则和秩序之必要性,以及对好的事物持之以恒的必要性。他还徒劳地致力于否认民主也能提供上述这些东西,他认为民主只在偶然和转瞬即逝的一些场合才有此作为。《理想国》是一本充斥伦理说教的书。它还是一本故意撩人入迷的书,是一本可供无限阅读的书。但没有哪个严肃的读者会看不出,它归根结底是毫不含糊地反对民主的书。(《让人民自由》,页38)

---

① 柏拉图,《普罗塔戈拉》316a3-5,刘小枫编/译,《柏拉图四书》,前揭,页57。

很精彩！不是吗？如果邓恩自己首先是"严肃的读者"，那么，他除了能够看出柏拉图的反民主立场，是不是还应该"严肃"地阅读这种反民主立场本身呢？邓恩显然以为自己的智识和道德努力胜过柏拉图，因此他仅用了两页篇幅来剖析并反驳《理想国》中的反民主立场。他是否做到了"严肃"以及思想水准如何，读者可以自己去学习。值得提到的是，在上面这段话结尾时，邓恩下了一个脚注说，从《理想国》中的反民主立场究竟能"得出什么样的实际结论"，迄今"仍然毫无定论"。施特劳斯学派"在过去三十年都是美国政治学中的重要流派"，可是，这个学派竟然让"整个［西方］政治思想血统"的智识根基植根于"仍然毫无定论"的东西。

这个注释具有鲜明的时代特征，它无异于告诉我们，施特劳斯践行的古典教育还真有成效：让苏格拉底成了激进民主知识人不得不一再搬动的绊脚石。由此可以理解，邓恩在注释中为何还暗藏对施特劳斯的讥讽。非常有意思的是，中译者加了更长的一段译注让我们明白邓恩的讥讽。这让笔者猛然想到，如果我们也要推进激进民主，那么，我们也必需得学会一脚踢开苏格拉底这块绊脚石才行——"苏格拉底问题"已经与我们并非不相干。

1971 年，施特劳斯在《解释：政治哲学学刊》上发表了《作为严格科学的哲学与政治哲学》一文。与阿伦特和马尔库塞在这个火红年代频频发表的多篇文章相比，施特劳斯的文章从标题来看显得不食人间烟火，毫无现实关切。其实，这篇文章恰恰表明了施特劳斯的现实关切，因为文章主要谈论的是海德格尔的生存哲学和历史主义。由于这个话题对施特劳斯来说实在是老生常谈,因此文章不长,而且从文风来看出自某次学术讲演,明显带有现实针对性。毕竟,施特劳斯一开始就表示,当前美国的政治动荡以及学界的思想动向证明:"在最近的两代人中,政治哲学已经失去了它的信誉",与此相应,"政治自身却变得比以往更哲学化了"。①

1950 年代初,"生存哲学"(亦称"存在哲学")刚开始热起来的时候,施特劳斯就做过关于海德格尔的专题演讲,实际上已经警示过学界。② 尤其值得今天的我们注意的是,在这次演讲进入正题之前,施特劳斯有一段意味深长的引言,结尾竟然是下面这段话:

> 假如民主制的批评者——哪怕他们是民主之敌——是一些思想者(特别是伟大的思想家),而非大言不惭的傻瓜,那么我们避而不听他们的声音,就完全不配做思想着的存在者。(《重生》,页 77)

海德格尔是"民主制的批评者"或"民主之敌"吗?显然不是。不妨再比较这段引言的第一句话:

> 生存主义一直提醒许多人,如果思想着的存在者(thinking being)、思想着的个体遗忘了作为他所是的他自身,那么,思想便不完全并有缺陷。这是古老的苏格拉底警

---

① 施特劳斯,《柏拉图式政治哲学研究》,张缨等译,北京:华夏出版社,2012,页 42(以下简称《柏拉图式》,随文注页码)。

② 施特劳斯,《海德格尔式存在主义导言》(1956),见施特劳斯,《古典政治理性主义的重生》,前揭,页 72-94(以下简称《重生》,随文注页码)。

告。(《重生》,页72)

　　苏格拉底是"民主制的批评者"甚至"民主之敌"吗？当然是,不然的话,他不至被雅典的民主法庭判死刑。在这样的起头和结尾句之间,施特劳斯忆述自己"作为一个年轻的哲学博士第一次听海德格尔讲课",意味着什么呢？早在1946年,施特劳斯已经指出,现代启蒙哲人的基本取向是:用大众化的哲学"对整个公民群体头脑的'统治'取代柏拉图的哲人(特定的一类人)对整个公民群体头脑的统治",其结果是"哲学对社会整体翻天覆地的影响"。启蒙哲人"错误地把哲人当作每个人",背弃了柏拉图对"教育与政治技艺或立法技艺之间的关系"的教诲。① 如果我们以为海德格尔激烈反现代性等于他超逾了启蒙视域,那么,这仅仅表明我们的眼睛太过于近视。

　　如今,海德格尔的生存哲学通过阿伦特的公民哲学和马尔库塞的"新左派"哲学已然"风行"美国:阿伦特在1970年代的吉福德讲座中说,"在我们的时代,海德格尔⋯⋯"如何如何。言下之意,如今是海德格尔生存哲学"风行"的时代。因此,施特劳斯在1971年发表题为《作为严格科学的哲学与政治哲学》演讲文,的确说得上切合现实,因为他告诉人们,从哲学上讲,眼下"风行"的这种激进之思由何而来。

　　　海德格尔的思想之所以对如此众多的当代人产生魅

─────────

① 施特劳斯,《论柏拉图政治哲学新说之一种》,前揭,页166-167及页167注1。

力,个中缘由很多,其中之一便是他接受了这样的前提:人
类的生活与思想是彻底历史性的,而历史并非一个理性的
过程。(《柏拉图式》,页44)

在1946年发表的那篇批评怀尔德的柏拉图专著的书评文
章中,施特劳斯已经告诫美国学界,我们的时代精神是历史主
义,并提出唯有复兴柏拉图式的政治哲学,才能抵制这种时代精
神。很少有人愿意听、愿意理解施特劳斯深远的哲学思考,因为
我们坚信:我们的时代已经不是苏格拉底的时代,人世的生存状
态已经发生了历史性的根本改变,古老的精神原则不适用于现
代社会。我们必须承认,我们的精神原则最终受历史支配,或者
说我们愿意放弃精神原则的独立不依,让我们的心性品质接受
历史原则或社会原则的支配。我们宁可认为,现代式的学问如
人类学、社会学、语言学以及各种具有类似品质的实践性哲学,
才是切合时代的真学问——与此相应,我们宁可认为,海德格
尔、韦伯、福柯、阿伦特、德里达等等,以及随社会发展不断产生
的新智者(比如阿甘本、巴丢),才能让我们在学问上变得更有
理智德性,在性情德性方面也会得到更好的滋养。如今我们无
论读柏拉图还是孔子或庄子,都是荒谬之举,至少是自欺欺人,
还不如阿伦特说色诺芬只会“庸俗论证”来得干脆和真诚。因
此,二十多年来,海德格尔的生存哲学在美国日益“风行”,以阿
伦特为代表的公民共和主义的风行不过表明这种持续的“风
行”越来越凌厉。

1967年,韩裔美籍教授郑和烈在《政治学评论》上发表长文
《施特劳斯的政治哲学观念批判》,为我们录下了当时的历史见
证。文章用怀尔德的一句话作题词,似乎刻意要为怀尔德报整

整二十年前的一箭之仇——郑和烈在文章中还告诉我们,怀尔德是生存论现象学"在美国的代表",二十年来为现象学的生存哲学在美国安家落户不遗余力。郑和烈力图阐明,自柏拉图和亚里士多德确立理论[沉思]对实践的优先性以来,西方哲学传统一直受这种本质主义哲学支配,以至"理论生活是唯一的好生活这一观念""在西方长期受到追捧","施特劳斯就是这一传统的忠实信徒"。幸好,"晚近人的行动的哲学对这一传统"给予了无可辩驳的致命批判——郑和烈随即就引征了阿伦特在《人的条件》中的论点。①

　　从思想史角度看,这篇文章用丰富的文献展示了生存论现象学自 1950 年代以来在美国逐渐兴盛的过程。不过,今天的我们更应该看到,文章发表的 1967 年正是美国和中国的激进民主运动的"关键时刻"。虽然两者有着种种显而易见的差异,在历史性此在的这一"关键时刻",制度截然不同的两个国度毕竟进入了海德格尔所谓的"共同存在"甚至"共同交谈"。在这样的"关键时刻",郑和烈在文章中聚合了几乎所有当代著名的生存论哲学家——包括沃格林的挚友、著名现象学社会理论家舒茨——来围攻施特劳斯。如果我们还注意到郑和烈的文章以高调为历史主义辩护结束全文,那么,我们更会觉得,施特劳斯在《解释》上发表的演讲文有气无力,毫无战斗姿态,难免觉得施特劳斯在这样的历史时刻孤家寡人、四面楚歌。何况,施特劳斯发表这篇演讲文之前,如今已成明星学者的波考克和斯金纳刚发表了标榜历史主义的史学理论文章:宾克莱的《理想

---

　　①　郑和烈(Hwa Yol Jung),《施特劳斯的政治哲学观念批判》,见娄林主编,《斯宾格勒与西方的没落》,北京:华夏出版社,2018。

的冲突》出版那年(1969),时年29岁的斯金纳在其思想史研究的革命性"宣言书"中宣称,"经典文本关心的是他们自己的问题,而不是我们的问题"。他指名道姓极富挑衅地针对施特劳斯说:

> 在哲学中没有所谓的恒久问题,只有具体问题的具体答案,而且往往会出现的情形是,有多少提问者就有多少种不同的问题。我们不是要在哲学史上去寻找可资借鉴的"教导",而是要自己学会如何更好地思考。①

剑桥学派的政治思想史研究依据的政治哲学原则,恰恰是施特劳斯所指出的历史主义原则:"对一切历史世界之本质结构的理解必须被理解为本质地归属于一个特殊的历史语境,归属于一个特殊的历史时期"——"历史中的绝对时刻"是历史主义的座右铭(《柏拉图式》,页45-46)。在海德格尔那里,"历史主义"至少还是不光彩的哲学标签,在波考克和斯金纳那里,则已然成了他们引以为荣甚至让他们感到自豪的思想标志。

剑桥学派自认为具有创新性的政治思想史研究基本原则之一是:从历史的特殊语境出发,关注特殊的政治观念赖以产生的特殊社会修辞和政治交谈。至少从理论上看,这一原则是海德格尔在1924年的亚里士多德哲学课上所阐述的实践论形而上学的应用和发挥。但是,波考克和斯金纳都明确强调,他们的思

---

① 斯金纳,《观念史中的意涵与理解》,见丁耘主编,《什么是思想史》,2006,上海:上海人民出版社,页133-134。

想史原则来自分析哲学的启发,即把分析哲学的日常语言分析转化为思想史的历史语境分析。① 要说剑桥学派与海德格尔有什么关系,恐怕只能说:在阿伦特的公民哲学启发下,他们致力于打造一种具有"大众"品质的政治思想史。因此,他们关切大众知识人的性情和爱欲,教育他们个个成为公民共和主义战士:无论波考克还是斯金纳,都积极投入讨伐伯林的"消极自由"论的行列,斯金纳甚至创造性地把他所理解的"维特根斯坦之风"用于为激进的"社会自由观"辩护。②

　　阿伦特的公民哲学和剑桥学派的思想史所要打造的"大众性",严格来讲是知识人的"大众性"或"柔和"心性。毕竟,真正的大众成员没谁对哲学感兴趣,或喜欢思考政治思想史问题。阿伦特用公民哲学修改哲学本身与剑桥学派重写政治思想史的高度一致性在于:不仅要摒除人类历史上曾有过的高贵、纯净、伟大而且罕见的热爱智慧的心性楷模及其爱欲典范,尤其是要扭转众多斐德若式的爱欲,让他们听从智术师的教诲。因此,这种"大众性"的矛头所向,首当其冲的是大学教育:公民哲学或剑桥学派史学一旦占领课堂,不愁培育不出有知识的激进大众。接下来,无论"太阳花学运"还是"占领立法局行动",都是水到渠成的事情。由于这一原因但不仅仅是因为这一原因,剑桥学派特别要为英国共和革命时期的"平等派"翻案。伍顿把话说得很明:"如果说平等派是现代民主理论的奠基人,那么,这是由于他们是第一批向有知识的人群而非仅仅是思想界表明自己

---

　　① 参见拙著,《以美为鉴:注意美国立国原则的是非未定之争》,北京:华夏出版社,2017,第二章第三节。
　　② 参见斯金纳,《消极自由观的哲学与历史透视》,达巍等编,《消极自由有什么错》,北京:文化艺术出版社,2001,页97-101。

的观点的人"。① 这让笔者想起,今年三月的最后一天,台北地方法院依据"公民不服从"宣判"太阳花学运"领头人全部无罪——岛内舆论哗然,认为这会严重损害司法威信,撕裂社会……谁想到过追究岛内大学教授们的责任呢?

剑桥学派看似"价值中立"的思想史研究能把分析哲学与激进民主精神结合得天衣无缝,今天人们无需敏锐的眼力也能看到,斯金纳的"浪漫主义的共和主义"与"萨特特有的政治存在主义相似"。② 这让笔者颇为感慨地想起 1980 年代初读到《理想的冲突》时曾有过的困惑:分析哲学的智术师式思维真的能净化政治存在主义的冲动,帮助知识大众作出正确的道德选择? 时隔三十多年后的今天,笔者又产生出另一个困惑:当年的我们为什么看不到分析哲学也会与"浪漫主义的共和主义"结盟,而这种公民共和主义说到底是一种政治存在主义? 我们当时还年轻,缺乏思想经验,但洪谦教授是有丰富思想经验的长者,为什么他也没看到? 这显然属于事后诸葛亮式的困惑,我们更应该问:时隔三十多年后的今天,我们为什么仍然看不出无论分析哲学、生存哲学还是公民哲学究竟是什么哲学品质?

初步想来,原因兴许在于两个方面:一是生存性的,一是理论性的。生存性的原因是我们所经历的特殊历史——无论国家、民族还是个人的特殊经历。这意味着,如何看待我们自己的

---

① 伍顿,《平等派》,见邓恩编,《民主的历程》,林猛等译,长春:吉林人民出版社,1999,页 105。虽然伍顿是研究思想史的专家,他并没有注意到,法国思想家班达(Julien Benda,1867-1956)早在 1946 年就从思想史角度对"有知识的人群"的"政治热情"提出了深刻的质疑和尖锐的批判。参见班达,《知识分子的背叛》,佘碧平译,上海:上海人民出版社,2004。

② 佩罗—索希内,《语境中的斯金纳》,郝兆宽主编,《逻辑与形而上学》,上海:上海人民出版社,2008,页 231-232。

经历,一直是我们身上无形的精神承负。由于这样的精神承负,我们很容易成为历史主义的俘虏。毕竟,在 1980 年代,我们恰恰是带着这样的精神承负热切期待海德格尔哲学"召唤"我们的思。

但是,同样的精神承负也有可能让我们更好地理解古人的"历史"眼光。施特劳斯在 1970 年做的《苏格拉底问题》演讲最后提到,马基雅维利与苏格拉底问题的联系关节是色诺芬,而色诺芬恰恰主要是如今所谓的史学家,只不过他是"政治的史家",而非历史哲学家(《问题》,页 472,比较页 456–457)。这无异于提醒我们:西方现代哲人与古典哲人分道扬镳的起点是看待历史的立足点截然不同。从色诺芬的作品中,我们看到的绝非仅仅是甚至绝非首先是波考克所谓"表达思想的时间、社会和历史环境,这种环境通过塑造语言及其内容,也塑造着思想本身"。毋宁说,色诺芬让我们首先看到而且应该看到,苏格拉底这个人如何始终关切纯美的东西和永恒的自然秩序,同时也关切"社会和世俗事务"。施特劳斯在演讲中的这些说法提示我们,即便对我们来说,怎样看待历史也有古今之别,这个差别的根本其实在于哲人的性情和爱欲。在色诺芬的《希腊志》中,苏格拉底仅仅出现了一次,而且仅仅作为人名出现了一次,似乎在历史的波涛中,这位哲人已然消失。然而,我们不能忘记,记叙这段希腊历史的心智和笔法,出自苏格拉底的杰出学生。恰恰是在 1968 年这个醒目的历史时刻,已经接近古稀之年的施特劳斯发表了一篇关于色诺芬《希腊志》研究的书评,绝非偶然——在我们眼下的问题语境中,其中有两段话读来尤其触目:

[作者]以其不同寻常的见识揭露了 19、20 世纪学术界一个令人瞠目的毛病:这些现代学者(照这个词通常的意义来说)中的平庸之辈,并没有显示出多么精于世故和头脑开明,他们说起色诺芬头脑简单与狭隘时的姿态,就好像精于世故和头脑开明是可以像当今拿到哲学博士学位那样获取的德性。

《希腊志》所传达的独特智慧,只有参照色诺芬对智慧的一般理解来把握,而这种对智慧的一般理解,就是他对其笔下苏格拉底智慧的理解。①

古典史学首先关切的是历史中的政治人的德性及其差异,显然,史家必须首先自己追求德性,进而懂得辨识世人的德性,他才可能成为这样的政治史家。余杭多才人,而且好逞才,但才气足以挟风雷的龚定庵(1792–1841)即便"诳燿",也懂得才与德的关系:

> 智者受三千年史氏之书,则能以良史之忧忧天下,忧不才而庸,如其忧才而悖;忧不才而众怜,如其忧才而众畏。履霜之屩,寒于坚冰;未雨之鸟,戚于飘摇;瘅瘭之疾,殆于痈疽;将萎之华,惨于槁木。三代神圣,不忍薄谲士勇夫,而厚豢驽羸,探世变也,圣之至也。(龚自珍,《乙丙之际箸议第九》)

历史证明的是,政治才干的品质依自然而定,马基雅维利则

---

① 施特劳斯,《苏格拉底问题与现代性》,前揭,页 434,436。

让政治才干的品质取决于历史的种种"关键时刻"。由于色诺
芬的史书善于展现政治德性在历史中的"关键时刻"的艰难,马
基雅维利与"这位与其政治观点极其相近的古典作家"展开了
殊死的精神搏斗,以至于成了他用来拒斥古典传统时的唯一例
证。波考克和斯金纳把马基雅维利研究视为自己的拿手好戏,
声称自己的史学式研究更依赖历史语境,从而更具"客观"性。
其实,他们不仅不顾"色诺芬在文艺复兴时期的崇高声望",也
无视色诺芬在马基雅维利作品中所处的关键位置,"从未引用
或者讨论过色诺芬"。① 波考克和斯金纳从政治思想史中删除
马基雅维利与色诺芬的这场古今搏斗,堪与阿伦特从哲学上删
除色诺芬笔下的苏格拉底言辞相媲美。波考克和斯金纳都对施
特劳斯的《关于马基雅维利的思考》恨之入骨,没有什么不好理
解。不好理解的仅仅是:他们对热爱纯美的东西和永恒的自然
秩序的德性为什么会那么恨之入骨。

　　笔者不禁想起 1980 年代初期曾读到过的一部苏联作家拉
斯普金的小说,故事情节讲什么已经完全不记得,但小说篇名一
直留驻心中:"活着,可要记住"。这话令人难忘,因为它提醒笔
者,无论经历过什么,我们活着时要记住的不仅是自己在历史中
所经历的种种磨难和遭受的令人绝望的恶,也要记住,无论怎样
的历史都抹不掉世上始终都有的美好、高贵、纯净、卓越的德性,
这些德性只能凭靠自然[天性]而非历史而在——张志扬教授
当年在冤狱里读哲学、自学德语时还不到三十岁,追求美好、高
贵、纯净、卓越的天性在历史的恶中证明自己绝不受历史的"非

---

　　① 纽维尔,《马基雅维利和色诺芬论君主的统治》,韩潮主编,《谁是马基雅维
利》,上海:上海人民出版社,2010,页 254-255。

常时刻"摆布。

1970年代初,阿伦特在吉福德讲座上谈论"苏格拉底问题"时,笔者刚上高中二年级,时逢邓小平复出,语文课本中出现了我们四川的古代先贤苏东坡在古战场留下的千古名言:

> 客亦知夫水与月乎?逝者如斯,而未尝往也。盈虚者如彼,而卒莫消长也。盖将自其变者而观之,则天地曾不能以一瞬;自其不变者而观之,则物与我皆无尽也,而又何羡乎?且夫天地之间,物各有主,苟非吾之所有,虽一毫而莫取。惟江上之清风,与山间之明月,耳得之而为声,目遇之而成色,取之无禁,用之不竭,是造物者之无尽藏也,而吾与子之所共适。(苏轼,《前赤壁赋》)

不仅在当时的历史语境中,而且即便在今天笔者也不禁惊愕,这位"单数形式的人"竟然在他的历史性此在中如此"一瞬即逝地直面整个宇宙"。正是这样的"单数形式的人"的言辞,让笔者在那个一切归属于历史性此在的"时刻"懂得,世上还有天长地久的美,从而开始去找寻这种美。

如今的高中课本还有这段课文,不过,由于我们的高中语文教师不是普世价值论者,就是公民哲学家的学生,我们的高中生恐怕不会再关注东坡的这种生存理解。这倒没有什么奇怪,随着我们已经进入另一个"关键时刻",天长地久的美早已不值一提。笔者现在感到惊愕的是:即便东坡深知"人生到处知何似,应似飞鸿踏雪泥",我们的这位古代先贤在写给朝廷的策论中却表达的是这样的忧心:

　　夫当今生民之患,果安在哉?在于知安而不知危,能逸而不能劳。此其患不见于今,而将见于他日。今不为之计,其后将有所不可救者。昔者先王知兵之不可去也,是故天下虽平,不敢忘战。秋冬之隙,致民田猎以讲武。教之以进退作坐之方,使其耳目习于钟鼓、旌旗之间而不乱,使其心志安于斩刈、杀伐之际而不慑。是以虽有盗贼之变,而民不至于惊溃。及至后世,用迂儒之议,以去兵为王者之盛节;天下既定,则卷甲而藏之。数十年之后,甲兵顿弊,而人民日以安于佚乐。卒有盗贼之警,则相与恐惧讹言,不战而走。开元、天宝之际,天下岂不大治?惟其民安于太平之乐,豢于游戏、酒食之间,其刚心勇气,消耗钝眊,痿蹶而不复振。是以区区之禄山一出而乘之,四方之民,兽奔鸟窜,乞为囚虏之不暇,天下分裂,而唐室因以微矣。(苏轼,《策别十一》)

　　我们难道不可以说,东坡的存在理解不是中国古代先贤从哪里发明出来的,而是从完全确定的关于存在的经验中生发出来的?要说"诗意地栖居",海德格尔的荷尔德林难道比得过我们四川的这位古代先贤?东坡生活在某个世间的历史时刻,虽然有"天"为世界穹顶,但对他来说,世界并没有封闭于自身之中并且完成于自身之中。东坡当然深知,整个世界自古以来"纷纷争夺醉梦里,岂信荆棘埋铜驼。觉来俯仰失千劫,回视此水殊委蛇。君看岸边苍石上,古来篙眼如蜂窠。"可是,东坡一旦"凭高眺远,见长空、万里云无留迹。桂魄飞来,光射处,冷浸一天秋碧"……虽然"人有悲欢离合,月有阴晴圆缺,此事古难全",东坡心中升起的是"但愿人长久,千里共婵娟"的祈愿。我们可以把这句改为"但愿人长久，千古共婵娟"，因为，月亮属于自然，不属于历史。否则，这一切属于诗意地栖居的感受都无从谈起。

虽然已经有了三十多年的学习经验，我们甚至看不出阿伦特的公民哲学或被斯金纳视为"偶像"的福柯的"知识考古学"或剑桥学派的政治思想史学的精神品质低劣，就理论性方面的原因来讲，乃因为我们一直没有认识到，历史主义是典型西方的特产，用沃格林的说法来讲，是西方思想的历史形式——连波考克也承认，它诞生于"马基雅维利时刻"。这种特别属于[现代]西方历史的思想形式的根本在于：废除对世界的"自然"理解，代之以"历史"的理解。

> ［历史主义］意味着，人们无法再谈论我们对世界的"自然"理解，对世界的每一理解都是"历史的"。与此相应，人们必须回到在单一的人类理性背后历史地"生长"出来而非"制造"出来的语言的多样性上去。于是，便产生了理解所有历史世界共有的普遍结构的哲学任务。（《柏拉图式》，页45）

直到19世纪末至20世纪初，西方思想界才出现了克服历史主义的哲学尝试。奇妙的是，这些尝试无不走向了更为彻底、更为极端的历史主义：分析哲学就是其中之一，它试图把形而上学问题化解为日常语言用法，以此解决历史主义问题。① 由此

---

① 参见施耐德尔巴赫，《黑格尔之后的历史哲学：历史主义问题》，前揭，页164。

看来,分析哲学与作为一种历史主义的"浪漫主义的共和主义"为何有很强的亲和力,没有什么不好理解。不过,对于我们来说,更重要的是值得认识到:对西方思想来说,自然原则与历史原则的对峙是古今之争,对中国思想来说则是中西之争。因此,我们有充分理由坚持我国古人对世界的"自然"理解。毕竟,"政治哲学向来是普遍的,而政治向来是特殊的,这种情况几乎贯穿了政治哲学的整个历史"(《柏拉图式》,页42)。问题仅仅在于,由于现代中国思想已经染上历史主义,中西之争与西方的古今之争再也无法摆脱干系。

由于我们迄今没有能够看出分析哲学与政治存在主义的内在亲缘,以至对公民哲学或公民史学缺乏应有的辨识力,在笔者看来,三十年前的"文化热"与其说值得今天的我们不断缅怀,不如说值得做深切的自我检讨,并促使自己勇于"再次从头开始"。在1956年关于"海德格尔式存在主义导言"的讲演中,施特劳斯已经说过:

> 海德格尔直面了问题。他宣告伦理学不可能,而他的整个存在都渗透着这样一种意识:这个事实敞开了一个深渊。(《重生》,页73)

遗憾的是,我们在1980年代没有听见这句话,即便听见了也未必能够或未必愿意理解。韩潮教授的《海德格尔与伦理学问题》听见了这句话,并致力于理解其含义。他的这部年轻论著的现实意义在于:促使我们反省自"思想解放"以来,我们对海德格尔的持续迷恋具有怎样的自我戕害的内在危险。毕竟,按照古典的理解,所谓"伦理学"不是关于人的德性差异的知识学,还会是什么呢？如果说我们的作者已经意识到海德格尔哲学的激进性质,并尽其所能地与之缠斗,那么,他的思考便是在促请我们尽早决断:是否应该告别海德格尔——无论多晚都来得及,遑论给他发放"定居"中国的"绿卡"。

施特劳斯发表《作为严格科学的哲学与政治哲学》一文时,他正着手编选平生最后一部自选文集。这篇文章被置于文集之首,接下来是柏拉图四篇作品的绎读:《苏格拉底的申辩》《克力同》《欧蒂德谟》《高尔吉亚》(最后一篇未及完成)。我们有理由推断,施特劳斯挑选这四篇柏拉图作品,刻意针对的是历史主义"更为精致"的形式:海德格尔的生存论实践哲学。如果海德格尔哲学的底蕴说到底是哲学与"大众性"的融合,那么,我们就应该意识到,施特劳斯所选中的柏拉图四书无不与苏格拉底和"大众"的关系相关。在海德格尔式历史主义已经深入当代学术骨髓的今天,笔者相信,若非自觉回到柏拉图-色诺芬笔下的"苏格拉底问题"再次重新开始,我们的目光即便重读中国古代典籍,也未必能避免沦为对"大众性"的"柔和"感到"惊奇"的目光。

重读韩潮教授的论著,笔者更坚定了自己的信心:即便中国学界迄今谁都舍不得离开现代哲学视域,且始终对古典式的哲人心性心存犹疑,或者干脆彻底革除追慕哲人心性的精神习俗,西塞罗的名言仍将是笔者的座右铭:"宁可跟随柏拉图犯错,也不与他们一起正确。"在激进民主思潮仍然汹涌澎湃的当今语境中,这句名言必须改写为:宁可跟随施特劳斯犯错,也不跟随海德格尔一起正确。

图书在版编目(CIP)数据

海德格尔与中国/刘小枫著. --上海:华东师范大学出版社,2017.10
(刘小枫文集)

ISBN 978-7-5675-6899-0

Ⅰ.①海… Ⅱ.①刘… Ⅲ.①海德格尔(Heidegger, Martin 1889—1976)—
哲学思想—研究 Ⅳ.①B516.54

中国版本图书馆 CIP 数据核字(2017)第 217174 号

华东师范大学出版社六点分社
企划人 倪为国

刘小枫文集

海德格尔与中国

著 者	刘小枫	
责任编辑	彭文曼	
封面设计	卢晓红	

出版发行 华东师范大学出版社
社 址 上海市中山北路 3663 号 邮编 200062
网 址 www.ecnupress.com.cn
电 话 021－60821666 行政传真 021－62572105
客服电话 021－62865537 门市(邮购)电话 021－62869887
地 址 上海市中山北路 3663 号华东师范大学校内先锋路口
网 店 http://hdsdcbs.tmall.com

印 刷 者 上海盛隆印务有限公司
开 本 890×1240 1/32
插 页 6
印 张 9.5
字 数 185 千字
版 次 2017 年 10 月第 1 版
印 次 2017 年 10 月第 1 次
书 号 ISBN 978-7-5675-6899-0/B·1097
定 价 68.00 元

出 版 人 王 焰

ISBN 978-7-5675-6899-0

9 787567 568990 >

定价: 68.00 元